# 证券投资基金

ZHENGQUAN TOUZI JIJIN

刘 艳 徐尚斐◎编 著

西南财经大学出版社
Southwestern University of Finance & Economics Press
中国·成都

**图书在版编目(CIP)数据**

证券投资基金/刘艳,徐尚斐编著.—成都:西南财经大学出版社,2022.12
ISBN 978-7-5504-5133-9

Ⅰ.①证… Ⅱ.①刘…②徐… Ⅲ.①证券投资—投资基金—高等职业教育—教材 Ⅳ.①F830.91

中国版本图书馆 CIP 数据核字(2022)第 247289 号

**证券投资基金**
刘艳 徐尚斐 编著

责任编辑:廖韧
责任校对:植苗
封面设计:张姗姗 墨创文化
责任印制:朱曼丽

| | |
|---|---|
| 出版发行 | 西南财经大学出版社(四川省成都市光华村街 55 号) |
| 网　　址 | http://cbs.swufe.edu.cn |
| 电子邮件 | bookcj@swufe.edu.cn |
| 邮政编码 | 610074 |
| 电　　话 | 028-87353785 |
| 照　　排 | 四川胜翔数码印务设计有限公司 |
| 印　　刷 | 郫县犀浦印刷厂 |
| 成品尺寸 | 185mm×260mm |
| 印　　张 | 12.5 |
| 字　　数 | 282 千字 |
| 版　　次 | 2022 年 12 月第 1 版 |
| 印　　次 | 2022 年 12 月第 1 次印刷 |
| 印　　数 | 1— 1000 册 |
| 书　　号 | ISBN 978-7-5504-5133-9 |
| 定　　价 | 39.80 元 |

# 前 言

伴随资本市场的开放与发展，我国证券投资基金应运而生并茁壮成长。近年来，随着资本市场各项改革的不断深入，证券投资基金步入高质量发展的新阶段，行业规模快速增长，产品结构持续优化，规范水平稳步提升，财富效应逐步显现，行业实力显著增强，在资本市场改革发展过程中发挥着日益重要的作用。

本书基于基金产品相关理论知识和国内外基金行业前沿动态，参考基金从业资格考试知识框架体系，有针对性地介绍证券投资基金的基础理论知识、基金的创新与国际化发展，并结合具体案例介绍基金投资实践操作技巧，力求做到内容丰富、语言扼要、案例生动。全书共十二章，分为基础篇、扩展篇。基础篇重点夯实证券投资基本知识，包括行业概览、基金运作原理、基金投资管理等内容；扩展篇引入证券投资基金创新品种，结合境外基金行业前沿动态，介绍基金国际化发展实践。基础篇第一章至第七章由刘艳执笔，基础篇第八章至第九章由祖华玲执笔，扩展篇第十章至第十二章由徐尚斐执笔。

为强化工学结合的特点，本书穿插了大量的示范公式、图表、案例和延伸拓展资料，使不同层次的读者均能够轻松阅读。同时，本书以夯实基础、适应岗位为目标，注重教学内容的实践性、技能性、层次性和趣味性，通过设置能力训练项目，组织学生进行基金产品销售、客户咨询服务、模拟基金建仓等，以培养学生的创造性思维及提高其专业技能。编者精心收集了大量来自证券投资基金业务一线的资料，供学生进行案例分析和模拟实践。

本书可以作为高职高专财经类专业学生的学习用书，也可以作为相关人员学习和掌握基金投资基础知识的参考用书。

本书在编写过程中参考和借鉴了大量国内外同行的文献资料，并吸收了有关研究成果，在此一并表示感谢。书中如有疏漏和不足之处，恳请各位专家和读者批评指正。

**编者**

2022 年 10 月

# 前言

# 目　　录

## 基础篇：证券投资基金基本知识

## 扩展篇：基金的创新与国际化

# 基础篇：证券投资基金基本知识

# 第一章　证券投资基金概述

【内容概述】

本章要求学生掌握证券投资基金的概念与特点，把握基金与股票、债券等其他金融工具的差异；熟悉基金的各类参与主体及其相互关系；了解证券投资基金的起源与发展；认知基金在金融体系中的地位与作用。

## 第一节　证券投资基金的概念与特点

我国基金行业正走在高速成长的路上，截至 2022 年一季度末，我国开放式公募基金总规模为 3. 47 万亿美元，排名全球第四，仅次于美国、卢森堡和爱尔兰，位居亚洲第一。在 2006 年以前，老百姓对于基金是什么几乎还一无所知，现在却已是一个基金频上热搜的时代，基金的范围和影响远远超过你的想象。那么到底什么是基金？基金有哪些特点？什么样的基金适合广大老百姓投资呢？我国当前的基金市场发展如何？

### 一、证券投资基金的概念

证券投资基金是指将众多不特定投资者的资金通过发售基金份额集中起来，形成独立的财产，由基金托管人托管，由基金管理人负责管理和运作，以股票、债券等有价证券为投资标的，获取投资收益的一种利益共享、风险共担的集合投资方式（见图 1-1）。

证券投资基金本质上是一种间接投资工具，由选定的基金托管人保管，并委托基金管理人进行分散化组合投资（包括股票、债券等）。基金份额持有人即基金投资者，是基金的所有者。基金投资收益在扣除基金承担的费用后的剩余部分全部归基金投资者所有，并在投资者之间按照每一投资者所购买的基金份额占比进行合理分配。

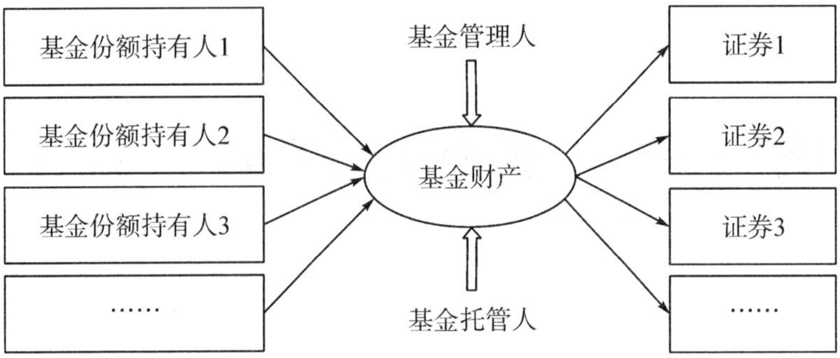


**图 1-1　证券投资基金的运作**

世界上不同国家和地区对证券投资基金的称谓有所差异，如表 1-1 所示。

**表 1-1　不同国家和地区对证券投资基金的称谓**

| 国家和地区 | 证券投资基金的不同称谓 |
|---|---|
| 美国 | 共同基金 |
| 英国和中国香港地区 | 单位信托基金 |
| 欧洲 | 集合投资基金或集合投资计划 |
| 日本、韩国和中国台湾地区 | 证券投资信托基金 |



## 二、证券投资基金的特点

证券投资基金作为一种间接投资金融工具，具有许多独特的优势。

1. 证券投资基金的基本特点（见表 1-2）

**表 1-2　证券投资基金的基本特点**

| 基本特点 | 具体表现 |
|---|---|
| 集合理财、专业管理 | 基金集中了众多投资者的资金，委托基金管理人共同投资，彰显了集合理财的一大特色。通过将众多投资人的资金集中起来，积少成多，可以最大限度地发挥资金规模优势并降低投资成本。同时，基金管理人普遍具有众多的经济专家、财务专家、投资分析师等专业投研人员和强大的信息网络，具有丰富的投资经验和娴熟的投资技巧，可以更好地动态跟踪和深入分析证券市场的各个方面。投资者将资金交给基金管理人打理，中小投资者也能享受投资管理的专业化服务 |
| 组合投资、分散风险 | 中小投资者由于资金量的局限，只能投资有限的证券，难以分散风险。基金通常投资不同国家或地区、不同行业的股票和债券等多种金融工具，可以最大限度地降低投资组合的非系统性风险。投资者购买基金等于花很少的钱购买了一篮子证券。在多数情况下，某些证券市值的下跌所造成的损失可以由其他证券市值的上涨产生的盈利来弥补，因此投资者通过基金可以充分享受到组合投资、分散风险的好处 |

表1-2(续)

| 基本特点 | 具体表现 |
| --- | --- |
| 利益共享、风险共担 | 证券投资基金实行利益共享、风险共担的原则。基金投资者是基金的所有者。基金投资收益在扣除基金承担的费用后的剩余部分全部归基金投资者所有，并在投资者之间按照每一投资者所购买的基金份额占比进行合理分配。基金托管人和基金管理人不参与基金收益的分配，只按规定收取一定比例的托管费、管理费 |
| 严格监管、信息透明 | 各国对基金普遍实行严格而全面的监管，包括严密的行业准入标准和审批程序、产品的实质性审批制度、严格的从业人员管理制度等。同时，公开透明的信息披露制度为投资者和全社会对基金运作的监督提供了条件，以切实保护投资者的利益，增强投资者对基金投资的信心 |

2. 证券投资基金与其他金融工具的比较

（1）基金与股票、债券的差异，如表 1-3 所示。

**表 1-3　基金与股票、债券的差异**

| 不同点 | 股　票 | 债　券 | 基　金 |
| --- | --- | --- | --- |
| 反映的经济关系不同 | 所有权关系，股票是一种所有权凭证，投资者购买股票后就成为公司的股东 | 债权债务关系，债券是一种债权凭证，投资者购买债券后就成为公司的债权人 | 信托关系，基金是一种受益凭证，投资者购买基金份额就成为基金的受益人 |
| 所筹资金的投向不同 | 直接投资工具，所筹集的资金主要投向实业领域 | 直接投资工具，所筹集的资金主要投向实业领域 | 间接投资工具，所筹集的资金主要投向有价证券等金融工具 |
| 投资收益与风险的大小不同 | 高风险、高收益 | 低风险、低收益 | 风险和收益一般介于股票和债券之间，部分基金属于低风险、低收益 |

（2）基金与银行储蓄存款的差异，如表 1-4 所示。

**表 1-4　基金与银行储蓄存款的差异**

| 不同点 | 银行储蓄存款 | 基　金 |
| --- | --- | --- |
| 性质不同 | 表现为银行的负债，是一种信用凭证；银行对存款者负有法定的保本付息责任 | 一种受益凭证，基金财产独立于基金管理人；基金管理人只是受托管理投资者的资金，并不承担投资损失的风险 |
| 收益与风险特性不同 | 存款利率相对固定，投资者损失本金的可能性很小，投资相对比较安全 | 收益具有一定的波动性，投资风险比银行储蓄存款大 |
| 信息披露程度不同 | 银行吸收存款之后，不需要向存款人披露资金的运用情况 | 基金管理人必须定期向投资者公布基金的投资运作情况 |

# 第二节　证券投资基金的运作和参与主体

## 一、证券投资基金的运作

证券投资基金的运作过程包括基金的市场营销、基金的募集、基金的投资管理、基金资产的托管、基金份额的登记、基金的估值与会计核算、基金的信息披露等各个相关环节。从基金管理人的角度看，基金的运作可以分为三部分：一是基金的市场营销，二是基金的投资管理，三是基金的后台管理。基金的市场营销主要涉及基金份额的募集与客户服务，基金的投资管理体现了基金管理人的服务价值，基金的后台管理包括基金份额的注册登记、基金资产的估值、会计核算、信息披露等，这些对保障基金运作的安全发挥了重要作用。证券投资基金的运作关系如图 1-2 所示。

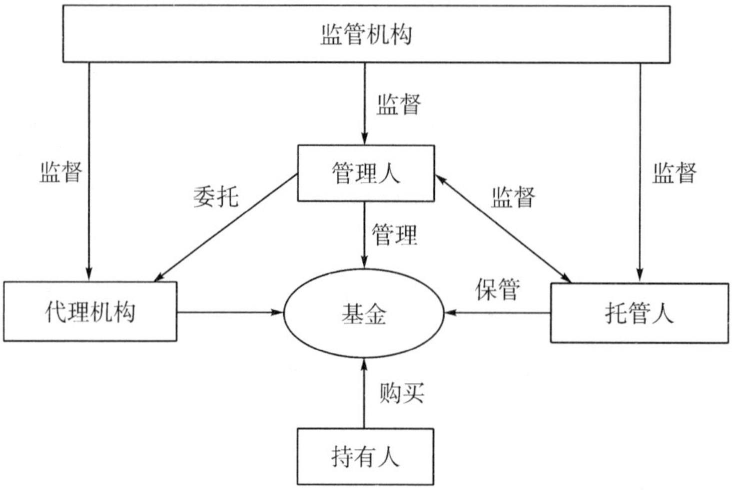


**图 1-2　证券投资基金的运作关系**

## 二、证券投资基金的参与主体

根据所承担的职责与作用的不同，证券投资基金的参与主体可以分为三大类，分别是基金当事人、基金市场服务机构以及基金监管机构和自律组织。

1. 基金当事人

我国的证券投资基金属于契约型基金，依据基金合同设立，以信托原理为基础，当事人主要是与信托活动有直接关系的委托人、受托人和受益人，缺一不可。基金份额持有人、基金管理人与基金托管人正是基金合同的当事人，简称基金当事人。

（1）基金份额持有人。基金份额持有人即基金投资者，是信托关系中的委托人，同时按其持有的基金份额享受基金收益并承担风险，也是信托关系的受益人。《中华人民共和国证券投资基金法》（以下简称《证券投资基金法》）第四十六条规定，“基金份额持有人享有下列权利：（一）分享基金财产收益；（二）参与分配清算后的剩余基金财产；（三）依法转让或者申请赎回其持有的基金份额；（四）按照规定要求召开基金份额持有人大会或者召集基金份额持有人大会；（五）对基金份额持有人大会审议事项行使表决权；（六）对基金管理人、基金托管人、基金服务机构损害其合法权益的行为依法提出诉讼；（七）基金合同约定的其他权利”。

（2）基金管理人。基金管理人是信托关系中的受托人，与基金份额持有人依法订立基金合同，并按照约定接受委托，对投资者的基金财产进行投资运作。基金管理人在基金运作中具有核心作用，通过承担基金产品的设计、基金份额的销售与注册登记、基金资产的管理等重要职能，在有效控制风险的基础上争取最大的投资收益。在我国，基金管理人只能由依法设立的基金管理公司担任。

（3）基金托管人。基金托管人与基金管理人是信托关系中的共同受托人。为了保证基金资产的安全，根据《证券投资基金法》规定，基金资产必须由独立于基金管理人的基金托管人保管，从而使基金托管人成为基金的当事人之一。基金托管人的职责主要体现在基金资产保管、基金资金清算、会计复核及对基金投资运作的监督等方面。在我国，基金托管人只能由依法设立并取得基金托管资格的商业银行或其他金融机构担任。

基金份额持有人与基金管理人、基金托管人的关系是通过信托关系而形成的委托人和受托人之间的关系。基金管理人和基金托管人作为共同受托人，分别履行基金财产的投资运作和基金财产的托管职责，并相互监督，任何一方在履行职责过程中，违反基金法律法规或基金合同约定，给基金财产或者基金份额持有人造成损害的，应当对各自的行为依法承担赔偿责任。

2. 基金市场服务机构

基金作为一种大众化的投资工具，除基金当事人外，市场上还有许多提供各类服务的其他机构，包括基金销售机构、销售支付机构、份额登记机构、估值核算机构、投资顾问机构、基金评价机构、信息技术系统服务机构、律师事务所和会计师事务所等（见表1-5）。

**表1-5　基金市场服务机构一览**

| 服务机构 | 服务内容 |
|---|---|
| 基金销售机构 | 通过基金宣传推介、基金份额发售或者基金份额的申购、赎回，收取以基金交易（含开户）为基础的相关佣金，一般包括商业银行、证券公司、保险公司、证券投资咨询机构、独立基金销售机构等 |
| 基金销售支付机构 | 基金销售活动中从事基金销售机构、基金投资人之间的货币资金转移活动，一般指从事基金销售支付业务活动的商业银行或者支付机构 |
| 基金份额登记机构 | 从事基金份额的登记过户、存管和结算等业务活动，基金管理人可以办理其募集的基金的份额登记业务，也可以委托基金份额登记机构代为办理 |

表1-5(续)

| 服务机构 | 服务内容 |
|---|---|
| 基金估值核算机构 | 从事基金会计核算、估值及相关信息披露等业务活动。一般来说，基金管理人可以自行办理基金估值核算业务，也可以委托基金估值核算机构代为办理 |
| 基金投资顾问机构 | 从事基金投资顾问业务活动，按照约定向基金管理人、基金投资人等服务对象提供产品的投资建议，辅助客户做出投资决策，并直接或者间接获取经济利益 |
| 基金评价机构 | 从事基金评价业务活动，包括对基金投资收益和风险或者基金管理人管理能力进行的评级、评奖、单一指标排名或者中国证监会认定的其他评价活动 |
| 基金信息技术系统服务机构 | 为基金管理人、基金托管人和基金服务机构提供基金业务核心应用软件开发、信息系统运营维护、信息系统安全保障和基金交易电子商务平台等 |
| 律师事务所和会计师事务所 | 作为专业、独立的中介服务机构，为基金提供法律、会计服务 |

3. 基金监管机构和自律组织

（1）基金监管机构

基金监管机构对基金管理人、基金托管人以及其他从事基金活动的服务机构进行监督管理，通过依法行使审批或核准权，依法办理基金备案，查处违法违规行为，因此其在基金的运作过程中发挥了重要作用。我国的基金监管机构为中国证监会。



（2）基金自律组织

证券交易所是基金的自律管理机构之一。依法设立的证券交易所是为证券的集中和有组织的交易提供场所和设施，不以营利为目的，履行国家有关法律法规、规章、政策规定的职责，实行自律性管理的法人。一方面，需要通过证券交易所募集和交易的封闭式基金、上市开放式基金和交易型开放式指数基金等，必须遵守证券交易所的规则；另一方面，经中国证监会授权，证券交易所对基金的投资交易行为还承担着一线监控的重要职责。

2012 年 6 月 6 日成立的中国证券投资基金业协会也是基金行业自律组织，是由基金管理人、基金托管人及基金市场服务机构共同成立的同业协会，在促进同业交流、提高从业人员素质、加强行业自律管理、促进行业规范发展等方面具有重要的作用。



## 第三节　证券投资基金的起源与发展

### 一、证券投资基金的产生

基金的出现与世界经济的发展有着密切的联系。基金诞生于 18 世纪末 19 世纪初的英国。为了加强海外殖民地的经济建设，1868 年，英国政府批准成立了一家海外投资信托组织，即“海外和殖民地政府信托组织”（The Foreign and Colonial Government Trust），公开向社会发售受益凭证。这是公认的设立最早的投资基金机构，由投资者集体出资、专职经理人负责管理和运作。该基金在许多方面为现代证券投资基金的产生奠定了基础。

随着世界经济的进一步发展，20 世纪初，基金传入美国并在美国蓬勃发展。1924 年由 200 多名哈佛大学教授出资 5 万美元设立的“马萨诸塞投资信托基金”，成为美国开放式公司型共同基金的鼻祖。1929 年的经济大危机与股市崩盘，使美国刚刚起步的基金业遭受重创，投资者损失惨重，极大地影响了投资者的信心。虽然美国在此后出台了《证券法》《证券交易法》《投资公司法》《投资顾问法》等多部法规来保护投资者，但美国基金业的发展依然缓慢。直到 1971 年，货币市场基金的面世为美国基金业的发展注入新的活力，基金开始获得越来越多投资者的青睐。20 世纪 80 年代美国开启了 401（K）养老保险计划，同时，经过 10 年的长期牛市，在 20 世纪 90 年代后期，资本市场的火热程度达到了巅峰，至此美国基金业的发展进入了一个爆发式增长的阶段。

## 二、当前全球证券投资基金的发展特点

就全球而言，第二次世界大战后，各发达国家的政府更加明确认识到证券投资基金业的重要性，并相继出台一系列法规加强行业监管，为证券投资基金业的发展提供了良好的外部环境，使基金在全球范围内得到了普及。

截至 2022 年二季度末，全球受监管的开放式公募基金（不包括 FOF 基金）规模为 59.91 万亿美元。其中，股票型基金占据全球开放式公募基金规模的 44%，债券型基金占比为 20%，混合型基金（平衡型）占比为 12%，货币市场基金占比为 14%，房地产型基金占比为 2%，其他类型基金占比为 8%。

从不同地区来看，美洲是全球开放式公募基金的重镇，贡献了全球总规模的 52%，欧洲贡献了 32%，亚太地区（除去美洲国家）和非洲合计贡献了 16%。

综合来看，全球基金业发展呈现几大趋势与特点。

1. 美国占据主导地位，我国基金净销售额排名居前

当前，美国占据了全球开放式公募基金近一半的规模，全球开放式公募基金类型分布与美国的类型分布高度重合，美国的基金对全球证券投资基金的发展有着重要的示范性影响。除欧洲、美国、日本外，其他国家和地区的基金业也发展迅猛。2021 年以来，得益于火热的基金发行，我国公募基金在全球排位稳步上升，与全球其他国家相比，我国的基金净销售额一直排在全球前列。美国投资公司协会（ICI）的数据显示，2022 年上半年，我国开放式公募基金实现净销售额 2 527 亿美元，排名全球第一。

2. 开放式基金成为证券投资基金的主流产品

基于开放式基金独特灵活的申赎机制、更加全面的客户服务、更为科学和市场化的运作模式以及更加充分的信息披露，开放式基金更容易被投资者所接受，也越来越受到全球投资者的青睐，目前已成为证券投资基金中的主流产品。这也是金融

创新顺应市场发展潮流的必然结果。

3. 基金市场竞争加剧，行业集中趋势突出

受益于行业的大发展，全球基金业依然行驶在快车道中。截至2022年8月底，我国154家基金管理公司的管理规模达到了创纪录的27.29万亿元，产品数量突破万只，达到10 262只。基金业的爆发式增长，也加剧了市场的竞争，从在管规模、资金流向、基金发行、最终盈利等方面来看，基金公司头部效应不断加剧，许多基金公司不得不走上兼并、收购的道路，行业集中趋势明显。

4. 基金资产的资金来源发生了重大变化

养老金具有长期性、规范性和规模性，通过积极投资资本市场，一方面可以实现养老金长期保值增值，有效应对人口老龄化，另一方面也为实体经济提供更多长期稳定的发展资金，成为基金业发展的重要资金来源。以共同基金为投资对象的养老金投资计划日益成为发达国家资本市场的重要制度。美国在20世纪80年代提出401（K）养老计划和个人税收优惠养老计划（IRA），以共同基金为投资对象，使得美国共同基金业得以迅速发展壮大。2022年4月21日，我国国务院办公厅公布《关于推动个人养老金发展的意见》，这是我国个人养老金制度的第一个顶层设计文件。2022年11月4日，人力资源社会保障部、财政部、国家税务总局、银保监会、证监会联合发布《个人养老金实施办法》，对个人养老金参加流程、资金账户管理、机构与产品管理、信息披露、监督管理等方面做出具体规定。这意味着我国个人养老金制度基本确立，并正式步入全面发展阶段，基金市场将迎来重要且长期的资金来源。



5. ETF（交易型开放式指数基金）、另类投资基金规模逐步扩大

ETF作为被动型指数基金，具有跟踪指数、交易成本低、投资操作透明等特点，自1993年推出以来不断推陈出新，先后在投资标的、投资区域、投资策略乃至投资模式等多方面创新，并在全球始终保持高速的增长，为投资者提供了丰富的多元化投资产品。以私募股权、风险投资、地产、矿业等品种为主要投资方式的另类投资也开始由欧美向亚洲渗透，其高回报性吸引了大量慈善基金、退休基金的加入。若干年前由于房地产业火爆、商品价格飙升，另类投资开始出现爆炸性增长，获得空前发展。

### 三、我国基金业的发展概况

我国证券投资基金业起步于20世纪80年代末，随着基金市场的发展与规范，主管机构从中国人民银行过渡为中国证监会；监管法规从地方行政法规起步，到国务院证券委出台行政条例，再到全国人民代表大会通过并修订《证券投资基金法》及中国证监会根据《证券投资基金法》制定一系列配套规则；主流品种从不规范的“老基金”，到封闭式基金，再到开放式基金，乃至各类基金创新产品纷纷出现；老百姓对证券投资基金从不熟悉到熟悉；直至新时期基金行业面临新的机遇和挑战。通过这些线索，我国基金业的发展主要可以分为以下五个阶段：

1. 萌芽和初步发展时期（1985—1997 年 10 月）

受我国经济高速发展的吸引，在 20 世纪 80 年代末，一批由中资或外资金融机构在境外设立的“中国概念基金”相继推出，比如，1989 年由香港新鸿基信托基金管理有限公司推出的“新鸿基中华基金”，1990 年由法国东方汇理亚洲投资公司创立的“上海基金”等。这些基金普遍投资于 B 股和在香港上市的内地企业，由国外基金管理机构单独或者联合国内机构设立，基金销售、外币兑换、投资方案制订等均由外资机构负责，有的也聘请中方投资顾问公司，并由中方代理人执行相关交易。直至 1991 年，中国新技术创业投资公司与汇丰集团、渣打集团在中国香港联合设立了中国置业基金，直接投资于以珠江三角洲为中心的周边乡镇企业，并随后在香港上市。这意味着中资金融机构开始正式涉足投资基金业务，我国内地证券投资基金业开始进入早期探索阶段。

在这一阶段，基金的主管机构是中国人民银行，其对基金进行审批设立和运作监管。该阶段成立的基金共有 79 只，总资产 90 多亿元，投资者约 120 万户。相对于 1997 年《证券投资基金管理暂行办法》实施以后发展起来的证券投资基金，习惯上将 1997 年以前设立的基金称为“老基金”。我国第一家较规范的投资基金——淄博乡镇企业投资基金（简称“淄博基金”），于 1992 年 11 月经中国人民银行总行批准设立。该基金为典型的公司型封闭式基金，募集规模 1 亿元人民币，60%投向淄博乡镇企业，40%投向上市公司，并于 1993 年 8 月在上海证券交易所挂牌上市，成为我国首只在内地证券交易所上市交易的投资基金。然而这一时期的基金运作由于缺乏基本的法律规范，又深受 20 世纪 90 年代中后期我国房地产市场整顿、实业投资无法变现以及贷款资产无法回收的困扰，资产质量普遍不高。总体而言，这一阶段中国基金业的发展带有很大的探索性、自发性与不规范性。



2. 试点发展阶段（1997 年 11 月—2002 年）

在对“老基金”发展问题进行反思的基础上，1997 年 11 月，当时的国务院证券委员会颁布了《证券投资基金管理暂行办法》，为我国证券投资基金业的规范发展奠定了法律基础，为我国基金业的发展指明了新的发展路径。同时，该阶段明确了中国证监会作为基金业的主管机构。

这一时期基金业的主流形式是封闭式基金。1998 年 3 月 27 日，“基金开元”和“基金金泰”两只封闭式基金正式设立，并受到了市场的热烈追捧，募集规模均为 20 亿元，申购户数分别达到 95.8 万户与 119.8 万户，自此拉开了国内证券投资基金试点的序幕。为确保试点成功，增强基金市场活力，我国基金业在这一时期得到了极大的政策支持，这对基金业的发展起到了重要的促进作用。截至 1999 年年末，我国基金管理公司数量增至 10 家，这也是我国第一批基金管理公司，也被市场称为“老十家”。同时，“老基金”得到了全面规范清理，通过资产置换后合并扩募改制成为符合《证券投资基金管理暂行办法》的新证券投资基金。

2000 年 10 月 8 日，我国在封闭式基金成功试点的基础上成功推出开放式基金，并正式发布实施了《开放式证券投资基金试点办法》。2001 年 9 月，我国第一只开放式基金——“华安创新”诞生，截至 2002 年年底开放式基金迅速发展到 17 只，规模566亿份。

封闭式基金由于后期一直处于高折价交易状态，发展陷入停滞，自2002年8月银丰基金发行成功后直到2007年7月，我国一直未发行新的封闭式基金。开放式基金的发展为基金产品的创新开辟了新的天地，为我国基金业的快速发展注入了新的活力。自此，我国开放式基金得以快速发展，并在数量和资产规模上远远超过封闭式基金，成为证券投资基金的主要形式。

3. 行业快速发展阶段（2003—2007年）

这一阶段是我国证券投资基金历史上跨越式发展的阶段，基金业的法律法规得以完善，最典型的标志就是《证券投资基金法》的通过和实施。2003年10月28日，十届全国人大常委会第五次会议审议通过《证券投资基金法》并于2004年6月1日施行。该法明确了基金运作各个环节的法律规范，为我国基金业的发展奠定了坚实的法律基础。2006—2007年受益于股市大牛市，基金业绩表现异常出色，创历史新高，我国证券投资基金业也因此走上了一个更快的发展轨道。这一阶段基金的主流品种是开放式基金，行业呈现以下特点：

（1）基金规模和投资者队伍急速增加

2006年全部证券投资基金资产规模合计8 564.61亿元，比前一年增幅超过80%，2007年全部368只证券投资基金资产净值合计32 786.17亿元，是2006年同期的3.83倍。基金的良好表现使得投资者队伍迅速壮大。2007年年末，基金投资者户数已经超过1亿户，大约有1/4的中国家庭购买了基金，基金资产总规模相当于城乡居民人民币储蓄总额的1/6，基金业的影响力显著上升。



（2）基金产品和业务创新继续发展

基金产品的创新层出不穷，先后出现了生命周期基金、QDII（合格境内机构投资者）基金、结构分级基金等多种创新品种。2007年7月，中国证监会正式发布了《合格境内机构投资者境外证券投资管理试行办法》，公募基金管理业由此进入全球投资时代，包括华安、南方、华夏、嘉实、上投摩根、华宝兴业、海富通等在内的多家基金公司获得了QDII业务的试点资格。品种创新推动中国基金业在规模上达到了一个新的台阶。

（3）基金管理公司分化加剧、业务呈现多元化发展趋势

在此阶段，基金公司管理的资产规模普遍增长，前十大基金管理公司占总市场份额的49.78%，管理规模居中的基金公司增加，行业集中度大幅下降，但资产管理规模100亿元以下的弱势公司逐步被边缘化，两极分化格局持续深化。2007年11月，中国证监会发布了《基金管理公司特定客户资产管理业务试点办法》，意味着我国私募基金专户理财业务获准，绩效报酬体系和投资策略更加灵活，基金管理公司可以针对客户个性化需求进行投资运作。一些基金管理公司还取得了全国社会保障基金、企业年金的管理资格，开展社保基金及年金受托管理业务。

4. 行业平稳发展及创新探索阶段（2008—2014年）

随着基金市场的快速发展，产品日益丰富，行业在实践中又出现了一些新的问题；而且由于2008年国际金融危机的影响、我国经济增速的放缓和股市的大幅调

整，基金行业进入了平稳发展时期，管理资产规模停滞徘徊，股票型基金呈现持续净流出态势。面对不利的外部环境，我国基金业进行了积极的改革和探索。

（1）完善修订《证券投资基金法》

2012 年 12 月 28 日，全国人大常委会审议通过了修订后的《证券投资基金法》，并于 2013 年 6 月 1 日正式实施。修订后的《证券投资基金法》对私募基金监管以及基金公司准入门槛、投资范围、业务运作等多个方面进行了修改和完善，主要修订内容包括：第一，扩大调整范围，将私募基金产品纳入管制范围；规范私募基金运作，统一监管标准，防范监管套利和监管真空。第二，放宽机构准入，松绑基金业务运作；在市场准入、基金募集审批、基金投资范围、业务运作限制等方面取消或者简化了限制规定。第三，规范服务机构，定义了基金服务机构的种类和监管要求。第四，防范业务风险，加强投资者保护，在市场主体行为和责任追究等方面同步加强了监管要求。第五，强调自我约束和自律管理；促进中介服务机构和行业自律作用的发挥，强化市场自我规范、自我调整和自我救济的内在约束机制。

修订后的《证券投资基金法》充分体现了“放松管制、加强监管”的主导思想，为此后基金业的发展打下了良好的法律基础。2012 年 6 月 6 日，中国证券投资基金业协会正式成立。伴随法律法规的修订完善，我国基金业的制度基础得以夯实，基金业的发展环境得到进一步优化，这拓展了基金业改革创新的空间。

（2）基金行业多元化发展显成效

随着行业管制的放松和市场化改革，基金业务从单纯的公募向公募与私募并重转变，这期间企业年金、社保基金、专项资产管理计划、特定客户资产管理等业务得到了较快发展。基金产品类型从单一化向多元化进阶，产品体系不断丰富，投资范围逐步扩展，出现了各类股票基金、混合基金、债券基金、货币市场基金等国际主流产品类型。随着投资者需求的提升，行业、债券、黄金、跨市场和跨境等 ETF 产品应运而生。

（3）互联网金融与基金业有效结合

互联网与基金的相互融合，创造了互联网基金销售新业态，形成了信息技术与金融资本相结合的新兴金融领域。以余额宝为首的货币市场基金成为基金行业快速发展的新生力量代表。2013 年 6 月，天弘基金推出余额宝，产品上线三个多月，资金规模就达到 556.53 亿元，规模及客户数迅速爆发增长，成为国内市场资产规模最大的货币市场基金。此外，创新型互联网基金销售平台也逐渐兴起，和讯网、天天基金网等平台成为基金销售的重要渠道。

（4）行业股权激励由点及面展开

修订后的《证券投资基金法》放宽了基金管理公司股东的资格条件。随后国务院为落实新《证券投资基金法》而出台的《国务院关于管理公开募集基金的基金管理公司有关问题的批复》降低了公募基金管理公司的设立条件，并允许专业人士持股，对自然人成为股东做出了明确规定。股权激励有利于公司人员稳定、吸引人才，而这正是一家基金管理公司业绩和规模得以发展的“基石”。2013 年、2014 年，先后有多家基金管理公司实现管理层及员工持股，这些探索对基金业产生了深远影响，对提升公募基金管理公司治理结构、促进其长远可持续发展具有积极作用。

（5）专业化分工推动行业服务体系创新

修订后的《证券投资基金法》第一百零一条规定，“基金管理人可以委托基金服务机构代为办理基金的份额登记、核算、估值、投资顾问等事项，基金托管人可以委托基金服务机构代为办理基金的核算、估值、复核等事项，但基金管理人、基金托管人依法应当承担的责任不因委托而免除”。这一举措使基金管理人可以专注于提升核心投研业务能力、降低运营成本、提高核心竞争力，加速行业外包市场的发展，创新行业服务体系。

（6）私募基金机构和产品发展迅猛

修订后的《证券投资基金法》将非公开募集基金纳入法律覆盖范围，为私募基金的发展提供了法律依据。2013 年，中央机构编制委员会办公室《关于私募股权投资基金管理职责分工的通知》明确了由中国证监会负责私募股权基金的监督管理，实行适度监管，保护投资者权益。2014 年，中国证监会颁布了《私募投资基金监督管理暂行办法》，对私募基金的登记备案、资金募集和投资运作进行了明确，规定设立私募基金管理机构和发行私募基金不设行政审批，允许各类发行主体在依法合规的基础上，向累计不超过法律规定数量的投资者发行私募基金，由基金业协会对私募基金业开展行业自律管理。2014 年 1 月，基金业协会发布了《私募投资基金管理人登记和基金备案办法（试行）》。基于良好的外部法律支持，我国私募基金机构和产品在这一阶段都有了迅猛的发展。



（7）大资产管理业务与跨境业务逐步推进

修订后的《证券投资基金法》以及配套政策的颁布实施，搭建了大资产管理行业基本制度框架，意味着一个更加开放、竞争的资产管理时代的到来。私募基金纳入统一监管，基金管理公司可以通过设立子公司从事专项资产管理业务，证券公司、保险资产管理公司及其他资产管理机构可以申请开展公募基金业务。各类金融机构交叉持股现象更加普遍，银行、保险、信托等机构也根据各自规则发行各类资产管理产品，形成相互关联和相互竞争的格局。

同时，跨境业务产品也在不断丰富，沪港通基金和深港通基金的诞生、中国内地与香港互认基金的注册发行、QDLP（合格境内有限合伙人）和上海自贸区股权投资基金等创新性跨地区业务模式的出现，意味着我国基金行业和境内基金管理机构正在逐步走向规范化和国际化。

5. 防范风险和规范发展阶段（2015 年至今）

2015 年股票市场剧烈波动，从牛市起步到“疯牛”的形成，再到股市暴跌导致个股丧失流动性，多米诺骨牌效应演绎出一场最鲜活的风险教育，再加上理财市场风险事件的不断发生，逐步暴露出基金管理行业的不规范行为和潜在风险。从 2015 年下半年开始，监管部门重拳出击，采取一系列严格措施，降低和防范风险、完善法规和加强监督检查。

（1）加强私募基金的监管和风险防范

自 2017 年突破 10 万亿元后，私募基金发展驶入快车道。中国证券投资基金业协会数据显示，2018 年和 2019 年私募基金管理规模分别为 12.78 万亿元、13.74 万亿元。私募基金在支持创业创新、提高直接融资比例、服务实体经济方面发挥了积极作用，但也暴露出一些问题，存在规避合格投资者要求、集团化运作、不履行登记备案义务甚至非法集资等侵害投资者利益的违法行为。

为促进行业规范、可持续发展，基金业协会先后颁布《私募投资基金信息披露管理办法》《私募投资基金管理人内部控制指引》《私募投资基金募集行为管理办法》《私募投资基金合同指引》等一系列自律规则，引导私募基金行业规范运作。中国证监会连续对私募机构开展专项检查，并于 2021 年正式发布《关于加强私募投资基金监管的若干规定》，这是首次以部门规范性文件形式发布与私募基金行业相关的监管文件。该文件明确指出：一是规范私募基金管理人名称、经营范围，并实行新老划断；二是优化对集团化私募基金管理人的监管，实现扶优限劣；三是重申私募基金应当向合格投资者非公开募集，重申和明确了募集方式、募集材料制作、信息披露等方面的相关要求；四是明确私募基金财产投资要求，总结归纳了过往处置风险事件中的一些违规操作，结合自律规则中业已明确的合规性要求最终形成了私募基金财产投资的相关要求；五是强化私募基金管理人及从业人员等主体规范要求，规范开展关联交易；六是明确法律责任和过渡期安排。

（2）规范基金管理公司及其子公司的资产管理业务

基金行业快速发展中，资产管理业务乱象频出，时常出现资产管理计划中杠杆倍数超标、违规提供保本保收益安排、违规进行结构化安排和管理、委托不符合条件的第三方机构提供投资建议等情况。针对资产管理业务出现的问题和风险，中国证监会颁布了《证券投资基金管理公司子公司管理规定》和《基金管理公司特定客户资产管理子公司风险控制指标指引》，对基金子公司进行全方位约束。2018 年 4 月，中国人民银行、银保监会、证监会、外汇局联合印发《关于规范金融机构资产管理业务的指导意见》，对资产管理业务乱象进行清理整治，从限制期限错配、多层嵌套、加大杠杆等方面入手打破刚性兑付，对资金池、非标、杠杆、通道等进行了约束规范，防范化解行业金融风险。

（3）规范分级、保本等特殊类型基金产品，发展基金中基金产品

中国证监会批复沪、深证券交易所发布的《分级基金业务管理指引》，在总结分级基金发展情况的基础上，对交易监管安排做了进一步完善，规范分级基金运作，完善分级基金投资者适当性管理要求，加强分级基金投资者教育与风险警示的重要制度安排。

中国证监会还修订《关于保本基金的指导意见》，将“保本基金”名称调整为“避险策略基金”，进一步完善保本基金的有关制度安排，防范和化解风险：适度控制基金规模，降低行业风险；完善基金管理人的相关审慎监管要求，对基金管理人和基金经理的投资管理经验进行了规定；完善相关风险控制指标，从严要求稳健资产的投资范围、剩余期限以及风险资产的放大倍数；要求基金管理人每日监控保本基金的净值变动情况，定期开展压力测试；完善担保的相关监管要求，适度降低担保机构对外担保资产总规模，同时要求基金管理人审慎选择担保机构，并在定期报

告中对担保机构情况进行披露；要求基金管理人及其子公司特定客户资产管理业务不得募集保本产品。

为拓展长期、稳定资金来源，壮大机构投资者队伍，中国证监会发布了《公开募集证券投资基金运作指引第 2 号——基金中基金指引》。发展基金中基金有利于广大投资者借助基金管理人的专业化选择基金的优势来投资基金，拓宽基金业发展空间；有利于满足投资者的多样化资产配置投资需求，有效分散投资风险，降低多样化投资的门槛；有利于进一步增强证券经营机构服务投资者的能力。

（4）对基金管理公司业务实施风险压力测试

中国证券投资基金业协会制定和颁布了《公募基金管理公司压力测试指引（试行）》，组织行业开展定期压力测试，以强化基金行业的风险管控约束机制，建立压力测试的风险监测与预警制度，提高基金管理公司的风险管理水平。公募基金压力测试可分为股票压力测试、债券压力测试、货币压力测试、QDII 压力测试及特殊产品压力测试等。

（5）专业人士申请设立基金公司的数量攀升，申请主体渐趋多元

修订后的《证券投资基金法》及随后的《国务院关于管理公开募集基金的基金管理公司有关问题的批复》，明确专业人士可以成为基金公司的主要股东并发起设立公募基金，由此带动了各类市场主体参与公募业务的意愿，申请主体变得多元化，基金公司的设立申请数量持续增加。为进一步探索更加完善的股权和治理结构，推动公募基金管理行业规范发展，中国证监会一改往日的基金公司设立审批程序，形成了先批准设立、申请人组建公司并经过中国证监会现场检查后再开业的程序，如此可以降低市场主体申请设立基金公司的成本，择优批准基金公司设立，推动公募基金管理行业良性健康发展，促进资本市场平稳、有序运行。



## 第四节　证券投资基金在金融体系中的地位和作用

### 一、为实体经济拓宽融资渠道

证券投资基金将投资者的资金汇集起来投资于证券市场，提高了直接融资的比例，将储蓄资金转化为生产资金，为产业发展和经济增长提供重要的资金来源。同时，基金管理公司凭借自身大类资产配置能力和各类资产、策略的投资能力，助力实体经济持续健康发展。

证券投资基金中，公募基金作为被大众广泛青睐的理财产品，已经成为证券市场上推动普惠金融发展、引领资产管理行业的重要专业机构投资者；私募基金作为资本形成的重要通道、直接融资的重要渠道，从居民多元化投融资需求出发，从实体经济创新、产业结构优化升级的需要出发，在社会财富管理中发挥越来越积极的作用。

## 二、为中小投资者拓宽投资渠道

中小投资者往往因资金量有限、投资经验缺乏、信息条件受限等，难以在证券市场中获得良好的投资收益。证券投资基金作为一种间接投资工具，为中小投资者拓宽了投资渠道，通过专业的管理和运作，帮助众多中小投资者进行组合投资、分散风险，优化资源配置。截至 2022 年 7 月底，公募基金资产规模达 27.06 万亿元，产品数量达 10 123 只，为数以亿计的投资者创造了巨大收益和金融便利，早已成为普惠金融的典型代表。

## 三、基金产品的不断创新推动了金融市场的发展与变革

以货币市场基金为例，20 世纪 60 年代初，美国为了限制商业银行恶性竞争，曾对商业银行存款利率规定上限，这就是著名的 Q 条例。然而，1971 年货币市场基金的出现打破了投资者难以进入货币市场交易并获取更高收益的局面。货币市场基金通过投资于商业票据、银行承兑及可转让定期存单等，使得投资者以较少的投资额就可以获得高于 Q 条例的收益。在当时，对商业银行形成了储蓄分流的巨大竞争压力，迫使美国逐步放弃 Q 条例，允许商业银行向客户提供有竞争力的存款利率。不同类型、不同投资对象、不同风险与收益特性的证券投资基金推动了整个金融市场的创新浪潮，在给广大投资者提供机会的同时，也成为资本市场不断变革和金融产品不断创新的源泉之一。



## 四、为金融体系和社会保障体制的完善提供重要支持

国内外的经验表明，证券投资基金是社会保障型资金保值增值的重要渠道，能促进一国社会保障体制的完善。社会保障体制形成的各类资金（社会保障基金、企业年金、养老金等）也为证券投资基金提供了长期稳定的资金来源。在我国，证券投资基金也为社会保障体制的改革做出了重大贡献。

截至 2021 年年末，我国社保基金资产总额超过 3 万亿元。其中，境内投资资产占社保基金资产总额的比例超过 90%，投资收益额约为 1 132 亿元，投资收益率为 4.27%。社保基金自成立以来的年均投资收益率高达 8.3%，资产保值增值效果显著。

## 五、推动社会责任投资，实现可持续发展

ESG（社会责任投资），代表的是环境（enviroment）、社会（society）和公司治理（governance），是倡导在投资决策过程中充分考虑环境、社会和公司治理因素的投资理念。ESG 已成为当前国际主流的投资理念和投资策略，最大限度地契合公共利益。持续推动社会价值创造和福利增进，才能最大限度地实现资产管理行业的价值。国际经验表明，以公募基金为代表的机构投资者，在 ESG 主体中占比超过 70%。在推广 ESG 标准指导投资实践、推动社会责任投资方面，基金行业已经做出了较大的努力。截至 2022 年 6 月底，我国存续的可持续基金总数达到 174 只，其中

包括 77 只 ESG 主题基金、60 只新能源基金、31 只环保基金，以及 6 只标示社会责任的基金。

**案例：公募基金参与上市公司治理意识的觉醒**

一直以来格力电器是各类机构投资者的心头好，然而 2012 年 3 月，格力电器原董事长朱江洪宣布即将退休。朱江洪是公司的创始人兼核心人物，这么大的人事变动自然受到保险公司、公募基金公司、券商等机构的特别关注，也让各机构忐忑不安。

2012 年 3 月底，鹏华基金接到耶鲁大学基金会的倡议，希望通过双方联合，共同推荐新一届格力电器董事冯继勇。根据《中华人民共和国公司法》第一百零三条规定，“单独或者合计持有公司百分之三以上股份的股东”可提名董事。当时，鹏华基金合计持有格力电器股份 1.6%，共 4 875 万股，而耶鲁大学基金会持有格力电器股份 1.76%，共计 5 280.9 万股，两家合计持股占比 3.36%，有条件联合提名董事。

鹏华基金通过对提名候选人冯继勇的背景的严格考察，了解到冯继勇作为律师事务所合伙人，具有法律上的专长，而且有私募股权投资、兼并收购等方面的业务经验，推荐他担任董事有助于公司治理。2012 年 4 月中旬，鹏华基金和耶鲁大学基金会终于敲定并成功推举。

这是 A 股市场第一次由公募基金参与推选上市公司董事，格力电器董事会的改选成功对改善上市公司治理结构具有非常重要的积极意义。

（资料来源：根据杜志鑫 2012 年 6 月 28 日在《证券时报网》发表的《鹏华基金详解参与格力电器治理始末》整理）





**【能力训练】**

## 项目一　了解我国基金市场产品情况

**模拟情境**

请学生们借助中国证券投资基金业协会官方网站以及和讯网、天天基金网等互联网平台，对我国当前基金产品类型、基金收益、基金经理、基金公司等情况，进行调研分析。

**实训要求**

（1）了解我国基金市场现有基金管理公司的数量，了解其中基金规模排在前十的基金管理公司及其旗下所属基金数量；查找我国当前开放式基金和封闭式基金的数量，了解其中开放式基金有哪些分类及其基金数量；了解各种类型开放式基金中，近三年收益率排名前五的基金。

（2）分组汇报每个小组的调研情况。

（3）教师对情境模拟情况进行点评和总结。

## 【课后练习】

### 一、选择题

1. 证券投资基金的“组合投资、分散风险”指的是（　　）。

A. 基金通常会集中资金投资几种股票，以获得超额收益

B. 基金通过购买一篮子股票，从而分散风险

C. 汇集众多资金由基金管理人管理

D. 组合投资的结果是某些股票价格下跌却很难用其他股票价格上涨产生的盈利来弥补

2. 证券投资基金在英国被称为（　　）。

A. 共同基金　　B. 单位信托基金

C. 集合投资基金　　D. 证券投资信托基金

3. 下列关于公司型基金的说法中，正确的是（　　）。

A. 基金是独立的法人机构

B. 投资者享有直接管理基金的权利

C. 相比于契约型基金，公司型基金投资者的权利要小一些

D. 主要依据基金合同运营基金

4. 基金反映的是一种（　　）。

A. 债权关系　　B. 债务关系

C. 信托关系　　D. 所有权关系



5. 关于基金业在金融体系中的地位和作用，说法错误的是（　　）。

A. 为中小投资者拓宽了投资渠道

B. 稳定上市公司的股价

C. 优化金融结构，促进经济增长

D. 有利于证券市场的稳定和健康发展

6. 根据运作方式分类，可以将基金分为（　　）。

A. 封闭式基金和开放式基金

B. 公募基金和私募基金

C. 契约型基金和公司型基金

D. 股票基金、债券基金、货币市场基金和混合基金

7. 基金将众多投资者的资金集中起来，委托基金管理人进行共同投资，表现了证券投资基金的（　　）特点。

A. 严格监管　　B. 风险共担

C. 集合理财　　D. 组合投资

8. 下列选项中，不属于封闭式基金内容的是（　　）。

A. 基金份额不固定

B. 基金份额在基金合同期限内固定不变

C. 是在证券市场的投资者之间进行转让

D. 一般有一个固定的存续期

9. 基金由（　　）进行投资管理和运作。

A. 投资者　　B. 基金管理人

C. 基金托管人　　D. 证券公司

10. 证券投资基金的特点不包括（　　）。

A. 风险共担　　B. 集中投资

C. 利益共享　　D. 专业管理

11. 关于证券投资基金收益归属，下列说法错误的是（　　）。

A. 基金管理人只能按规定收取一定的管理费，不参与基金收益分配

B. 基金投资收益依据投资管理人的投资业绩按一定比例分配给基金管理人

C. 基金投资收益依据投资者所持有的基金份额比例进行分配

D. 基金投资收益在扣除基金承担的费用后的盈余全部归基金投资者所有

12. （　　）既是基金合同的当事人，又是基金的主要服务机构。

A. 基金份额登记机构和基金销售机构

B. 基金管理人和基金托管人

C. 基金投资顾问机构和基金销售机构

D. 基金投资人和基金托管人

13. 关于基金与股票、债券的差异的说法，正确的是（　　）。

A. 股票反映的是债权债务关系，投资者购买股票后就成为公司的债权人

B. 债券反映的是一种所有权关系，是一种所有权凭证，投资者购买债券后就成为公司的所有者

C. 基金是一种间接投资工具，所筹集的资金主要投向有价证券等金融工具或产品

D. 总体来说由于基金可以投资于众多金融工具或产品，是一种无风险、高收益产品

14. 根据有关规定，一般来说，基金份额持有人的权利不包括（　　）。

A. 参与分配清算后的剩余基金财产

B. 基金份额处置权

C. 基金投资收益权

D. 日常投资决策权

15. 公司型基金与契约型基金的区别表现在（　　）。

A. 规模大小　　B. 是否具有独立法人资格

C. 是否上市　　D. 资金是否公募

16. 下列关于开放式证券投资基金的说法，正确的是（　　）。

A. 基金的发行和存续规模是固定的

B. 基金有固定的存续期限

C. 价格的形成以基金份额净值为基础

D. 每月公布一次基金资产净值

17. 封闭式基金的交易价格主要受（　　）的影响。

A. 二级市场供求关系　　B. 基金份额净值

C. 基金资产总值　　D. 银行存贷款利率

18. 世界上第一只证券投资基金“海外及殖民地政府信托”诞生在（　　）。

A. 美国　　B. 英国

C. 荷兰　　D. 西班牙

19. 下列选项中，说法错误的是（　　）。

A. 基金托管人、基金管理人参与基金收益的分配

B. 中小投资者由于资金量小，一般无法通过购买数量众多的股票分散投资风险

C. 基金投资者是基金的所有者

D. 严格监管与信息透明是公募证券投资基金的显著特点

20. 关于证券投资基金“独立托管、保障安全”的特点，以下说法正确的是（　　）。

A. 基金管理人负责基金的投资操作和资产保管

B. 基金管理人与基金托管人的相互制约、相互监督，为投资者的利益提供了重要的保障

C. 基金管理人与基金托管人的协同合作，为投资者的利益提供了重要保障

D. 基金托管人负责资产的保管，并积极配合基金管理人的投资运作

## 二、问答题

1. 什么是证券投资基金？它有哪些特点？

2. 证券投资基金与股票、债券和银行储蓄存款有什么联系与区别？

3. 我国证券投资基金的发展历程及各阶段的主要特征是什么？

## 三、思考题

在基金运作中基金管理人具有哪些作用？如何选择一家优秀的基金管理公司？

# 第二章 证券投资基金的类型

**【内容概述】**

证券投资基金的类型繁多，并且正处于一个不断创新、不断发展的过程，根据不同的维度可以对证券投资基金进行不同的分类。本章介绍的是最常见也是最主要的基金类型，要求学生了解基金分类的意义；掌握基金的基本分类及各自的特点；了解各类基金在投资组合中的作用。

## 第一节 证券投资基金分类概述



截至 2022 年 7 月底，我国公募基金数量有 10 123 只，其中开放式基金 8 885 只，封闭式基金 1 238 只，基金数量、品类不断增多。面对众多的基金，在对基金进行科学、客观的评价之前，需要对基金进行科学合理的分类，这对投资者、基金管理公司、基金研究评价机构以及监管部门来说，都具有重要意义。

对投资者而言，科学合理的基金分类有助于投资者加深对各类基金的认知，并结合自身风险收益偏好程度进行投资比较与选择。对基金管理公司而言，由于不同大类资产的风险收益特征并不一致，在开展基金业绩的比较时需要在同一类别中进行才公平合理；对基金研究评价机构而言，基金的分类是进行基金评级的基础；对监管部门而言，基金的合理分类有利于针对不同基金的特点实施更有效的分类监管。

证券投资基金种类繁多，根据不同维度可以将基金进行不同的分类（见表 2-1）。

**表 2-1 证券投资基金的基本分类**

| 不同维度 | 分类 |
| --- | --- |
| 根据组织形态不同 | 契约型基金、公司型基金 |
| 根据运作方式不同 | 封闭式基金、开放式基金 |
| 根据投资对象不同 | 股票基金、债券基金、货币市场基金、混合基金 |
| 根据投资目标不同 | 成长型基金、收入型基金、平衡型基金 |

表2-1(续)

| 不同维度 | 分类 |
| --- | --- |
| 根据投资理念不同 | 主动型基金、被动型基金 |
| 根据募集方式不同 | 公募基金、私募基金 |
| 根据资金来源不同 | 在岸基金、离岸基金 |
| 其他特殊品类 | ETF、LOF（上市型开放式基金）、避险策略基金、QDII 基金、FOF（基金中基金）等 |

## 第二节　契约型基金和公司型基金

### 一、契约型基金和公司型基金的定义

契约型基金又称信托型基金，或称单位信托基金（unit trust），是基于信托契约而组织起来的，由基金份额持有人、基金管理人、基金托管人三方通过订立信托契约而建立。契约型基金设立的法律性文件是信托契约，而没有基金章程。我国的证券投资基金均为契约型基金。

公司型基金是依据公司法而成立的基金，在法律上是具有独立法人地位的股份投资公司。公司型基金依据基金公司章程设立，以发行出售公司股份的方式募集资金，投资者通过购买公司股份成为基金公司的股东，享有股东权，按所持有的股份承担有限责任，分享投资收益。公司型基金设有董事会，公司本身不从事实际运作，而是委托基金管理公司作为专业的投资顾问来经营与管理基金资产。公司型基金在美国非常盛行。



### 二、契约型基金和公司型基金的比较

契约型基金和公司型基金的主要区别如表 2-2 所示。

**表 2-2　契约型基金和公司型基金的主要区别**

| 不同点 | 契约型基金 | 公司型基金 |
| --- | --- | --- |
| 法律依据不同 | 依照基金合同组建，信托法是其设立的依据 | 依据公司法组建 |
| 法人资格不同 | 不具有法人资格 | 具有法人资格的股份有限公司 |
| 投资者的地位不同 | 可通过基金持有人大会发表意见，但权利相对较小 | 投资者作为公司的股东有权对公司的重大决策发表自己的意见 |
| 融资渠道不同 | 不具有法人资格，一般不向银行借款 | 具有法人资格，扩大公司规模时，可以向银行贷款 |
| 经营财产的依据不同 | 依据基金契约建立、运作，合同期满，基金运营随即终止 | 除非依据公司法破产、清算，否则公司一般都具有永久性，公司运营具有股份公司的特征 |

两种基金各有优势，公司型基金具有永久性生命，经营稳定，不会面临解散压力；契约型基金则比较灵活，可根据不同投资偏好设立，基金解散与投资政策确定等不受公司法限制，也可免除公司所得税负担。因此，不少国家和地区是两种形态并存，相互取长补短。

## 第三节　开放式基金与封闭式基金

### 一、开放式基金与封闭式基金的定义

根据基金运作方式的不同，基金可以分为开放式基金和封闭式基金。

开放式基金是指基金份额不固定，基金份额可以随时增减，投资者可以根据市场状况和自己的投资决策，在基金合同约定的时间和场所进行申购或赎回的一种基金运作方式。这里所说的开放式基金特指传统的开放式基金，不包括 ETF、LOF 等新型开放式基金。

封闭式基金是指基金管理公司在设立基金时，限定基金份额在合同期限内固定不变，明确规定封闭期，封闭期内基金份额持有人不得申请赎回的一种基金运作方式。封闭式基金的基金份额可以在依法设立的证券交易所上市流通。

### 二、开放式基金与封闭式基金的比较



开放式基金与封闭式基金的区别如表 2-3 所示。

**表 2-3　开放式基金与封闭式基金的区别**

| 不同点 | 开放式基金 | 封闭式基金 |
|---|---|---|
| 期限不同 | 无固定存续期 | 有固定存续期（5 年、15 年） |
| 份额限制不同 | 发行规模不固定，投资者可随时提出申购或赎回，基金份额相应增加或减少 | 发行规模固定，并在封闭期内不能增减基金份额 |
| 交易场所不同 | 一般不上市交易，投资者可随时向基金管理公司或银行等中间机构进行申购或赎回 | 在封闭期内，投资者不能进行申购或赎回，只能寻求在证券交易所或其他交易场所挂牌流通 |
| 价格形成方式不同 | 交易价格以基金份额净值为基础 | 交易价格主要受二级市场供求关系影响 |
| 激励约束机制不同 | 基金业绩的表现决定能否吸引更多投资，基金管理人面临的直接压力，激励约束较大 | 规模固定，基金管理人不必应对大量赎回或申购的直接压力，激励约束较小 |
| 投资策略不同 | 重视基金资产的流动性，必须保留一定现金以满足基金赎回的需要，影响长期经营业绩 | 无赎回压力，可进行长期投资和全额投资，投资机会广泛，有利于基金长期业绩提高 |

纵观全球基金业的发展历程，发展之初都是以封闭式基金起步，后来逐步过渡到封闭式基金和开放式基金两种形态并存。虽然开放式基金已成为世界基金业发展的主流，但封闭式基金也有其独特的优势，有着不可替代的作用：一是资产规模稳定，利于长期投资；二是可以投资于一些开放式基金无法涉足的领域，如房地产、风险投资等低流动性的资产；三是基金服务费用低廉；四是可以在证券交易所上市交易，投资者可以选择买卖时机和成交价格。

然而，早期封闭式基金在二级市场上的交易价格往往远低于其基金份额资产净值，折价现象严重，损害了投资者的利益。因此，除了评估基金运作的投资目标和管理水平外，折价率往往也是评估封闭式基金管理能力的一个重要指标。通过封闭式基金转型为开放式基金，直接按基金净值申购和赎回，将带来巨额的套利收益，折价率也会因频繁的套利交易迅速降低。

比如，某封闭式基金 T 日净值为 2.38 元，当天的收盘价为 1.78 元，那么，该基金折价 0.6 元，折价率就是（2.38−1.78）÷2.38×100%＝25.21%。在二级市场买入该基金，以后封闭式转型为开放式基金后，即使该基金不涨不跌，也能获得 25.21%的收益。

**案例：基金“封转开”正式启动**

根据 2004 年施行的《证券投资基金法》第六十五、七十五条规定，“按照基金合同的约定或者基金份额持有人大会的决议，并经国务院证券监督管理机构核准，可以转换基金运作方式”，“基金份额持有人大会应当有代表百分之五十以上基金份额的持有人参加，方可召开；大会就审议事项做出决定，应当经参加大会的基金份额持有人所持表决权的百分之五十以上通过；但是，转换基金运作方式、更换基金管理人或者基金托管人、提前终止基金合同，应当经参加大会的基金份额持有人所持表决权的三分之二以上通过”。这为保护基金持有人的利益、转换基金运作方式提供了法律依据。

2006 年 6 月 14 日，华夏基金管理的封闭式基金“基金兴业”正式启动“封转开”程序，并于当年 7 月 14 日召开基金份额持有人大会，以现场表决方式就“基金兴业”的“封转开”议案进行投票表决。议案最终以 98.69%的高比例赞成票获得通过，公司对外披露的“基金兴业”方案拟采取提供份额补偿激励、设置集中申购期、提高初期赎回费率等方法确保此次平衡转型。

8 月 9 日，“基金兴业”退市，变更为开放式基金“基金华夏平稳增长”，通过集中申购完成了 18.46 亿份的新增规模，与原有的 5 亿份基金份额合并后，总规模达到 23.46 亿份。

“基金兴业”成为国内第一只到期转为开放式基金的封闭式基金，这也意味着我国“封转开”程序正式启动，也为其他陆续到期的封闭式基金提供了参考。

（资料来源：根据中国证券投资基金业协会 2019 年出版的《基金》中《“封转开”正式启动》一文整理）

### 三、LOF（上市型开放式基金）

一般的开放式基金只能在一级市场申购和赎回，而封闭式基金在封闭期间内投资者只能通过证券交易所实现转让，这种只能“一条腿走路”的交易方式极大地制约了基金交易的规模和效率。LOF（上市型开放式基金）的推出突破了这一瓶颈，将一、二级市场有效对接，同时，也为封闭式基金转型开放式基金后继续上市交易提供了新的模式。

LOF（listed open-ended fund）是指在证券交易所上市交易的开放式证券投资基金。投资者既可以通过基金管理人或委托的销售机构进行基金份额的申购和赎回，也可以通过证券交易所市场以交易系统撮合成交价进行买入卖出。LOF 兼具封闭式基金交易方便、交易成本较低和开放式基金价格贴近净值的优点，为交易所交易基金在我国现行法规下的变通品种。

## 第四节 股票基金、债券基金、混合基金和货币市场基金

根据投资对象划分，证券投资基金可以分为股票基金、债券基金、混合基金和货币市场基金。

### 一、股票基金与债券基金



1. 股票基金和债券基金的特点

股票基金是指 80%以上的基金资产投资于股票，以股票为主要投资对象的基金，以追求资本利得和长期资本增值为目标，是市场上占多数的基金种类。在股票基金中，根据基金所投资股票的规模的差异，可以分为小盘股票基金、中盘股票基金和大盘股票基金；根据所投资股票的性质的不同，可以分为价值型股票基金、成长型股票基金和平衡型基金；等等。一般来说，股票基金预期收益较高，但相对来说投资风险也较大，因此，比较适合积极型的投资者。

债券基金是指 80%以上的基金资产投资于债券，以债券为主要投资对象的基金。在债券基金中，根据基金是否投资于股票市场，可以分为标准债券型基金（不投资于股票市场）、普通债券型基金（主要进行债券投资，但也投资于股票市场）、其他策略型债券基金（如可转债基金等）。其中，普通债券型基金在我国的债券基金中占主要部分。债券基金通过国债、企业债、可转债等债券的投资获得稳定的利息收入，其波动性通常低于股票基金而高于货币市场基金，具有低风险、低收益的特征。在与其他基金进行组合投资时，可以有效分散投资风险，是组合投资中不可或缺的重要组成部分。

2. 股票基金和债券基金的投资风险

（1）股票基金的投资风险

股票基金相对于其他基金面临较高的投资风险，主要包括非系统性风险和系统性风险。

非系统性风险又称可分散风险，是由所投资的个别证券带来的风险，包括企业的信用风险、财务风险、经营风险等。股票基金可以通过分散投资来降低个别证券投资的非系统性风险。

系统性风险又称不可分散风险，是由整体政治、经济、社会等环境因素对证券价格所造成的影响，这种风险不能通过分散投资加以消除，包括政策风险、购买力风险、汇率风险、利率风险等。

（2）债券基金的投资风险

债券基金具有低风险、收益稳定的特征，其主要投资风险包括利率风险、信用风险、流动性风险及提前赎回风险等。

利率风险是指由于债券价格与市场利率呈反方向变动，使得债券基金的价值受到市场利率变动的影响。通常，市场利率上升时，债券价格会下跌；市场利率下降时，债券价格会上涨。债券的到期日越长，这种不确定性的影响越大。由此，债券基金的平均到期日越长，债券基金的利率风险越高。

信用风险是指债券发行人不能按期支付利息或偿还本金的风险。由于债券基金以投资债券为主，如果债券基金所投资的债券出现违约，可能该债券的价值会面临减值，进而造成基金净值的下跌。

流动性风险是指债券基金所投资的债券无法以合理的价格迅速变现、转换，或者市场不活跃导致变现困难或流通不易等而产生的风险。对于公募基金而言，投资者的大额赎回也可能导致流动性风险。

提前赎回风险是指债券发行人可能在市场利率下降时行使提前赎回权，在债券到期日前回购债券，以避免高息票利率的损失，降低融资成本。若债券发行人如此操作，将给投资者带来利息损失以及再投资风险。

3. 股票基金、债券基金与单一证券的区别

（1）股票基金与股票的区别（见表 2-4）

表 2-4 股票基金与股票的区别

| 不同点 | 股票 | 股票基金（不包括场内基金） |
|---|---|---|
| 价格变动频率不同 | 价格在交易日内始终处于变动之中 | 每日进行一次净值计算，只有一个价格 |
| 价格影响因素不同 | 价格受供求关系影响较大 | 基金份额净值不受申购、赎回数量的影响 |
| 价值判断依据不同 | 投资者根据股票基本面对其价格的合理与否进行判断 | 不需要对基金份额净值进行价格合理与否的判断 |
| 风险不同 | 投资单一股票风险较大 | 分散投资，风险低于单一股票的投资风险 |

（2）债券基金与债券的区别（见表 2-5）

**表 2-5 债券基金与债券的区别**

| 不同点 | 债券 | 债券基金 |
|---|---|---|
| 收益固定性不同 | 可定期获取固定利息收入，到期收回本金 | 作为不同债券的组合，收益不固定 |
| 期限不同 | 有确定的到期日 | 没有确定的到期日，可以计算平均到期日 |
| 收益率不同 | 单一债券收益率容易计算 | 收益率较难计算与预测 |
| 风险不同 | 单一债券利率风险随着到期日临近而下降，信用风险集中 | 利率风险相对固定，信用风险较低 |

## 二、混合基金

1. 混合基金的特点

混合基金是指同时以股票、债券等不同资产类别作为投资对象的基金，是一种在各类资产之间灵活配置的投资工具。基金管理人对基金投资有比较大的自由调整权限，但一般要求股票投资和债券投资的比例不符合股票基金、债券基金的规定。混合基金的风险一般低于股票基金，预期收益则要高于债券基金。

2. 混合基金的类型

根据基金资产配置的差异，混合基金通常可以分为偏股型基金、偏债型基金、股债平衡型基金和灵活配置型基金等（见表 2-6）。

**表 2-6 混合基金的分类**

| 类 型 | 特 征 |
|---|---|
| 偏股型基金 | 股票的配置比例较高，债券的配置比例相对较低，一般采用股票指数或者以股票指数为主作为业绩比较基准 |
| 偏债型基金 | 债券的配置比例较高，股票的配置比例则相对较低，一般采用债券指数或者以债券指数为主作为业绩比较基准 |
| 股债平衡型基金 | 股票与债券的配置比例较为均衡，其业绩比较基准也会以股票指数和债券指数大致均衡组合 |
| 灵活配置型基金 | 股票、债券的配置比例会根据市场状况进行调整，有时股票的比例较高，有时债券的比例较高 |

3. 混合基金的投资风险

由于混合基金中的股票仓位相对灵活，混合基金的投资风险主要取决于股票与其他资产的配置比例。当股票仓位较高时，比如偏股型基金、高配股票的灵活配置型基金，意味着基金的风险和预期收益率较高，可以参照股票基金对持股集中度等风险指标进行监控；当股票仓位较低时，比如偏债型基金，意味着基金的风险和预期收益率较低，可以参照债券基金对基金组合久期等风险指标进行监控；当股票和债券的配置比例较均衡时，比如股债平衡型基金，风险和预期收益率适中。

## 三、货币市场基金

1. 货币市场基金的投资特点

由于大多数货币市场工具的投资门槛较高，普通投资者较难直接购买。货币市场基金以短期国库券、商业票据、银行定期存款单、银行承兑票据等流动性强的货币市场工具为投资对象，使得普通投资者可以涉足过去仅机构和富有的个人才能进入的货币市场。

货币市场基金的长期收益率较低，不适合进行长期投资。但其具有流动性好、安全性高的特点，越来越多的投资者将其作为短期投资的理想工具或暂时存放现金的理想场所。货币市场基金的特点见表 2-7。

**表 2-7　货币市场基金的特点**

| 特　点 | 内　容 |
| --- | --- |
| 基金份额净值固定不变 | 基金份额净值始终保持 1 元 |
| 安全性高 | 货币市场风险低、流动性高，且货币市场基金的投资组合平均期限较短，风险较低 |
| 流动性好 | 投资者可以随时根据需要赎回，资金到账快 |
| 费率低 | 货币市场基金通常免收认购费、申购费和赎回费，管理费和托管费也较低 |
| 投资收益稳定 | 收益率高于短期银行储蓄存款利率，收益较稳定 |

我国货币市场基金最早诞生于 2003 年 12 月，华安现金富利基金、招商现金增值基金、博时现金收益基金是早期批准设立的货币市场基金。货币市场基金推出后一直默默成长，直到 2013 年“余额宝”的推出激活了整个金融市场的技术创新；同时随着利率市场化的深化，我国货币市场基金在规模、流动性、风险控制方面都进入了快速发展时期。截至 2021 年年末，我国货币市场基金资产净值达 94 677. 67 亿元。

### 案例：余额宝的诞生

人们早前通过银行渠道购买基金投资产品，最低投资额度要在 1 000 元以上。2012 年，随着互联网技术的发展以及在金融领域的应用，以天天基金网、好买基金以及数米基金为代表的第三方互联网基金销售平台陆续上线，基金产品的投资门槛降低到 100 元甚至 1 元，这给投资者带来了门槛降低、交易便捷、收益率提高等诸多好处。各大基金公司开始纷纷在淘宝、微信等流量入口上线理财服务。

2013 年，天弘基金“余额宝”的诞生，彻底改了基金行业的业态，让货币市场基金焕发活力，成为人们日常进行现金管理的重要工具。货币市场基金赎回后“T+0”到账的服务在此前还是少数货币市场基金所采取的特别举措，而在第三方互联网基金销售平台和基金公司的共同推动下，“T+0”几乎成了基金公司给现金理财工具的标配。

2013 年 6 月 13 日，余额宝正式上线，对接天弘增利宝货币基金。数以亿计的淘宝用户将钱存在余额宝中，并获得高于银行活期储蓄存款的利息收益。上线仅一个月，余额宝的规模就突破了 100 亿元。截至 2013 年 11 月 14 日，余额宝的规模突破 1 000 亿元，用户数近 3 000 万户。在短短四五年时间里，天弘基金就成长为国内最大的基金公司。其中，余额宝对天弘基金的快速发展起到了决定性的作用。

（资料来源：根据中国证券投资基金业协会 2019 年出版的《基金》中《余额宝诞生记》一文整理）

2. 货币市场基金的投资对象

按照《货币市场基金管理暂行规定》及其他有关规定，目前我国货币市场基金能够进行投资的金融工具主要包括：①现金；②1 年以内（含 1 年）的银行定期存款、大额存单；③剩余期限在 397 天以内（含 397 天）的债券；④期限在 1 年以内（含 1 年）的债券回购；⑤期限在 1 年以内（含 1 年）的中央银行票据；⑥剩余期限在 397 天以内（含 397 天）的资产支持证券。

货币市场基金不得投资以下金融工具：①股票；②可转换债券；③剩余期限超过 397 天的债券；④信用等级在 AAA 级以下的企业债券；⑤国内信用评级机构评定的 A-1 级或相当于 A-1 级的短期信用级别及该标准以下的短期融资券；⑥流通受限的证券。

3. 货币市场基金的投资风险

尽管货币市场基金风险较低，但并不保证投资者的收益水平，同样会面临利率风险、流动性风险、信用风险等。同时，货币市场基金由于收益率高于短期银行储蓄存款，成为暂时存放现金的理想场所。当新的低风险或无风险投资机会出现时，货币市场基金也会面临跨市场资金分流的风险。



**案例：2008 年金融危机导致美国 RPF 基金（储备初级基金）清盘**

在 2008 年金融危机发生时，美国货币市场基金 RPF 基金（Reserve Primary Fund）持有雷曼兄弟的中期票据和商业票据共约 7.85 亿美元，占当时该基金资产的 1.5%。

由于雷曼兄弟的倒闭，RPF 基金持有的相关票据也随之丧失了价值。2008 年 9 月 16 日，基金净值跌破 1 美元至 97 美分，恐慌情绪迅速蔓延，立刻引发了疯狂的资金赎回潮。根据相关文件，在赎回发生之前，该基金共管理了 620 亿美元的资产，而在一周之内，投资者赎回申请高达 600 亿美元。

该基金不得不向 SEC（美国证券交易委员会）申请暂时冻结赎回。同年 9 月 19 日，SEC 启动临时担保计划，注入资金给当时另外几个货币基金，以保证它们的净值在 1 美元以上。但不幸的是，RPF 基金并不在受保护的基金里。

9 月 23 日，穆迪下调了 RPF 基金所在公司旗下数只基金的评级。在赎回潮的重压下，该公司董事会最终于当年 9 月 29 日投票决定开始启动基金清盘程序。

# 第五节　指数基金及交易型开放式指数基金（ETF）

## 一、指数基金

指数基金是指跟踪一个特定的证券指数，按照该指数的构成标准来配置所持有的证券品种和比例，是一种被动管理的基金，其目的在于复制指数表现，达到与该指数相近的收益水平。

在指数基金中，根据投资策略的不同，可以分为完全复制指数型基金和指数增强型基金。完全复制指数型基金是严格复制标的指数的构成，按比例购买指数的成分股，力求获得和指数一样的收益；指数增强型基金是在被动跟踪标的指数的基础上，保留一定程度的主动管理，进而获得超越指数的投资收益。此外，根据资产类别，指数基金可以分为股票型指数基金、债券型指数基金、QDII 型指数基金、商品型指数基金等；根据跟踪标的指数的差异，又可以分为主题指数基金、行业指数基金、宽基指数基金、策略指数基金等。

近几年，我国指数基金的发展明显呈现加速的状态，截至 2021 年 12 月 31 日，全市场共有 1 258 只 A 股股票型指数基金，涉及标的指数 403 个，资产管理规模增加 3 448 亿元达到 1. 47 万亿元（不计 ETF 联接基金）。其中被动指数基金规模增加 2 956 亿元达到 1. 31 万亿元，增强型指数基金规模增加 492 亿元达到 1 613 亿元。

指数基金被追捧，究其原因，主要包含几个方面：一是交易成本低，指数基金主要根据指数成分中证券的变化来被动调整投资组合，通常采用买入持有策略，不经常调换，相对于主动管理型基金而言，换手率低，管理费、交易费都较低；二是有效分散风险，指数基金通过跟踪指数进行广泛的分散投资，其投资组合所含标的数量通常比主动管理型基金多，进而可以降低单一标的证券的波动对投资组合的影响；三是延迟纳税，指数基金只有卖出所持有的证券才能实现资本利得，但指数基金采用买入持有策略，换手率低，因此每年所缴纳的资本利得税较少，随着持有时间的增长，这种延迟纳税的效应会更加突出；四是人为干预少，指数基金是被动管理型基金，基金管理人不需要频繁进行主动性的投资，可以通过程序化交易的手段来减少人为因素的影响。

## 二、ETF

在指数基金中，有一类基金的交易和运作方式与一般指数基金存在明显差异，这就是交易型开放式指数基金（简称 ETF）。ETF（Exchange Traded Fund），是一种跟踪某一指数进行指数化投资的开放式指数基金，可以在交易所上市交易。比如，沪深 300ETF 跟踪沪深 300 指数，中概互联 ETF 跟踪中国互联网 50 指数，等等。ETF 综合了封闭式基金与传统开放式基金的优点，投资者既可以在二级市场像买卖股票一样买卖 ETF 份额，也可以在一级市场以一篮子证券或商品向基金公司进行 ETF 基金份额的申购或赎回。

在 ETF 中，根据所跟踪标的指数的不同，可以将 ETF 分为股票型 ETF、债券型 ETF、商品型 ETF 等；根据复制方法的不同，又可以分为完全复制型 ETF 与抽样复制型 ETF，我国首只 ETF——上证 50ETF 就是完全复制型 ETF。

1. ETF 的特点

ETF 与传统的开放式基金和封闭式基金有所不同，具有独特的交易特点。

（1）被动管理，兼具指数基金的特色。ETF 采用被动式管理，通过完全复制或者抽样复制指数的成分证券作为基金投资组合，不仅具有传统指数基金的所有特点，而且是更为纯粹的指数基金，复制效果更好，成本更低，买卖更为方便，对投资者有独特的吸引力。

（2）独特的实物申购、赎回机制，一级市场交易门槛高。这是 ETF 最大的交易特色。ETF 的基金管理人在每日开市前会根据基金资产净值、投资组合以及标的指数的成分证券情况，通过交易所向投资者公布“申购赎回清单”。投资者需要根据清单内容，用这只 ETF 指定的一篮子证券或商品实物来申购 ETF；投资者赎回 ETF 时，得到的也是相应的一篮子证券或商品实物，而非现金，需要拿到二级市场卖出变现。同时，ETF 规定“最小申购、赎回单位”，通常要求在 30 万份以上，需要有一定资金规模的投资者才能参与一级市场的实物申购、赎回。

（3）一级、二级市场并存，实现准“T+0”操作。ETF 可以同时在一级市场和二级市场进行交易。投资者不仅可以在一级市场向基金管理公司申购或赎回基金份额，同时，又可以像封闭式基金一样在二级市场上按市场价格买卖 ETF 份额。通常情况下，ETF 二级市场交易价格与基金份额净值总是比较接近。当二级市场交易价格偏离基金份额净值，就会出现基金溢价或者折价的现象，两个市场的差价会引发套利交易，投资者可以通过跨市场交易实现“T+0”操作。套利交易会最终减轻甚至消除基金的溢价、折价问题，使二级市场价格回到基金份额净值附近。ETF 交易模式如图 2-1 所示。

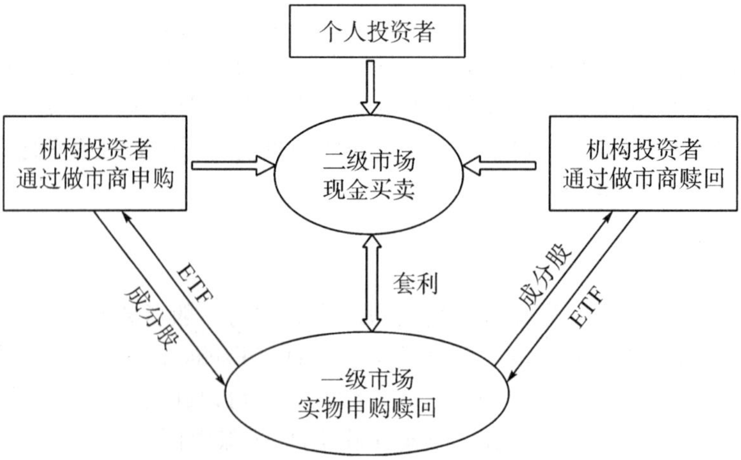


**图 2-1 ETF 交易模式**

2. ETF 的套利交易

ETF 的独特之处在于实行一级市场与二级市场并存的制度安排，因此，投资者可以在 ETF 二级市场交易价格偏离基金份额净值较大时进行套利交易。

当 ETF 二级市场交易价格高于其份额净值，两个市场的差价远高于套利总费率时，即溢价套利机会出现，投资者可以在二级市场买入一篮子证券或商品，于一级市场按份额净值申购 ETF 份额（相当于低价买入 ETF），再于二级市场上高价卖出 ETF 而实现套利收益（见图 2-2）。

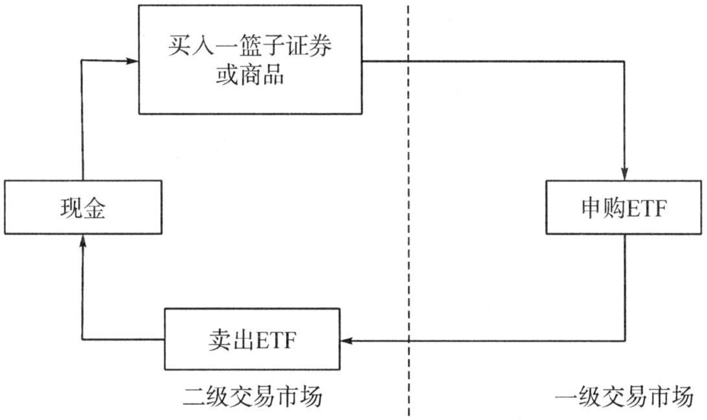


**图 2-2　ETF 的溢价套利交易流程**

当 ETF 二级市场交易价格低于其份额净值，两个市场的差价远高于套利总费率时，即折价套利机会出现，投资者可以在二级市场以交易价格低价买入 ETF，然后在一级市场赎回份额（相当于高价卖出），赎回的一篮子证券或商品再于二级市场高价卖出变现而实现套利收益（见图 2-3）。

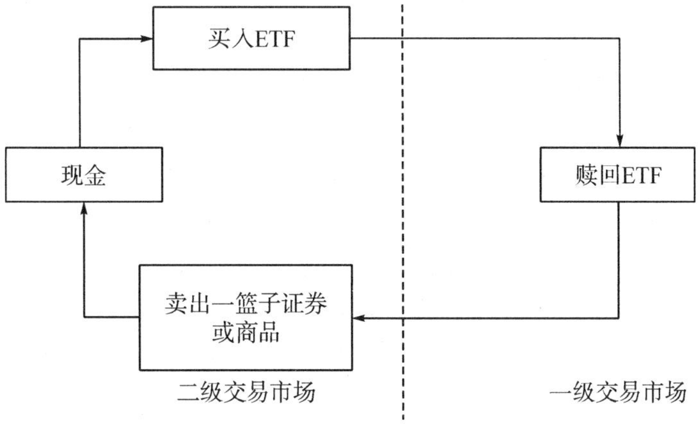


**图 2-3　ETF 的折价套利交易流程**

3. ETF 的投资风险

ETF 的投资运作风险主要包括：一是标的指数的系统性风险，总体经济因素所带来的市场风险是无法通过分散投资来消除的；二是折溢价风险，受供求关系影响，

ETF 二级市场交易价格时常会高于或低于基金份额净值，造成溢价或折价的情况；三是跟踪误差风险，ETF 基金管理人的主要工作是通过跟踪指数，以确保短、中、长期持有的投资者利用 ETF 来达到与指数相近的投资收益，但实际上往往由于抽样复制、现金留存、基金分红及基金费用等因素，导致 ETF 收益率与指数收益率之间存在跟踪误差。

4. ETF 与 LOF 的区别

ETF 与 LOF 均实行一级市场和二级市场并存的交易制度，既可以在一级市场以基金份额净值进行申购、赎回，也可以在二级市场以市场交易价格进行买卖。二者都存在不同市场间套利的机会。但是，ETF 与 LOF 存在本质上的区别，如表 2-8 所示。

**表 2-8　ETF 与 LOF 的区别**

| 不同点 | ETF | LOF |
| --- | --- | --- |
| 申购、赎回标的不同 | 采用实物申购赎回，以一篮子证券或商品换取基金份额 | 采用现金方式 |
| 申购、赎回场所不同 | 通过交易所进行 | 既可以在交易所进行，也可以在代销网点进行 |
| 申购、赎回限制不同 | 要求最小申购、赎回单位，一般基金份额在 30 万份以上才能参与一级市场交易 | 没有特别要求 |
| 基金投资策略不同 | 属于被动管理型基金，以拟合某一指数为目标 | 可以是被动管理型基金，也可以是主动管理型基金，没有限制 |
| 在二级市场的净值报价不同 | 净值报价频率较高，每 15 秒提供一个基金参考净值（IOPV）报价 | 净值报价频率较低，一般是 1 天只提供 1 次或几次参考净值报价 |

## 三、ETF 联接基金

ETF 联接基金是将绝大部分基金财产投资于某一 ETF（称为目标 ETF）、密切跟踪标的指数表现、可以在场外（银行渠道等）申购赎回的基金。根据中国证监会的规定，ETF 联接基金投资于目标 ETF 的资产不得低于联接基金资产净值的 90%，其余部分应投资于标的指数成分股和备选成分股等。并且，ETF 联接基金的管理人不得对 ETF 联接基金财产中的 ETF 部分计提管理费，避免重复收费。2009 年 9 月，我国最早的两只联接基金——华安上证 180ETF 联接基金和交银 180 治理 ETF 联接基金成立。

与 ETF 相比，ETF 联接基金的主要特点包括：①联接基金依附于主基金，处于从属地位，通过主基金投资，若主基金不存在，联接基金也不存在。②ETF 联接基金是 ETF 的延伸，是为了满足场外基金投资者的需求而设立的。ETF 联接基金通过提供银行、证券公司场外渠道、互联网公司平台等渠道，降低申购门槛（ETF 联接基金最少需投资 10 元、100 元或 1 000 元），吸引场外投资者直接通过申购联接基金参与 ETF 的投资，增强 ETF 的交易活跃度和影响力。③ETF 联接基金可以提供目前 ETF 不具备的定期定额投资等方式，以此来介入 ETF 的运作。④ETF 联接基金不能在二级市场交易，不能参与 ETF 的套利。⑤ETF 联接基金是一种特殊的基金中基金（FOF）。

## 第六节　避险策略基金

### 一、避险策略基金概述

避险策略基金的前身是保本基金。保本基金是指保证基金份额持有人在保本周期到期时，可以获得一定比例本金的保证的基金。其所提供的保证类型有本金保证、收益保证和红利保证，具体比例由基金公司自行规定。一般来说，本金保证比例为 100%，但也有低于 100%或高于 100%的情况；红利保证和收益保证则取决于各基金的情况。

前期已发行的保本基金可以获得投资本金的保证，是因为在其招募说明书中明确引入了保本保障机制，基金管理人实际对基金份额持有人的投资本金承担保本清偿义务。随着保本基金数量、规模的不断扩大，一旦出现到期亏损且无法赔付的情况，不仅会损害基金份额持有人的利益，也会带来行业风险。针对这些问题，2017 年中国证监会对《关于保本基金的指导意见》进行了修订，将“保本基金”名称调整为“避险策略基金”；取消连带责任担保机制；完善对避险策略基金的风控要求；限定避险策略基金规模上限，防范相关风险；完善基金管理人风控管理要求；按照“新老划断”原则对避险策略基金进行过渡安排。2018 年 4 月，中国人民银行、银保监会、证监会、外汇局联合印发《关于规范金融机构资产管理业务的指导意见》，明确提出“打破刚兑”，不再保本保收益。2019 年 10 月 15 日，伴随着最后一只保本基金“汇添富保鑫保本混合型证券投资基金”完成转型，保本基金这一时代性产物正式退出历史舞台。

**拓展：保本基金的保本保障机制**

根据中国证监会 2010 年 10 月 26 日公布的《关于保本基金的指导意见》第一条规定，我国保本基金的保本保障机制包括：“①由基金管理人对基金份额持有人的投资本金承担保本清偿义务；同时，基金管理人与符合条件的担保人签订保证合同，由担保人和基金管理人对投资人承担连带责任。②基金管理人与符合条件的保本义务人签订风险买断合同，约定由基金管理人向保本义务人支付费用；保本义务人在保本基金到期出现亏损时，负责向基金份额持有人偿付相应损失。保本义务人在向基金份额持有人偿付损失后，放弃向基金管理人追偿的权利。③经中国证监会认可的其他保本保障机制”。

保本基金本质上体现出刚性兑付特征，违背市场定价基本规则。由于风险较高，且基金公司投保后普遍存在“反担保”情况，基金公司的经营存在较大风险，不利于行业的长远发展。

为加强监管，2017年中国证监会对《关于保本基金的指导意见》进行了修订。证监会就修订《关于保本基金的指导意见》公开征求意见的通知提出：“一是适度控制保本基金规模，降低行业风险。明确基金管理人管理的保本基金，合同约定的保本金额乘以相应风险系数后的总金额，不得超过基金管理人最近一年经审计的净资产的5倍（其中保险资管公司为1倍）。同时规定证券公司担任基金管理人的，应按照合同约定的保本金额乘以相应风险系数后的总金额的20%计算特定风险资本准备。二是完善保本基金管理人的相关审慎监管要求，对基金管理人和基金经理的投资管理经验进行了规定。三是完善相关风险控制指标，从严要求稳健资产的投资范围、剩余期限以及风险资产的放大倍数，进一步降低保本基金投资运作风险。四是新增风险监控的规定，要求基金管理人每日监控保本基金的净值变动情况，定期开展压力测试，及时化解风险。五是完善担保相关监管要求，适度降低担保机构对外担保资产总规模，同时要求基金管理人审慎选择担保机构，并在定期报告中对担保机构情况进行披露。六是要求基金管理人及其子公司特定客户资产管理业务不得募集保本产品。此外，为做好新旧规则衔接，《指导意见》明确对保本基金依照‘新老划断’原则进行过渡安排，相关存续保本基金在保本周期到期前不得增持不符合规定的资产、不得增加稳健资产投资组合剩余期限、不得增加风险资产放大倍数等；相关存续保本基金到期后需要转入下一保本周期的，应当符合修订后的《指导意见》的有关要求。”



## 二、避险策略基金的特点

与其他基金相比，避险策略基金具有以下几方面特点：

（1）避险策略基金本质上是一种混合基金。为实现保本的目标，基金采用国际通用的固定比例投资组合保险策略（constant proportion portfolio insurance，CPPI），将利息或是极小比例（10%）的资产从事高风险投资（股票以及期货、期权等衍生品种），而将大部分（90%）的资产从事固定收益投资，使得基金投资的市场不论如何下跌时，绝对不会低于其所担保的价格，而达到所谓的保本作用。这本质上就是一种混合基金。

（2）基金招募说明书中明确引入保本保障机制，规定担保条款，在满足一定的持有期限后，为投资者提供本金或收益的保障。若投资结果达不到约定的担保金额，则基金管理人或担保人向投资者支付差额部分。

（3）投资者提前赎回将得不到任何保证，投资可能发生亏损，并且通常有惩罚性的赎回费。

（4）基金通常会将大部分资金投资于与基金到期日一致的债券，其余部分投资于股票、衍生工具等高风险资产，以提高收益水平，保障投资期限到期时的本金安全。

（5）基金的投资目标是在锁定风险的同时力争有机会获得潜在的高回报，适合比较稳健、保守的投资者。

### 三、避险策略基金的投资风险

避险策略基金的投资风险主要包括：一是提前赎回风险，基金可以承诺投资者持有到期后的本金或者收益保证，但是投资者提前赎回资金，不享有保证承诺，甚至可能出现投资亏损；二是机会成本，如果投资者持有到期后无法获取比银行存款利率和通货膨胀率高的收益率，保本就没有意义，投资期限越长，这种机会成本越高；三是基金虽然引入相关保障机制，但在极端情况下仍然存在本金损失的风险。

## 第七节　QDII 基金

### 一、QDII 基金概述

QDII（Qualified Domestic Institutional Investor）又称为合格境内机构投资者，是指经中国证监会批准，可在境内募集资金进行境外证券投资管理的机构，这些机构主要是符合条件的境内基金管理公司、证券公司、商业银行等金融机构。2007 年 6 月 18 日，中国证监会颁布了《合格境内机构投资者境外证券投资管理试行办法》，意味着 QDII 制度正式启动。这一制度是在我国人民币没有实现可自由兑换、资本项目尚未完全开放的情况下，有限度地允许境内投资者投资海外证券市场的一项过渡性的制度安排。这里 QDII 基金主要是由基金管理公司发行的 QDII 产品，可以用人民币、美元或其他主要外汇货币作为计价货币募集。



### 二、QDII 基金在投资组合中的作用

QDII 基金的投资目标是在全球或区域范围内进行资产配置和组合管理，其投资区域可以是全球股市、亚太区域股市、美国纽约交易所、金砖四国股市、NASDAQ（纳斯达克）等，投资对象包括黄金 ETF、全球债券指数、全球农产品指数、石油天然气、房地产信托基金等，品种丰富，极大地拓展了国内投资者的投资领域和范围。如此一来，QDII 基金一方面为投资者提供了新的投资机会，另一方面也可以降低组合投资的风险。

### 三、QDII 基金的投资对象

1. QDII 基金可投资的金融产品或工具

根据有关规定，除中国证监会另有规定外，QDII 基金可投资于下列金融产品或工具：

（1）银行存款、可转让存单、银行承兑汇票、银行票据、商业票据、回购协议、短期政府债券等货币市场工具。

（2）政府债券、公司债券、可转换债券、住房按揭支持证券、资产支持证券等及经中国证监会认可的国际金融组织发行的证券。

（3）与中国证监会签署双边监管合作谅解备忘录的国家或地区的证券市场挂牌

交易的普通股、优先股、全球存托凭证和美国存托凭证、房地产信托凭证。

（4）在已与中国证监会签署双边监管合作谅解备忘录的国家或地区证券监管机构登记注册的公募基金。

（5）与固定收益、股权、信用、商品指数、基金等标的物挂钩的结构性投资产品。

（6）远期合约、互换及经中国证监会认可的境外交易所上市交易的权证、期权、期货等金融衍生产品。

2. QDII 基金被禁止的投资行为

除中国证监会另有规定外，QDII 基金不得有下列行为：

（1）购买不动产。

（2）购买房地产抵押按揭。

（3）购买贵重金属或代表贵重金属的凭证。

（4）购买实物商品。

（5）除应付赎回、交易清算等临时用途以外，借入现金。该临时用途借入现金的比例不得超过基金、集合计划资产净值的 10%。

（6）利用融资购买证券，但投资金融衍生产品除外。

（7）参与未持有基础资产的卖空交易。

（8）从事证券承销业务。

（9）中国证监会禁止的其他行为。



**案例：QDII 基金的疯狂**

2006 年 A 股一片繁荣景象，同年 4 月 13 日，央行发布了五号公告，允许符合条件的银行、基金管理公司、保险等金融机构集合境内机构和个人投资者的资金进行境外规定范围内投资品的投资。

2006 年 8 月，证监会批准华安基金正式启动 QDII 试点；9 月 13 日，国内第一只 QDII 基金——华安国际配置基金，向内地投资者公开发行。该基金于 2006 年 11 月 2 日成立，最终募集认购金额 1.97 亿美元。

2007 年 6 月 20 日，证监会正式发布《合格境内机构投资者境外证券投资管理试行办法》，为包括基金管理公司、券商在内的证券投资机构开展 QDII 业务提供业务指引。自此，QDII 制度正式启动，QDII 基金的推出也相当顺利。

根据《合格境内机构投资者境外证券投资管理试行办法》规定，“基金管理公司的门槛是净资产不少于 2 亿元人民币，经营证券投资基金管理业务达 2 年以上，在最近一个季度末资产管理规模不少于 200 亿元人民币或等值外汇资产。证券公司门槛是各项风险控制指标符合规定标准，净资本不低于 8 亿元人民币，净资本与净资产比例不低于 70%，经营集合资产管理计划业务达 1 年以上，在最近一个季度末，资产管理规模不少于 20 亿元人民币或等值外汇资产”。

2007 年随着国内股市到达了牛市的顶峰，在行情的催化下，QDII 基金开始加速发展。同时，国内投资者对 QDII 基金的抢购也到达了疯狂的地步，多只基金大幅超额认购。2007 年 10 月，上投摩根亚太优势基金募集首日的认购申请高达 1 162.61

亿元，远超300亿元的预定募集规模，最终按25.8%的比例配售。其募集金额创下新纪录，是基金史上第一只认购金额突破1 000亿元的新基金。

然而，次贷危机引发的金融海啸导致全球股市暴跌，刚出海不久的QDII基金当然也无法规避这样的系统性大风险。2008年第四季度至2009年第一季度，上投摩根亚太优势基金单位净值数次跌至0.32元附近。最早的QDII产品华安国际配置基金经历了对于雷曼兄弟的诉讼案，并于2011年11月7日宣布清盘，但公司仍然履行了保本义务，向投资者弥补亏损。

投资者起初的认购热情和后来基金惨烈的业绩，使得QDII在此后很长一段时间都不被投资者待见，产品规模持续下滑。直到2010年之后，随着QDII产品投资收益的逐步回升，以及全球多元化资产配置价值的逐步呈现，QDII家族才开始逐渐壮大。

（资料来源：根据中国证券投资基金业协会2019年出版的《基金》中《万众瞩目QDII出海》一文整理）

## 第八节 基金中基金（FOF）

### 一、基金中基金概述

基金中基金又称为FOF（Fund of Funds），是指以其他证券投资基金为投资对象的基金，其投资组合由各类基金组成。



根据标的基金种类的不同，可以将FOF分为对冲基金的基金、共同基金的基金、私募股权投资基金的基金、信托投资基金的基金等。根据投资方向的不同，可以将FOF分为股票型FOF、债券型FOF、货币型FOF、混合型FOF及其他类型FOF等。根据运作模式的不同，又可以将FOF分为主动管理主动型FOF、主动管理被动型FOF、被动管理主动型FOF和被动管理被动型FOF。其中，主动管理主动型FOF是指基金经理通过主动管理的方式投资于主动型基金产品；主动管理被动型FOF是指基金经理通过主动管理的方式投资于被动型基金产品；被动管理主动型FOF是指FOF母基金采用指数编制的方式或者采用特定的投资比例对子基金进行投资并做定期调整，而被投资的子基金则为主动管理型基金；被动管理被动型FOF是指FOF母基金采用指数编制的方式或者采用特定的投资比例对子基金进行投资并做定期调整，而被投资的子基金为被动管理型基金。

### 二、基金中基金的特点

FOF作为资产管理行业发展到一定阶段的产物，与其他基金相比，有其独特的优势。

一是风险相对较小，FOF大部分资产投资于一篮子基金，而非直接投资于股票、债券等金融工具，如果说单个基金实现了对基础资产风险收益的第一次缓冲，那么FOF可以说通过对大类资产配置实现了风险收益的二次平滑；

二是精选优势品种，FOF凭借专业的投资机构和科学的基金分析与评价系统，能够更有效地从品种繁多、获利能力参差不齐的基金中找出优势品种，精中选精；

三是降低投资者门槛，通过购买一篮子基金产品，投资者可轻松参与门槛较高的优质投资项目（比如私募股权投资基金等）；

四是省时省心，对稳健型投资者或没有时间打理基金组合的投资者而言，FOF通过优选投资组合帮助投资者解决基金筛选的难题。

### 三、基金中基金的起源与发展

1. 基金中基金的起源

FOF最早起源于20世纪70年代的美国，其最初形式为投资于一系列私募股权投资基金的组合。因为私募股权投资基金投资门槛较高，大多数投资者无法企及，于是就有金融机构发行了投资于私募股权投资基金的基金（Private Equity Fund of Funds，PEFOF）以降低投资门槛。第一只证券类FOF就是由美国先锋基金（Vanguard）于1985年推出的，这只共同基金FOF，70%的资产投资于股票类基金，30%投资于债权类基金，投资标的均为公司旗下的基金。基金推出后大受欢迎，同时也带动了先锋基金旗下其他基金的销售。1986年年末，先锋公司旗下基金规模增长44.23%。

1987年，美股经历了2年的疯狂后，遭遇了一次惨烈的股灾。这促使投资者开始思考如何根据市场的不同情况配置不同种类的基金。公募基金在股灾中也不断开发新的产品，基金类型在此时期快速增多。市场多变性与基金的多样性促使投资者产生了基金筛选需求，自此FOF的发展有了客观驱动因素。



同一时期，美国开启了养老金401（K）计划，该计划主要采用雇员与雇主共同缴纳养老金的模式，为之后养老金规模扩大以及入市都打下了基础。养老金资金对风险敏感度极高，FOF分散风险、追求稳健收益的属性与其需求不谋而合。401（K）计划无疑刺激了FOF基金的发展，FOF基金真正开始走上了发展之路。

20世纪90年代，美国企业养老金计划由固定待遇型计划逐渐向固定供款型计划转变，这促使越来越多的养老金计划入市。根据美国投资公司行业协会（ICI）统计，约60%的退休投资计划参与者（以退休为目标的定向投资计划）持有目标日期FOF基金（Target Date Fund，以固定日期为目标的定向投资计划）。这部分资金在固定的时间点提取，为基金的发展带来了稳定的资金来源。

1996年，美国出台的全国证券市场改善法案取消了对公募基金公司发行FOF产品的限制。同时，经过10年的长期牛市，在20世纪90年代后期，资本市场的火热程度达到了巅峰，也就是大家熟知的互联网泡沫（Dot-com Bubble）。资本市场的高收益与基金行业的壮大为FOF基金的发展提供了足够多的底层资产。在此期间，FOF基金的管理规模占共同基金总规模的比重进入1%的数量级。

2000年至今，共同基金FOF进入了一个爆发式增长的阶段。自2000年开始，FOF基金数量增长了627%，管理规模扩大了3 014%。经过了1990年前的萌芽与20世纪90年代一系列的政策支持与市场准备，共同基金FOF的土壤真正成熟了，并迎来了一个爆发式的增长。

**拓展：美国养老金401（K）计划**

401（K）计划也称401（K）条款，401（K）计划始于20世纪80年代初，是一种由雇员、雇主共同缴费建立起来的完全基金式的养老保险制度。

401（K）计划是指根据美国1978年《国内税收法》新增的第401条K项条款的规定制订的计划，1979年得到法律认可，1981年又追加了实施规则，20世纪90年代迅速发展，逐渐取代了传统的社会保障体系，成为美国诸多雇主首选的社会保障计划。

401（K）条款适用于私人企业及部分非营利组织。其目的是鼓励企业雇员增加长期养老储蓄资金，主要优势在于税收优惠政策，不仅雇主缴费能获得税前扣除，雇员缴费也在个人所得税的税前扣除，只有当个人账户资金被取现或退休领取时，雇员才缴相应的税款。因此，401（K）对雇员来说具有税收递延的效果。

401（K）条款规定，企业为员工设立专门的401（K）个人账户，员工每月可以提取不超过一定限额的资金存入该账户，大部分企业也会按照一定的比例往这一账户存入相应的资金。员工在退休前，一般不得领取计入员工个人退休账户的资金，但可以用作投资。企业向员工提供至少3种以上不同的证券投资组合，员工可任选一种进行投资，投资收益完全归属员工401（K）账户，投资风险也由员工自己承担。当员工退休后，可以选择一次性领取、分期领取和转为存款等方式使用401（K）账户资金。

401（K）计划自推出以来，迄今为止已走过40多年的发展历程。该计划从美国企业养老金体系中处于次要地位、补充性的养老计划快速崛起为无可替代的中流砥柱，根本原因在于其顺应经济结构转型的潮流，契合企业养老金改革和发展的方向。与此同时，401（K）计划的大发展也促使美国资本市场不断走向成熟。

（资料来源：根据焦健于2013年3月18日在新华网发布的《美国401（K）计划的前世今生以及对我们的启示》一文整理）

2. 基金中基金在我国的发展

我国早期的公募基金不允许买卖其他基金份额，直到2014年8月8日开始施行的《公开募集证券投资基金运作管理办法》取消了基金持有其他基金份额的限制，才确定了FOF的合规性。

2015年8月颁布的《基本养老保险基金投资管理办法》允许养老金增加包括股票和基金等在内的新投资途径，允许养老金入市，为FOF的发展提供了长期稳定的资金来源。

2016年9月11日，中国证监会发布《公开募集证券投资基金运作指引第2号——基金中基金指引》（以下简称《基金中基金指引》），为公募基金进入FOF业务设定了基础框架。2016年10月21日，中国证券投资基金业协会发布《关于基金中基金（FOF）的基金经理注册登记有关事项的通知》，对基金中基金的基金经理任职条件进行细化，意味着公募FOF细则已经基本完善，公募FOF的诞生与发展由此拉开了序幕。截至2022年10月28日，全市场已有355只FOF基金（A/C份额合并计算），总规模已超过 2 000 亿元。定期报告数据显示，FOF 持有人户数已从 2019 年年底的 150 万户增长到 2022 年 6 月底的近 900 万户。

### 四、基金中基金的运作规范

《基金中基金指引》明确对 FOF 的具体运作进行了详细的规范和指导。

一是明确 FOF 是指将 80%以上的基金资产投资于经中国证监会依法核准或注册的公开募集的基金份额的基金。

二是强化分散投资，规定 FOF 持有单只基金的市值，不得高于 FOF 资产净值的 20%，且不得持有其他 FOF。除 ETF 联接基金外，同一管理人管理的全部 FOF 持有单只基金不得超过被投资基金净资产的 20%，被投资基金净资产规模以最近定期报告披露的规模为准。

三是不允许 FOF 持有分级基金等具有衍生品性质的产品。

四是要求除 ETF 联接基金外，FOF 投资其他基金时，被投资基金的运作期限应当不少于 1 年、最近定期报告披露的基金净资产应当不低于 1 亿元。

五是减少双重收费，要求基金管理人不得对 FOF 财产中持有的自身管理的基金部分收取 FOF 的管理费；基金托管人不得对 FOF 财产中持有的自身托管的基金部分收取 FOF 的托管费。

六是如果 FOF 与所投资基金的管理人为同一管理人，在参与被投资基金的持有人大会时，FOF 的基金管理人应代表 FOF 份额持有人的利益行使相关投票权利。

七是为使投资者能够对 FOF 运营状况做出客观判断，减少信息不对称，要求 FOF 的投资风格应当清晰、鲜明，强化信息披露。

八是规定 FOF 应当采用公允的估值方法，及时、准确地反映基金资产的价值变动。

九是明确基金公司开展 FOF 业务的组织架构，应当设置独立部门、配备专门人员，制定业务规则和明确相关安排。

十是强化相关主体责任，要求基金管理人、基金托管人等相关主体，应做好估值核算等各方面的准备工作，确保基金平稳运行。

## 第九节　其他类型基金

### 一、成长型、收入型与平衡型基金

按照投资目标的不同，基金可以分为成长型基金、收入型基金和平衡型基金。

成长型基金是指以追求资本的稳定、持续的长期增值为基本目标，在标的资产选择上更偏好将具有良好增长潜力的股票作为投资对象。这类基金的风险和收益较高，符合积极型投资者的投资需要。

收入型基金是指以追求当期收入为基本目标，主要以大盘蓝筹股、可转让大额存单、公司债、政府债券等收益较稳定的有价证券为投资对象。这类基金虽然成长性较弱，但风险相应也较低，符合稳健型投资者的需要。

平衡型基金是既追求长期资本增值，又追求当期收入，这类基金主要投资于债券、优先股和部分普通股，其风险和收益状况介于成长型基金和收入型基金之间。

## 二、主动型基金和被动型基金

按照投资理念的不同，基金可分为主动型基金与被动型（指数）基金。

主动型基金以超越市场收益率为目标，根据基金经理的投资策略行动，持仓会根据不同的市场情况快速变动，比起被动型基金，更能体现基金经理的运作水平以及背后投研团队的能力。

被动型基金通常被称为指数型基金，通过选取特定指数的成分股作为投资对象，不寻求超越市场的表现，而是试图复制指数的表现。

相比较而言，主动型基金比被动型基金的风险更高，但取得的收益也可能更高。

## 三、公募基金和私募基金

按照资金募集方式的不同，基金可以分为公募基金和私募基金。公募基金和私募基金的比较如表 2-9 所示。

**表 2-9　公募基金和私募基金的比较**

| 类型 | 定　义 | 特　点 |
|---|---|---|
| 公募基金 | 经基金监管部门批准，以公开的方式面向社会公众筹集资金的证券投资基金 | 募集对象不固定，可以面向社会公众公开发售基金份额；信息披露程度较高；募集要求相对较高，基金运作必须遵守基金法律和法规的约束 |
| 私募基金 | 以非公开方式面向特定投资者募集资金并以特定目标为投资对象的证券投资基金 | 面向少数特定投资者募集，基金份额不能公开发售；信息披露程度较低；基金运作相对灵活，投资的限制完全由协议约定 |

## 四、在岸基金和离岸基金

按照基金资金来源的不同，基金可以分为在岸基金和离岸基金。

在岸基金是指在本国募集资金，用来投资于本国证券市场的基金。在岸基金的注册地和投资地是同一个国家或地区，基金运作须遵守本国基金法律和法规的约束，本国监管部门对基金监管比较容易。

与在岸基金相对应的是离岸基金，离岸基金是指一国的证券投资基金组织在他国募集资金，并将募集资金投资于本国或第三国证券市场的基金。离岸基金的注册地和投资地不是同一个国家或地区，其最大的优势是可以规避国内单一市场的风险，帮助投资者进行全球资产配置。因此，监管部门监管基金的难度相对较大。

【能力训练】

## 项目二　ETF 基金套利收益的实现

**模拟情境**

ETF 基金在二级市场的交易价格因受供求关系影响，往往偏离基金份额净值。当两个市场的差价远高于套利总费率时，会出现基金溢价或者折价的现象，进而引发套利交易。

**实训要求**

请学生们根据以下题目要求，计算 ETF 基金套利收益状况。

（1）某日盘中，上证 50ETF 的实时净值（IOPV）为 2.720 元，此时该 ETF 二级市场交易价格为 2.790 元，溢价 0.07 元，溢价率为 2.57%，远高于溢价套利总费率，即溢价套利机会出现。假设二级市场买入股票、卖出 ETF 的交易费率为 0.06%，一级市场申购费为 2 720 元，投资者购买 100 万份 ETF 对应的一篮子股票，如何进行套利操作？共计获利多少？



（2）某日盘中，上证 50ETF 的实时净值（IOPV）为 2.790 元，此时该 ETF 二级市场交易价格为 2.720 元，折价 0.07 元，折价率为 2.51%，远高于折价套利总费率，即折价套利机会出现。假设二级市场买入 ETF、卖出股票的交易费率为 0.06%，一级市场赎回费为 1 000 元，投资者购买 100 万份 ETF，如何进行套利操作？共计获利多少？



【课后练习】

### 一、选择题

1. 基金中基金是指（　　）以上的基金资产投资于其他基金份额的基金。

A. 25%　　B. 50%

C. 75%　　D. 80%

2.（　　）中国证监会颁布了《合格境内机构投资者境外证券投资管理试行办法》。

A. 2004 年　　B. 2005 年
C. 2006 年　　D. 2007 年

3. 下列关于股票基金与股票的区别，说法错误的是（　　）。

A. 每一交易日股票基金只有一个价格
B. 股票基金份额净值随着申购、赎回数量的多少而变化
C. 基金份额净值是由其持有的证券价格复合而成的
D. 单一股票的投资风险较为集中，投资风险较大

4. 下列关于避险策略基金的表述，不正确的是（　　）。

A. 在任意时点保证投资者本金安全
B. 投资目标是在锁定风险的同时力争有机会获取潜在的回报
C. 保证投资者投资到期时至少能够获得投资本金或一定回报
D. 采用投资组合保险策略

5. 避险策略基金的投资目标是（　　）。

A. 获得尽可能高的回报
B. 获得市场平均收益
C. 使投资风险尽可能低
D. 在锁定风险的同时力争有机会获得潜在的高回报

6. ETF 基金最大的特色是（　　）。

A. 被动操作
B. 实物申购、赎回机制
C. 一级市场与二级市场并存的交易制度
D. 指数型基金

7. 关于指数基金的特点，说法错误的是（　　）。

A. 分散风险　　B. 费用高昂
C. 客观稳定　　D. 监控便利

8. 根据（　　）分类，基金可以分为增长型基金、收入型基金和平衡型基金。

A. 法律形式　　B. 投资对象
C. 运作方式　　D. 投资目标

9. 货币市场基金不得投资的金融工具是（　　）。

A. 现金　　B. 股票
C. 同业存单　　D. 央行票据

10. 混合型基金的类型不包括（　　）。

A. 对冲配置型基金　　B. 股债平衡型基金
C. 偏股型基金　　D. 偏债型基金

11.（　　）结合了银行等代销机构和交易所交易网络两者的销售优势，为开放式基金销售开辟了新的渠道。

A. LOF

B. 成长型基金

C. ETF

D. 收入型基金

12. QDII 基金的禁止性行为不包括（　　）。

A. 购买不动产和房地产抵押按揭

B. 购买贵金属或代表贵金属的凭证

C. 购买实物商品

D. 借入临时用途现金比例不超过基金资产净值的 5%

13. 关于 ETF 和 LOF 区别的表述，错误的是（　　）。

A. 对申购和赎回的限制不同

B. 一级市场的净值报价频率不同

C. 申购、赎回的标的不同

D. 申购、赎回的场所不同

14. 目前，我国货币市场基金能够进行投资的金融工具不包括（　　）。

A. 现金

B. 1 年期银行存款

C. 1 年期中央银行票据

D. 信用等级在 AA+级以下的企业债券

15. 关于货币市场基金的说法，错误的是（　　）。

A. 风险低

B. 流动性好

C. 适合长期投资

D. 暂时存放现金的理想场所

16. 下列基金类型中实行实物交割、赎回机制的是（　　）。

A. ETF

B. LOF

C. 开放式基金

D. 货币市场基金

17. 下列关于债券基金与债券的区别，表述错误的是（　　）。

A. 债券基金的收益不如债券的利息固定

B. 债券基金有确定的到期日

C. 债券基金的收益率比买入并持有到期的单一债券的收益率更难以预测

D. 债券基金的利率风险取决于所持有的债券的平均到期日

18. 下列关于 QDII 基金的作用，说法错误的是（　　）。

A. 降低组合投资风险

B. 提高金融监管水平

C. 为投资者提供了新的投资机会

D. 在我国人民币没有实现可自由兑换、资本项目尚未开放的情况下，有限度地允许境内投资者投资国际证券市场

19. 关于股票基金的特点，说法错误的是（　　）。

A. 风险较高，但预期收益也较高

B. 适合短期波段操作，通过买卖价差盈利

C. 以追求长期的资本增值为目标

D. 是应对通货膨胀最有效的手段

20. 为保证本金安全，避险策略基金通常会将大部分资金投资于（　　）。

A. 股票　　B. 货币市场工具

C. 衍生金融工具　　D. 与基金到期日一致的债券

21. 下列关于 ETF 联接基金的特征，说法错误的是（　　）。

A. ETF 联接基金依附于主基金

B. ETF 联接基金是基金中基金

C. ETF 联接基金为银行渠道的中小投资者申购 ETF 打开了通道

D. ETF 联接基金能参与 ETF 的套利

22. ETF 的特点不包括（　　）。

A. 被动操作的指数基金

B. 二级市场的交易无涨跌幅限制

C. 实物申购赎回

D. 实行一级市场与二级市场并存的交易制度

23.（　　）的基本特点是将大部分资产投资于“一篮子”基金，而不直接投资于股票、债券等金融工具。

A. 分级基金　　B. 货币市场基金

C. 混合基金　　D. 基金中基金

24. ETF 属于（　　）。

A. 避险策略基金　　B. 基金中基金

C. 指数基金　　D. 主动型基金

25. 下列关于证券投资基金分类的意义，说法错误的是（　　）。

A. 对投资者而言，基金分类有助于投资者做出正确的投资选择与比较

B. 对基金管理公司而言，基金业绩的比较应该在同一类别中进行才公平合理

C. 对基金研究评价机构而言，基金的分类是进行基金评级的基础

D. 对基金管理人而言，明确基金的类别特征将有利于针对不同基金的特点实施更有效的分类监管

26. QDII 基金不可投资于（　　）。

A. 银行存款　　B. 不动产

C. 公司债券　　D. 远期合约

27. 根据（　　），基金可以分为股票基金、债券基金、货币市场基金和混合基金等。

A. 法律形式　　B. 投资对象

C. 运作方式　　D. 投资目标

28. 关于债券基金的特点，说法错误的是（　　）。

A. 利息收益比债券固定　　B. 没有确定的到期日

C. 收益率难以预测　　D. 信用风险较低

## 二、问答题

1. 封闭式基金和开放式基金的区别是什么?

2. ETF 独特的实物申购、赎回机制是什么? ETF 如何实现溢价套利和折价套利?

3. ETF 和 LOF 的区别是什么?

## 三、思考题

1. 请分析封闭式基金转型为开放式基金的收益和风险，即利弊分析。当前，封闭式基金到底有没有投资价值?

2. 保本基金为什么会退出历史舞台? 有哪些政策性的影响因素?

# 第三章　基金资产估值与基金费用

【内容概述】

本章要求学生掌握基金资产估值的概念、应用，熟悉基金资产估值的估值程序及基本原则等；了解不同投资品种的估值方法及基金暂停估值的情形；掌握基金费用种类、计提方法和支付方式。

## 第一节　基金资产估值



基金资产估值是通过对基金所拥有的全部资产及全部负债按一定的原则和方法进行估算，进而确定基金资产公允价值的过程。科学合理地估算基金资产净值，对投资者利益的保障具有重大意义。

### 一、基金份额净值

基金份额净值是指某一时点每单位基金份额所实际代表的价值，用基金资产净值除以当前基金总份额而得到。基金份额净值的计算公式为

$$基金资产净值=基金资产-基金负债$$

$$基金份额净值=\frac{基金资产净值}{基金总份额}$$

其中，基金资产总值是指基金拥有的全部资产的价值总和，包括股票、债券、银行存款、现金以及其他有价证券等；基金负债总值是指基金管理运作中所形成的全部负债总额，包括应付给他人的各项费用、应付资金利息、债券回购、同业拆借以及其他负债等。

基金份额净值是评价基金投资业绩的基础指标之一，也是计算投资者申购基金份额、赎回资金金额的基础，直接关系到投资者的利益。对于基金投资者来说，申购者希望以低于实际价值的价格进行申购；赎回者希望以高于实际价值的价格进行赎回；而对于基金的现有持有人，他们希望流入比实际价值更多的资金，流出比实际价值更少的资金。申购或赎回的价格错误将会引起基金资产价值的稀释或浓缩。

因此，基金份额净值必须是公允的。

**拓展：你会“净值恐高”吗?**

现实生活中，我们在选择基金产品时会发现不同基金的份额净值相差很多，有的基金份额净值不足1元，有的基金份额净值将近10元。开放式基金的申购和赎回就是以基金份额净值为基础核算持有基金份额的，那么净值越高，能买到手里的基金份额越少，是不是意味着该基金收益越低，净值的上涨空间也越有限呢？而净值越低，得到的基金份额越多，是不是意味着该基金净值未来的上涨空间越大，分红也会越多呢？实际上，很多投资者都患有这种“净值恐高症”，而且不占少数，这类投资者一般首选净值偏低的基金。

那么事实果真如此吗?

我们假设有两只开放式基金，由共同的基金经理管理运作，它们采用相同的投资策略和投资组合，且同一时点保持相同的股票仓位。它们除了基金净值不同，其他都一样。假设某一时点，A基金的净值1.5元；B基金的净值1.1元。

如果此刻投资者分别用1万元申购两只基金，分别可以申购A基金6 667份和B基金9 091份，A基金因为净值偏高，申购份额较少。

然而两只基金因为采用相同的投资策略，股票选择和持股仓位完全相同。一年以后，A基金持股上涨10%，净值1.65元；B基金持股也上涨10%，净值1.21元。那么，A基金的持有市值是6 667×1.65=1.1（万元）；B基金的持有市值是9 091×1.21=1.1（万元）。

对于该投资者而言，无论持有A基金还是B基金，总市值都是1.1万元，赚取10%的收益水平。也就是说，即使基金净值不同，但因投资策略和投资组合相同，意味着可以获得相同的收益。基金收益与投资总额、单位基金的涨跌比率有关，和净值以及份额没有关系。

很多投资者之所以“净值恐高”，是因为把基金投资与股票投资混淆。如果基金经理能够低价位买入股票，在股票的价格上涨到一定程度、风险增加的时候，及时卖出，提前锁定收益，风险就会消失。如此反复，基金总资产不断增加，净值也随之不断增加，但风险并不随着累积。

因此，基金的投资风险跟所持有的股票、债券等资产的风险有关，和基金净值本身的绝对值没有关系。

（资料来源：根据季凯帆和康峰2019年出版的《解读基金：我的投资观与实践》中的《别患“净值恐高症”》一文整理）

## 二、基金资产估值频率

基金的估值频率是由基金的组织形式、投资对象的特点等因素决定的，并在相关的监管法规中明确，一般按照固定的时间间隔对基金资产进行估值。

不同类型基金的估值频率有差异。通常情况下，我国开放式基金估值频率较高，于每个交易日估值，并于次日公告基金份额净值；封闭式基金估值频率较低，一般每周披露一次基金份额净值，但每个交易日也都进行估值。相比之下，海外基金多数也是每个交易日估值，但部分基金是每周估值一次，甚至有的每半个月、每月估值一次。

### 三、基金资产估值责任人

根据《证券投资基金法》以及证监会关于基金估值业务的相关规定，基金管理人是基金估值的第一责任主体，基金托管人对基金管理人的估值结果负有复核责任。双方不能因为选择第三方服务机构进行估值，而免除相关责任。

为科学、合理地进行基金资产估值，基金管理人应制定基金估值和份额净值计价的业务管理制度，充分理解相关估值原则和方法，审慎确定公允价值。基金托管人应认真复核、审查基金管理人采用的估值原则和方法，并通过与基金管理人积极商讨达成一致意见。

### 四、基金资产估值程序

我国基金资产是由基金管理人在每个开放日闭市后进行估算，并将估值结果发给基金托管人。需要注意的是，基金管理人对具有相同特征的同一投资品种进行估值时，应保持程序和技术的一致性。而且，基金管理人需要及时履行信息披露的义务，尤其是改变估值技术时，应最大限度维护基金份额持有人的利益，及时进行临时公告，确保估值方法的公开性。

基金托管人需要对基金管理人的估值结果进行复核，应根据基金合同的约定对基金管理人所采用的估值技术的科学性、合理性、合法性等方面进行认真审查，以确保通过估值技术获得的估值结果是公允的。基金托管人复核无误后签章返回给基金管理人，由基金管理人对外公布。



### 五、基金资产估值的基本原则和方法

2006 年 11 月 26 日，中国证监会发布的《关于基金管理公司及证券投资基金执行〈企业会计准则〉的通知》，规定证券投资基金自 2007 年 7 月 1 日起执行《企业会计准则》，确保基金执行新会计准则后及时、准确地进行份额净值计价。2008 年 9 月 12 日，证监会发布了《关于进一步规范证券投资基金估值业务的指导意见》，2017 年 9 月 5 日公布并施行《中国证监会关于证券投资基金估值业务的指导意见》。两份文件都进一步明确了各类投资品种的估值原则及具体估值方法，以更好地保护基金份额持有人的合法权益。

根据法规要求，基金资产估值的基本原则和估值方法如下所述：

1. 估值的基本原则

（1）对存在活跃市场且能够获取相同资产或负债报价的投资品种，在估值日有报价的，除会计准则规定的例外情况外，应将该报价不加调整地应用于该资产或负债的公允价值计量。估值日无报价且最近交易后未发生影响公允价值计量的重大事件的，应采用最近交易日的报价确定公允价值。有充足证据表明估值日或最近交易

日的报价不能真实反映公允价值的，应对报价进行调整，确定公允价值。

与上述投资品种相同，但具有不同特征的，应以相同资产或负债的公允价值为基础，并在估值技术中考虑不同特征因素的影响。特征是指对资产出售或使用的限制等，如果该限制是针对资产持有者的，那么在估值技术中不应将该限制作为特征考虑。此外，基金管理人不应考虑因其大量持有相关资产或负债所产生的溢价或折价。

（2）对不存在活跃市场的投资品种，应采用在当前情况下适用并且有足够可利用数据和其他信息支持的估值技术确定公允价值。采用估值技术确定公允价值时，应优先使用可观察输入值，只有在无法取得相关资产或负债的可观察输入值或取得方法不切实可行的情况下，才可以使用不可观察输入值。

（3）如经济环境发生重大变化或证券发行人发生影响证券价格的重大事件，使潜在估值调整对前一估值日的基金资产净值的影响在0.25%以上的，应对估值进行调整并确定公允价值。

2. 具体投资品种的估值方法

（1）交易所发行的未上市品种的估值

① 首次发行未上市的股票和权证，采用估值技术确定公允价值，在估值技术难以可靠计量公允价值的情况下按成本计量。

② 通过送股、转增股、配股和公开增发新股等发行的未上市股票，按交易所上市的同一股票的市价估值。

③ 交易所发行未上市或未挂牌转让的债券，在存在活跃市场的情况下，应以活跃市场上未经调整的报价作为计量日的公允价值；活跃市场报价未能代表计量日公允价值的情况下，应对市场报价进行调整以确认计量日的公允价值；对于不存在市场活动或市场活动很少的情况，则应采用估值技术确定其公允价值。

（2）交易所上市交易的非流通受限品种的估值

交易所上市交易的非流通受限股票和权证以其估值日在证券交易所挂牌的市价进行估值。

交易所上市交易或挂牌转让的不含权固定收益品种，按照第三方估值机构提供的相应品种当日的估值净价估值，含权固定收益品种按照第三方估值机构提供的相应品种当日的唯一估值净价或推荐估值净价估值。第三方估值机构提供的估值价格与交易所收盘价存在差异的，若基金管理人认定交易所收盘价更能体现公允价值，应采用收盘价。

交易所上市交易的可转换债券按当日收盘价作为估值全价。

交易所上市的股指期货合约以估值当日结算价进行估值。

交易所上市的不存在活跃市场的有价证券，采用估值技术确定公允价值。对交易所上市的资产支持证券品种和私募债券，鉴于其交易不活跃，各产品的未来现金流也较难确认，按成本估值。

（3）交易所上市交易的流通受限品种的估值

在发行时明确一定期限限售期的股票，包括但不限于非公开发行的股票、首次公开发行股票时公司股东公开发售的股份、通过大宗交易取得的带限售期的股票等，参考流通受限股票的估值指引进行估值。

（4）交易所停止交易等非流通品种的估值

① 因持有股票而享有的配股权，从配股除权日起到配股确认日止，如果收盘价高于配股价，按收盘价高于配股价的差额估值。收盘价等于或低于配股价，则估值为零。

② 对停止交易但未行权的权证，一般采用估值技术确定公允价值。

③ 对于因重大特殊事项而长期停牌的股票的估值，需要按估值基本原则判断是否采用估值技术。估值技术包括指数收益法、可比公司法、市场价格模型法和估值模型法等，供管理人对基金估值时参考。

**案例：停牌股的估值偏离**

基金净值是基金价格的内在价值，应当是公允的、准确的。但往往停牌等特殊情况，使得基金净值并不一定能够真实地反映证券投资基金的资产状况，存在“失真”现象。

2001 年 8 月，《财经》杂志发表“银广夏陷阱”一文，银广夏虚构财务报表事件被曝光。8 月 3 日，银广夏（000557）停牌，停牌时收盘价为 30.79 元，当日均价为 30.53 元。停牌时，大成基金管理公司管理的景宏、景福基金分别持有 672 万股与 485.64 万股银广夏。9 月 10 日银广夏复牌交易，连续 10 个跌停板，股价在 6 元多才恢复正常的流动性。在一个月停牌期间，基金管理公司与托管银行仍然按 30.53 元的均价对银广夏进行估值，而这样的估值显然与市场普遍的观点有极大的出入，没有考虑跌停板限制价格下跌动能、基金净值损失未完全释放的因素，其市场价格根本值不了 30.53 元。这种估值偏离容易误导投资者，使投资者蒙受损失。

2008 年基金估值改革以后，对停牌股的估值有了大幅进步。中国证券业协会基金估值工作小组于 2008 年 9 月发布了《关于停牌股票估值的参考方法》，明确关于停牌股票的估值方法，可以采用指数收益法、可比公司法、市场价格模型法和估值模型法这四种方法。

即便如此，由突发事件引起的“问题股”估值，仍然是基金业待解决的难题。

2011 年 3 月，央视对上市公司双汇发展的子公司使用“瘦肉精”的情况进行了曝光，双汇发展次日开盘后股价直接跌停，并公告即时起持续停牌。这给每日计算净值并接受申赎的基金带来很大的挑战，其估值受到影响，也让持有该股票的 164 只基金损失惨重。

2022 年 8 月，世茂集团、融创中国、龙光集团等个股停牌，不同基金公司给出的估值价格相差较大。对世茂集团的估值，华夏恒生红利 ETF 给出的估值是 0.59 港币，而华安基金、博时基金等公司的相应基金给出的估值为 1.33 港币～1.34 港币；对融创中国的估值，基金公司第一次给出的估值范围为 0.46 港币～1.39 港币，二次调整后，给出的估值范围为 0.46 港币～1.37 港币，估值首尾相差近 3 倍。

可见，科学合理的估值对维护客户之间的公平性非常重要。对停牌股的估值工作未来依然任重道远。

（资料来源：根据宋一欣于2007年7月12日在《中国证券报》发表的《银广夏续案之后可能还有再续案》、叶辉于2011年4月29日发表在《投资与理财》上的《“双汇门”或影响基金对食品行业估值》、李树超于2022年8月27日发表在《中国基金报》上的《同一个停牌股，不同基金估值竟相差3倍!》等文章整理）

（5）全国银行间债券市场交易的固定收益品种的估值

全国银行间债券市场交易的固定收益品种，采用第三方估值机构提供的相应品种当日的估值价格。

① 不含权的固定收益品种，以第三方估值机构提供的相应品种当日的估值净价进行估值。

② 含权的固定收益品种，以第三方估值机构提供的相应品种当日的唯一估值净价或推荐估值净价进行估值。含投资人回售权的固定收益品种，回售登记期截止日（含当日）后未行使回售权的按照长待偿期所对应的价格进行估值。

③ 对银行间市场未上市，且第三方估值机构未提供估值价格的债券，在发行利率与二级市场利率不存在明显差异、未上市期间市场利率没有发生大的变动的情况下，按成本估值。

（6）基金中基金投资的证券投资基金的估值方法

① 基金中基金投资的境内非货币市场基金，按所投资基金估值日的份额净值估值；基金中基金投资的境内货币市场基金，按所投资基金前一估值日后至估值日期间（含节假日）的万份收益计提估值日基金收益。

② 基金中基金投资的ETF基金，按所投资ETF基金估值日的收盘价估值；ETF联接基金投资的ETF基金，按所投资ETF基金估值日的份额净值估值；基金中基金投资的境内LOF，按所投资基金估值日的份额净值估值；基金中基金投资的境内上市定期开放式基金、封闭式基金，按所投资基金估值日的收盘价估值。基金中基金投资的境内上市交易型货币市场基金，如所投资基金披露份额净值，则按所投资基金估值日的份额净值估值；如所投资基金披露万份（百份）收益，则按所投资基金前一估值日后至估值日期间（含节假日）的万份（百份）收益计提估值日基金收益。

③ 如遇所投资基金不公布基金份额净值、进行折算或拆分、估值日无交易等特殊情况，基金管理人根据以下原则进行估值：A. 以所投资基金的基金份额净值估值的，若所投资基金与基金中基金估值频率一致但未公布估值日基金份额净值，以其最近公布的基金份额净值为基础估值。B. 以所投资基金的收盘价估值的，若估值日无交易，且最近交易日后市场环境未发生重大变化，按最近交易日的收盘价估值；如最近交易日后市场环境发生了重大变化，可以最新的基金份额净值为基础或参考类似投资品种的现行市价及按重大变化因素调整最近交易市价，确定公允价值。C. 如果所投资基金前一估值日至估值日期间发生分红除权、折算或拆分，基金管理人应根据基金份额净值或收盘价、单位基金份额分红金额、折算或拆分比例、持仓

份额等因素合理确定公允价值。

（7）其他投资品种的估值方法

黄金 ETF 投资的黄金现货实盘合约按估值日金交所的当日收盘价估值，估值日无交易的，以最近收盘价估值；黄金 ETF 投资的黄金现货延期交收合约按估值日金交所的当日结算价估值，估值日无交易的，以最近结算价估值；全现金替代申赎方式下，基金管理人和基金托管人应按照基金法律文件确定的估值方法对黄金 ETF 的可退申购退补款和可退赎回代卖款进行估值。

港股通投资的股票，在基金估值日，按其在港交所的收盘价估值；估值日无交易的，以最近交易日的收盘价估值。港股通投资持有外币证券资产估值涉及港币对人民币汇率的，可参考当日中国人民银行或其授权机构公布的人民币汇率中间价，或其他可以反映公允价值的汇率进行估值。基金合同对汇率有明确约定的，按照基金合同的约定执行。

3. 计价错误的处理及责任承担

（1）基金管理公司应制定估值及份额净值计价错误的识别及应急方案。当估值或资产净值计价错误实际发生时，基金管理人应立即纠正，及时采取合理措施防止损失进一步扩大。当错误达到或超过基金资产净值的 0.25%时，基金管理人应及时向中国证监会报告。

（2）基金管理公司和托管人在进行基金估值、计算或复核基金份额净值的过程中，未能遵循相关法律法规规定或基金合同约定，给基金财产或基金份额持有人造成损害的，应分别对各自行为依法承担赔偿责任。二者因共同行为给基金财产或基金份额持有人造成损害的，应承担连带赔偿责任。



4. 暂停估值的情形

当基金有以下情形时，可以暂停估值：

（1）基金投资所涉及的证券交易所遇法定节假日或因其他原因暂停营业。

（2）不可抗力或其他情形致使基金管理人、基金托管人无法准确评估基金资产价值。

（3）占基金相当比例的投资品种的估值出现重大转变，而基金管理人为保障投资人的利益已决定延迟估值。

（4）出现基金管理人认为属于紧急事故的任何情况，会导致基金管理人不能出售或评估基金资产。

（5）中国证监会和基金合同认定的其他情形。

## 第二节　基金费用

证券投资基金运作过程中产生的费用主要包括两大类：第一类是基金销售过程中一次性支付的费用，由基金份额持有人直接承担，主要包括认购费、申购费、赎回费和转换费，这类费用不参与基金的会计核算。第二类是基金在运作管理过程中一次性或周期性发生的费用，由基金财产承担，主要包括基金管理费、基金托管费、销售服务费、信息披露费等。这类费用需要直接从基金资产中列支，其基金合同和基金招募说明书中都会明确规定费用种类及计提标准。

## 一、不参与基金会计核算的费用

第一类基金费用一般在投资者进行认购、申购、赎回或基金转换时收取，由投资者直接承担。

1. 基金认购费和申购费

认购是指投资者在基金募集期内购买基金份额的行为。申购是指开放式基金合同生效后，投资者申请购买基金份额的行为。

认购和申购都是投资者购买基金份额的行为，但二者之间存在本质上的区别：一是费用成本不同，与申购费相比，认购费偏低，投资者在募集期内认购基金份额，可以享受一定的费率优惠；二是价格确认方式不同，认购是按净值 1 元/份的已知价进行确认的，而申购一般按未知价进行确认；三是份额确认时点不同，认购份额在基金合同生效时才予以确认，确认之前有一定的封闭期，而申购份额一般在 T+2 日内即可确认，确认后的下一工作日即可赎回。

投资者在进行基金认购或申购时，需要支付费用。目前基金认购费和申购费存在两种收费模式：一种是前端收费模式，是投资者在认购或申购基金份额时就支付费用的付费模式。另一种是后端收费模式，是投资者在认购或申购基金份额时不付费，在赎回基金份额时才支付费用的付费模式。后端收费模式会随着投资时间的延长而减少，甚至不收取，目的是鼓励投资者长期持有基金。比如，有些股票基金采用后端收费，规定投资者持有基金份额不足一年的，费率为 1.9%；持有期每增加一年，费率降低 0.2%；当持有期超过 5 年，不再收取该项费用。

2. 基金赎回费

赎回是指投资者要求基金管理人购回其所持有的基金份额的行为，为此投资者需要支付基金赎回费。赎回费作为一种后端收费，与后端收取的申购费不同。后收申购费是在时间上递延到赎回时收取，因此也被称为“或有延缓的销售费用”，费用收入由基金管理公司销售机构支配；而赎回费是针对赎回行为本身收取的一次性费用，费用收入的一部分归基金资产所有。目前，我国开放式基金的赎回费在扣除手续费后，余额不得低于赎回费总额的 25%，且应当归入基金财产。

**拓展：我国开放式基金赎回费归基金财产的比例规定**

根据证监会 2013 年修订的《开放式证券投资基金销售费用管理规定》第七条，目前对于一般的股票基金和混合基金赎回费归基金财产的比例规定如表 3-1 所示。

表 3-1 对于赎回费归基金财产的比例规定

| | |
|---|---|
| 持有期小于 7 日 | 收取不低于赎回金额 1.5%的赎回费，全额计入基金财产 |
| 持有期小于 30 日 | 收取不低于赎回金额 0.75%的赎回费，全额计入基金财产 |
| 持有期小于 3 个月 | 收取不低于赎回金额 0.5%的赎回费，将不低于赎回费总额的 75%计入基金财产 |
| 持有期大于 3 个月，小于 6 个月 | 收取不低于赎回金额 0.5%的赎回费，将不低于赎回费总额的 50%计入基金财产 |
| 持有期大于 6 个月 | 将不低于赎回费总额的 25%计入基金财产 |

注：表 3-1 是针对不收取销售服务费的（一般为 A 类份额）一般股票型和混合型基金赎回费归基金财产的比例规定。对于收取销售服务费的（一般为 C 类份额）一般股票型和混合型基金赎回费归属基金财产比例的规定为：持续持有期少于 30 日的投资人收取不低于 0.5%的赎回费，全额计入基金财产。对于 ETF、LOF、指数基金、短期理财产品基金等股票基金、混合基金以及其他基金，不做强制要求。

3. 基金转换费

基金转换费是指投资者在同一家基金管理公司所管理的不同基金之间，申请将一只基金转换为另一只基金所需支付的费用。如此，投资者不需要先赎回已持有的基金份额。当转入基金的申购费率大于转出基金的申购费率时，投资者需要补齐差价部分。

## 二、从基金资产中列支的费用



第二类费用是基金管理过程中发生的费用，要参与基金的会计核算，直接从基金资产中列支，具体包括：基金管理人的管理费、基金托管人的托管费、销售服务费、基金合同生效后的信息披露费用、基金合同生效后的会计师费和律师费、基金份额持有人大会费用、基金的证券交易费用以及规定的其他费用。

按照规定，下列费用不能从基金资产中列支：

（1）基金管理人和基金托管人未履行或未完全履行义务导致的费用支出或基金财产的损失。

（2）基金管理人和基金托管人处理与基金运作无关的事项发生的费用。

（3）基金合同生效前的相关费用，包括但不限于验资费、会计师和律师费、信息披露费等费用。

1. 基金管理费、基金托管费和基金销售服务费

基金管理费和基金托管费是投资者购买基金时需要支付给基金管理人、基金托管人的费用。

基金销售服务费是指从基金资产中扣除的用于支付销售机构佣金以及基金管理人的基金营销广告费、促销活动费、持有人服务费等方面的费用。比如，货币市场基金免收认购费、申购费和赎回费，基金管理人可以从基金财产中持续计提一定比例的销售服务费，用于基金的销售和对持有人的服务。

我国的基金管理费、基金托管费及基金销售服务费均是按前一日基金资产净值的一定比例逐日计提，按月支付。计算方法如下：

$$H = \frac{ER}{\text{到当天的实际天数}}$$

式中：$H$ 表示每日计提的费用；$E$ 表示前一日的基金资产净值；$R$ 表示年费率。

2. 基金交易费

基金交易费是指基金在进行证券买卖交易时所产生的相关交易费用，包括交易佣金、过户费、印花税、经手费、证管费等。交易佣金由证券公司按成交金额的一定比例向基金收取，过户费、印花税、经手费、证管费等则由登记公司或交易所按有关规定收取。参与银行间债券市场交易的，还需向中央国债登记结算有限责任公司或银行间市场清算所股份有限公司支付银行间账户服务费，向全国银行间同业拆借中心支付交易手续费等服务费用。

3. 基金运作费

基金运作费是指为保证基金正常运作而发生的应由基金承担的费用，包括开户费、信息披露费、审计费、律师费、持有人大会费用、上市年费、分红手续费等。按照有关规定，发生的这些费用如果影响基金份额净值小数点后第 4 位的，应采用预提或待摊的方法计入基金损益。发生的费用如果不影响基金份额净值小数点后第 4 位的，应于发生时直接计入基金损益。

**案例：公募基金探索管理费新模式——“让利型”基金**

2022 年，受市场震荡行情影响，公募基金普遍面临负收益，然而基金管理费始终居高不下，遭到市场和投资者的广泛质疑。

为此，2022 年 4 月，证监会发布的《关于加快推进公募基金行业高质量发展的意见》中提到“积极推动管理人合理让利型产品等创新产品发展”。此后，易方达、汇添富、华夏、嘉实、博时、天弘等十多家知名基金公司正式上报合理让利型基金，而且大多属于偏股混合型基金。

所谓的让利型基金，更多是在原有浮动管理费基础上的一种优化尝试。浮动管理费是指当基金业绩高于一定标准时，可向上浮动提高管理费率，反之则向下浮动，目的是激励基金经理，增强基金管理人和投资者的利益一致性。

目前业内正在探讨储备的让利型产品，其具体收费模式还未形成统一标准，但应该会考虑设置阶梯式的管理费方式。比如在赎回份额时，不盈利不收取管理费，盈利达到一定区间相应收取达到某类管理费级别的费用，同时管理费设置一定上限，进一步保护和保障投资人利益。

（资料来源：根据庞华玮于 2022 年 8 月 26 日发表在《21 世纪经济报道》上的《“让利型”基金将面世，公募探索管理费新模式》一文整理）

## 第三节　基金财务会计报告分析

对证券投资基金的分析，投资者除了需要关注基金净值增长所带来的投资收益，还需要进一步去分析引起基金净值波动的影响因素。通过分析基金财务会计报告以及其他披露信息，投资者能够更好地把握基金基本情况，审慎做出投资决策。

### 一、会计核算主体

基金会计报表是基金财务会计报告的一个重要组成部分，反映了基金在一定时期内的运营状况与收支状况。与企业会计报表相比，基金会计报表具有特殊性。基金会计报表的会计核算主体是证券投资基金，基金管理公司和基金托管人是责任主体，其中基金管理公司承担主会计责任。

界定基金会计主体，就明确了从事会计工作和提供会计信息的空间范围。《证券投资基金会计核算业务指引》规定，基金会计核算的内容主要包括证券和衍生工具交易核算、权益核算、利息和溢价核算、费用核算、基金申购与赎回核算、估值核算、利润核算、基金财务会计报告和基金会计核算的复核等。

### 二、财务会计报告分析

基金财务会计报告涵盖了基金的偿债能力、营运能力和盈利能力等多方面信息。比如，基金的收支大小可以反映基金能否维持一定的偿付能力，单位基金净收益可以反映基金的经营效用，基金净资产收益率以及单位可分配净收益、单位净值、净值增长率、累计净值增长率等指标可以反映基金的盈利能力。因此，对财务会计报告的分析是根据财务数据，结合实际情况对基金运行结果以及投资管理能力做出客观评价，为投资者投资决策提供参考。

现实中，考虑到不同类型基金的投资目标、投资范围以及投资组合等方面的差异，基金财务会计报告的分析也会有较大区别。基金财务会计报告除了对常见财务指标进行分析比较，还需要把握基金风险收益特征的特殊性。比如，对养老保险基金的财务会计报告进行分析时，由于面临通货膨胀的压力，迫切需要在保证基金安全的前提下，追求较高的投资收益率，就需要关注基金的投资效率以及风险与收益的平衡。

截至目前，我国基金市场上的股票基金和混合基金数量居多。对于这两类基金，我们可以重点关注以下内容：

1. 基金持仓结构分析

基金公司一般每个季度会定期公布基金的最新持仓明细，并提供股票、债券、现金类资产的持仓比例以及各行业的分布情况。各持仓比例的具体计算公式如下：

$$股票投资占基金资产净值的比例=\frac{股票投资额}{基金资产净值}$$

$$债券投资占基金资产净值的比例=\frac{债券投资额}{基金资产净值}$$

$$银行存款等现金类资产占基金资产净值的比例 = \frac{现金类资产合计}{基金资产净值}$$

$$某行业投资占股票投资的比例 = \frac{该行业股票投资市值}{股票投资总额}$$

尽管我们看到的持仓信息有一定的滞后性，但我们依然可以通过分析基金持仓结构的变化，并与业绩比较基准对比，进一步了解基金的资产配置能力和重点投资方向等。表 3-2 给出了广发稳健增长混合 A 从 2015 年第一季度到 2017 年第三季度的资产配置变动情况。其中，股票的持仓比例随着 2015 年 6 月股市短期暴跌而调低，而后随着股市回暖逐步调高。

**表 3-2　广发稳健增长混合 A 的资产配置变动**

| 报告期 | 股票占净比/% | 债券占净比/% | 现金占净比/% | 净资产/亿元 |
|---|---|---|---|---|
| 2015-03-31 | 64.71 | 20.71 | 3.67 | 50.91 |
| 2015-06-30 | 45.91 | 39.76 | 18.77 | 37.09 |
| 2015-09-30 | 30.21 | 50.26 | 13.00 | 32.13 |
| 2015-12-31 | 44.04 | 45.49 | 11.66 | 33.76 |
| 2016-03-31 | 51.01 | 42.13 | 5.48 | 32.11 |
| 2016-06-30 | 51.87 | 38.11 | 9.80 | 32.01 |
| 2016-09-30 | 55.07 | 32.64 | 4.65 | 29.72 |
| 2016-12-31 | 42.98 | 45.54 | 3.78 | 29.10 |
| 2017-03-31 | 51.28 | 38.68 | 3.20 | 29.05 |
| 2017-06-30 | 61.12 | 34.03 | 3.01 | 29.72 |
| 2017-09-30 | 61.60 | 30.62 | 2.66 | 30.76 |

注：数据来自天天基金网公告。

2. 基金盈利能力和分红能力分析

基金公司会定期披露一定时期内基金的期末基金资产净值、期末基金份额净值、本期利润、本期已实现收益、加权平均基金份额本期利润、本期加权平均净值利润率、本期基金份额净值增长率、期末可供分配利润、期末可供分配基金份额利润等指标。通过这些指标我们可以分析基金的盈利能力和分红能力。

3. 基金收入情况分析

书中第五章将会介绍基金收入的类型，主要包括利息收入、投资收益、公允价值变动损益和其他收入。这些收入是决定基金份额净值波动的重要因素，也是基金利润的来源。对基金收入结构的分析，有助于帮助投资者了解基金的投资现状，客观做出判断。

4. 基金费用情况分析

由于基金管理费、基金托管费、销售服务费、信息披露费等费用需要直接从基金资产中列支，已经按照净值的一定比例按期计提支付，所以每日公告的基金净值已经扣除相关费用。因此，大多数股票基金的投资者对基金费用的变动不太敏感。但是对货币市场基金和债券基金而言，费用的高低对于基金净值有着较大的影响。

5. 基金份额变动分析

开放式基金在开放日规定的交易时间内可供投资者随时申购、赎回，基金份额和基金持有人结构都会随之发生变动。通过分析基金份额和持有人结构的变动情况，我们可以了解投资者对该基金的认可程度（如表 3-3 所示）。

**表 3-3 工银战略转型股票 A 份额变动情况**

| 日期 | 期间申购/亿份 | 期间赎回/亿份 | 期末总份额/亿份 | 期末净资产/亿元 | 净资产变动率/% |
|---|---|---|---|---|---|
| 2020-03-31 | 1.89 | 2.80 | 6.31 | 9.86 | -8.00 |
| 2020-06-30 | 2.99 | 1.04 | 8.25 | 16.96 | 71.98 |
| 2020-09-30 | 4.86 | 3.45 | 9.67 | 26.14 | 54.11 |
| 2020-12-31 | 14.55 | 5.37 | 18.85 | 57.95 | 121.71 |

注：数据来自天天基金网公告。

一般来说，如果基金持有人中个人投资者较多，则该基金的规模相对稳定；如果基金持有人中机构投资者较多，则表明机构比较认可该基金的投资。基金份额变动较大，会对基金管理人的投资产生不利影响；反之则有助于基金投资保持稳定。

6. 基金投资风格分析

股票按照市值可以分为大盘股、中盘股和小盘股，按照股票性质可以分为价值型股票、成长型股票和平衡型股票。股票型基金以股票投资为主，按照投资风格划分，可以分为大盘价值型基金、大盘成长型基金、大盘平衡型基金、中盘价值型基金、中盘成长型基金、中盘平衡型基金、小盘价值型基金、小盘成长型基金和小盘平衡型基金。因此，不同基金的投资风格不同，需要根据基金投资组合的情况进行多角度分析。

比如，对于主动管理型基金而言，通过基金持仓的前十大重仓股占基金净值的比例，可以分析基金持仓的集中度，了解基金持仓的风格动向。在表 3-4 中，工银战略转型股票 A 在 2022 年第二季度前十大重仓股持股集中度为 51.80%。集中度越高，表明基金越有可能重仓持有某一家或几家上市公司股票；反之，则基金持股相对比较平均。

**表 3-4 工银战略转型股票 A 2022 年第二季度前十大重仓股持仓明细**

| 序号 | 股票代码 | 股票名称 | 最新价/元 | 涨跌幅/% | 占净值比例/% | 持股数/万股 | 持仓市值/万元 |
|---|---|---|---|---|---|---|---|
| 1 | 601668 | 中国建筑 | 5.15 | 2.79 | 8.56 | 8 364.56 | 44 499.47 |
| 2 | 601166 | 兴业银行 | 16.65 | 0.67 | 7.95 | 2 078.64 | 41 364.95 |
| 3 | 600048 | 保利发展 | 18.00 | 4.17 | 7.31 | 2 176.42 | 38 000.29 |
| 4 | 600383 | 金地集团 | 11.49 | 5.22 | 5.34 | 2 067.56 | 27 788.03 |
| 5 | 001979 | 招商蛇口 | 16.34 | 3.68 | 4.64 | 1 796.01 | 24 120.41 |
| 6 | 601818 | 光大银行 | 2.82 | 0.36 | 4.40 | 7 598.94 | 22 872.81 |
| 7 | 601009 | 南京银行 | 10.52 | 0.38 | 3.90 | 1 943.86 | 20 255.01 |

表3-4(续)

| 序号 | 股票代码 | 股票名称 | 最新价/元 | 涨跌幅/% | 占净值比例/% | 持股数/万股 | 持仓市值/万元 |
|---|---|---|---|---|---|---|---|
| 8 | 601838 | 成都银行 | 16.36 | 0.25 | 3.88 | 1 218.28 | 20 199.15 |
| 9 | 600926 | 杭州银行 | 14.25 | 0.49 | 3.52 | 1 221.29 | 18 294.93 |
| 10 | 603018 | 华设集团 | 7.87 | 0.38 | 2.30 | 1 253.30 | 11 968.98 |

注：数据来自天天基金网公告。

除此以外，我们还可以对基金持仓股本规模、基金持仓成长性等指标进行综合分析。

【能力训练】

## 项目三　模拟基金管理公司基金经理建仓并估值

**模拟情境**

依托互联网实训平台，假设每人初始募集到资金100万元，发行基金份额100万份。

**实训要求**

(1) 选股：首先要说明投资理念及目标，据此选择投资品种，要求选择股票、债券、基金等至少三类以上品种进行建仓，以建仓日收盘价为计算基准，并介绍所选股票的基本情况。

(2) 计算基金份额净值：计算建仓后一定阶段的基金份额净值（忽略一切费用，不考虑基金持有份额的变动，即采用买入并持有策略，总基金份额保持100万份不变)，份额净值保留到小数点后四位。

(3) 收集整理相关数据，并填写表3-5。

**表3-5　基金持仓明细表**

估值时间：

| 资产类别 | 资产占比 | 资产市值 | | | | |
|---|---|---|---|---|---|---|
| | | 证券代码 | 证券名称 | 交易价格/元 | 持有数量/股 | 持有市值/元 |
| | | | | | | |
| | | | | | | |
| | | | | | | |
| | | | | | | |
| | | | | | | |
| | | | | | | |
| | | | | | | |

表3-5(续)

| 资产类别 | 资产占比 | 资产市值 | | | | |
|---|---|---|---|---|---|---|
| | | 证券代码 | 证券名称 | 交易价格/元 | 持有数量/股 | 持有市值/元 |
| | | | | | | |
| | | | | | | |
| | | | | | | |
| | | | | | | |
| 合计 | 100% | 填写基金资产总额： | | | | |

计算该时点基金份额净值：

【课后练习】

## 一、选择题

1. 关于交易所停止交易等非流通品种的基金估值的说法，错误的是（　　）。

A. 因持有股票而享有的配股权，从配股除权日起到配股确认日止，如果收盘价高于配股价，按收盘价高于配股价的差额估值

B. 因持有股票而享有的配股权，从配股除权日起到配股确认日止，如果收盘价低于配股价，按收盘价估值

C. 对于停止交易但未行权的权证，一般采用估值技术确定公允价值

D. 对于因重大特殊事项而长期停牌股票的估值，需要按估值基本原则判断是否采用估值技术

2. 下列各情形中，不会导致基金暂停估值的是（　　）。

A. 基金投资所涉及的证券交易所遇法定节假日或其他原因暂停营业

B. 不可抗力或其他情形致使基金管理人、基金托管人无法准确评估基金资产价值

C. 占基金相当比例的投资品种的估值出现重大转变，而基金管理人为保障投资人的利益已决定延迟估值

D. 出现基金管理人认为属于紧急事故的任何情况，损害基金管理人利益而不能评估基金资产

3. 根据《中国证监会关于证券投资基金估值业务的指导意见》的要求，应确保估值人员熟悉各类投资品种的估值原则及具体估值程序的是（　　）。

A. 基金管理人　　B. 基金托管人

C. 基金持有人大会　　D. 基金监管机构

4. 计算投资者申购基金份额、赎回资金金额的基础是（　　）。

A. 基金总份额　　B. 基金资产总值

C. 基金资产净值　　D. 基金份额净值

5. 在基金估值中，下列关于具体投资品种估值方法的说法，错误的是（　　）。

A. 交易所发行未上市或挂牌转让的债券，活跃市场报价未能代表计量日公允价值的情况下，应对市场报价进行调整以确认计量日的公允价值

B. 通过配股和公开增发新股等发行的未上市股票，按发行价估值

C. 首次发行未上市的权证，在估值技术难以可靠计量公允价值的情况下可按成本计量

D. 通过送股、转增股等发行的未上市股票，按交易所上市的同一股票的市价估值

6. 下列各项关于基金估值中公允价值的说法错误的是（　　）。

A. 由于市场交易价格变化多端，采用市场价进行估值的风险比较大

B. 当基金只投资于交易活跃的证券时，一般采用交易价格作为其公允价值

C. 当基金投资于交易不活跃的证券，对其估值时，证券资产的流动性是非常关键的考虑因素

D. 如果证券的公允价值是由基金管理人通过估值技术获得的，基金托管人应对基金管理人所采用的估值技术的科学性、合理性、合法性等方面进行审查，以保证通过估值技术获得的估值结果是公允的

7. 下列各项关于基金估值法律依据的描述，错误的是（　　）。

A.《证券投资基金法》规定基金管理公司应履行计算并公告基金资产净值的责任，确定基金份额申购、赎回价格

B.《证券投资基金法》规定基金估值的第一责任人是基金管理人

C. 根据《基金合同的内容与格式》的要求，基金合同不用列明估值错误的处理的规定

D.《中国证监会关于证券投资基金估值业务的指导意见》规定，基金管理人应建议估值委员会健全估值决策体系

8. 基金管理公司和基金托管人在进行基金估值、计算或复核基金份额净值的过程中，未能遵循相关法律法规规定或基金合同约定，因共同行为给基金财产或基金份额持有人造成损害的，关于责任承担的说法，正确的是（　　）。

A. 由基金管理公司承担主要赔偿责任

B. 由基金托管人承担主要赔偿责任

C. 基金管理公司和基金托管人承担连带赔偿责任

D. 由监管机构确定责任主体

9. 为了提高基金资产估值的合理性和可靠性，（　　）成立了基金估值工作机制。

A. 财政部　　　　B. 中国基金业协会

C. 中国证监会　　D. 国务院

10. 假设某只基金持有的三种股票的数量分别为10万股、50万股和100万股，每股的收盘价分别为30元、20元和10元，银行存款为1 000万元，对基金托管人和基金管理人应付而未付的报酬为500万元，应付税费为500万元，已售出的基金

份额为 2 000 万份，则该基金份额净值为（　　）元。

A. 1.15　　B. 2.15

C. 2.2　　D. 2.05

11. 为准确、及时地进行基金估值和份额净值计价，制定基金估值和份额净值计价的业务管理制度，明确基金估值的程序和技术的机构是（　　）。

A. 基金管理人　　B. 基金托管人

C. 证券交易所　　D. 中国证券投资基金业协会

12. 下列各项法律法规中，不涉及基金估值问题的是（　　）。

A.《证券投资基金法》

B.《证券投资基金管理公司管理办法》

C.《基金合同的内容与格式》

D.《中国证监会关于证券投资基金估值业务的指导意见》

13. 某基金总资产为 50 亿元，基金总负债为 20 亿元，发行在外的基金份额为 30 亿份，则该基金的基金份额净值为（　　）元。

A. 1　　B. 0.4

C. 0.6　　D. 0.67

14. 在基金资产估值中，下列对基金管理公司的业务描述，错误的是（　　）。

A. 确保估值人员熟悉各类投资品种的估值原则及具体估值程序

B. 建立估值委员会，健全估值决策体系，使用合理可靠的估值业务系统

C. 基金管理人选择服务机构进行估值时，不能免除管理人的相关责任

D. 对估值原则及技术有异议时，有义务要求托管人做出合理解释

15. 我国基金资产估值的责任人是基金（　　），但基金（　　）对估值结果负有复核责任。

A. 管理人；管理人　　B. 托管人；管理人

C. 管理人；托管人　　D. 管理人；证监会

16. 承担审查、复核基金资产净值和基金份额净值估值结果的责任人是（　　）。

A. 基金审计机构　　B. 基金托管人

C. 基金销售机构　　D. 基金管理公司

17. 根据《证券投资基金法》的规定，履行计算并公告基金资产净值职责的主体是（　　）。

A. 基金管理公司　　B. 基金托管人

C. 基金销售机构　　D. 基金持有人大会

18. 基金份额净值的计算公式是（　　）。

A. 基金份额净值=基金资产净值÷基金总份额

B. 基金份额净值=基金资产净值×基金总份额

C. 基金份额净值=基金资产÷基金总份额

D. 基金份额净值=基金负债÷基金总份额

19. 下列关于基金相关主体的估值责任的表述，错误的是（　　）。

A. 基金托管人对管理人的估值结果负有复核责任

B. 基金托管人在复核基金份额净值时参考基金业协会的估值指引的，则可免除其估值责任

C. 我国基金估值的责任人是基金管理人

D. 基金托管人在复核基金资产净值之前，应该审阅基金管理公司采用的估值原则和技术

20. 通过对基金所拥有的全部资产及全部负债按照一定原则和方法进行估算，进而确定基金资产公允价值的过程指的是（　　）。

A. 基金销售　　B. 基金产品设计

C. 基金资产估值　　D. 基金申购、赎回

21. 基金中基金投资的证券投资基金，如遇所投资基金不公布基金份额净值、进行折算或拆分、估值日无交易等特殊情况，基金管理人进行估值的原则不包括（　　）。

A. 以所投资基金的基金份额净值估值的，若所投资基金与基金中基金估值频率一致但未公布估值日基金份额净值，以其最近公布的基金份额净值为基金估值

B. 以所投资基金的收盘价估值的，若估值日无交易，且最近交易日后市场环境未发生重大变化，按估值日前一个月的平均收盘价估值

C. 以所投资基金的收盘价估值的，若估值日无交易，最近交易日后市场环境发生重大变化，可以最新的基金份额净值为基础，或参考类似投资品种的现行市价及按重大变化因素调整最近交易市价，确定公允价值

D. 如所投资基金前一估值日至估值日期间发生分红除权、折算或拆分，基金管理人应根据基金份额净值或收盘价、单位基金份额分红金额、折算或拆分比例、持仓份额等因素合理确定公允价值

22. 关于基金资产的估值，下列说法不正确的是（　　）。

A. 基金资产净值是基金资产总值减负债

B. 基金资产总值是指基金全部资产的价值总和

C. 基金份额净值是基金资产净值除以基金总份额

D. 基金资产估值是对基金全部资产的价值进行评估

23. 以下不属于基金管理公司的职责的是（　　）。

A. 按基金合同规定的估值方法、时间、程序，复核、审查基金资产净值以及基金份额申购、赎回价格

B. 制定基金估值和份额净值计价的业务管理制度，明确基金估值的程序和技术

C. 使用可靠的估值业务系统

D. 确保估值人员熟悉各类投资品种的估值原则及具体估值程序

24. 以下关于基金估值程序的说法，错误的是（　　）。

A. 基金估值的责任人是基金管理人

B. 基金日常估值由基金管理人进行

C. 基金托管人对基金管理人的计算结果复核无误后对外公布

D. 基金管理人每个交易日对基金资产估值后，将基金份额净值结果发给基金托管人

25. 下列关于影响基金估值的因素，描述正确的是（　　）。

A. 基金估值的频率与基金的组织形式无关

B. 开放式基金的估值频率要低于封闭式基金

C. 基金估值时应坚持采取同样的估值方法

D. 同一基金管理人对管理的不同基金持有的具有相同特征的同一投资品种，应确定不同的估值原则、程序及技术

26. 下列关于基金估值计价错误的处理的说法，不正确的是（　　）。

A. 基金管理公司应当制定估值及份额净值计价错误的识别及应急方案

B. 当基金估值或份额净值计价错误实际发生时，基金管理公司应立即纠正，及时采取合理措施防止损失进一步扩大

C. 当基金估值或份额净值计价错误率达到基金资产净值的 0.25%时，基金管理人应及时向中国证监会报告

D. 当基金估值或份额净值计价错误率达到基金资产净值的1%时，基金管理人应及时向中国证监会报告

27. 基金管理公司和基金托管人在进行基金估值、计算或复核基金份额净值的过程中，未能遵循相关法律法规规定或基金合同约定，给基金财产或基金份额持有人造成损害的，关于责任承担的说法，正确的是（　　）。

A. 由基金份额持有人自行承担损失

B. 无论责任主体是谁，一律由基金管理公司承担赔偿责任

C. 无论责任主体是谁，一律由基金托管人承担赔偿责任

D. 基金管理公司和基金托管人分别对各自行为依法承担赔偿责任

28. 关于基金资产估值需要考虑的因素，以下表述错误的是（　　）。

A. 我国封闭式基金每个交易日估值，每周披露一次基金份额净值

B. 交易所上市的股指期货合约以估值日结算价进行估值

C. 交易活跃的证券，直接采用交易价格进行估值

D. 海外基金的估值频率较低，一般是每半个月估值一次

29. 下列关于对存在活跃市场且能够获取相同资产或负债报价的投资品种进行基金估值应遵循的基本原则的表述，正确的是（　　）。

A. 在估值日有报价的，一律将该报价不加调整地应用于该资产或负债的公允价值计量

B. 估值日无报价且最近交易后未发生影响公允价值计量的重大事件的，应采用估值日之前一个月的加权平均交易价格确定公允价值

C. 有充足证据表明估值日或最近交易日的报价不能真实反映公允价值的，应对报价进行调整，确定公允价值

D. 投资品种相同，但具有不同特征的基金，应以相同资产或负债的公允价值确定公允价值，不考虑特征因素的影响

30. 根据《中国证监会关于证券投资基金估值业务的指导意见》的要求，使用可靠的估值业务系统，完善相关风险监测、控制和报告机制的主体是（　　）。

A. 中国基金业协会　　B. 基金托管人

C. 基金份额持有人　　D. 基金管理人

31. 假设某只基金持有的股票总市值为2 000万元，持有的债券总市值为1 000万元，应收债券利息320万元，银行存款余额30万元，对基金托管人和基金管理人应付未付的报酬为29万元，应付税费为21万元，基金总份额为2 000万份，当日该基金份额净值为（　　）元。

A. 1.60　　B. 1.62

C. 1.65　　D. 1.68

32. 下列各项关于基金份额净值的说法错误的是（　　）。

A. 可用来分析基金所投资的债券风险大小

B. 是计算申购基金份额的基础

C. 可以计算赎回基金份额时的资金金额

D. 可对基金的投资业绩进行评价

33. 下列关于基金资产估值的说法不正确的是（　　）。

A. 基金管理人是基金资产估值的责任人

B. 基金管理人有特殊要求的，基金托管人可不用复核基金管理人的估值结果

C. 基金管理人应充分理解相关估值原则及技术，与托管人充分协商，谨慎确定公允价值

D. 基金托管人在复核、审查基金资产净值以及基金份额申购、赎回之前，应认真审阅基金管理公司采用的估值原则和技术

34. 关于基金管理人的基金资产估值工作的表述，错误的是（　　）。

A. 应建立定期复核和审阅机制，以确保相关程序和技术不存在重大缺陷

B. 建立估值委员会，健全估值决策体系

C. 须与基金托管人、基金估值工作小组使用相同的估值系统

D. 应该制定相应的业务管理制度，明确基金估值的程序和技术

35. 关于基金托管人的基金估值责任的表述，不正确的是（　　）。

A. 基金托管人对基金管理人的估值原则及技术有异议的，以基金管理人的意见为准

B. 基金托管人对基金管理人的估值结果负有复核责任

C. 我国基金资产估值的责任人是基金管理人

D. 在复核基金管理人的估值结果之前，基金托管人应先审阅基金管理人的估值原则和技术

**二、问答题**

1. 基金管理过程中从基金资产中列支的费用有哪些？
2. 基金资产估值的基本原则是什么？

**三、思考题**

基金净值越高，风险越高吗？

# 第四章　基金的募集与交易

【内容概述】

基金的交易、申购和赎回可以为基金投资提供流动性，有利于促进基金对投资者的服务。本章要求学生掌握基金的募集方式和募集流程；了解封闭式基金上市交易的规则；掌握开放式基金申购、赎回和费用的计算；熟悉 ETF、LOF、分级基金等不同类型基金上市交易、申购和赎回的交易特点。

## 第一节　基金的募集与认购



### 一、基金的募集

基金的募集是指基金管理公司根据有关规定向中国证监会提交募集申请文件、发售基金份额、募集基金的行为。基金的募集与设立是证券投资基金投资的起点。只有符合一定资格条件的机构，才能作为基金发起人向监管部门申请设立基金。不同国家和地区对基金发起人的要求不同，目前在我国，公募基金的募集设立必须经中国证监会注册审查。

**拓展：我国申请募集基金应当具备的条件**

根据《公开募集证券投资基金运作管理办法》第六条规定，“申请募集基金，拟任基金管理人、基金托管人应当具备下列条件：拟任基金管理人为依法设立的基金管理公司或者经中国证监会核准的其他机构，拟任基金托管人为具有基金托管资格的商业银行或经中国证监会核准的其他金融机构；有符合中国证监会规定的、与管理和托管拟募集基金相适应的基金经理等业务人员；最近一年内没有因重大违法违规行为、重大失信行为受到行政处罚或者刑事处罚；没有因违法违规行为、失信行为正在被监管机构立案调查、司法机关立案侦查，或者正处于整改期间；最近一年内向中国证监会提交的注册基金申请材料不存在虚假记载、误导性陈述或者重大遗漏；不存在对基金运作已经造成或可能造成不良影响的重大变更事项，或者诉讼、仲裁等其他重大事项；不存在治理结构不健全、经营管理混乱、内部控制和风险管理制度无法得到有效执行、财务状况恶化等重大经营风险；中国证监会根据审慎监管原则规定的其他条件”。

第七条规定，“申请募集基金，拟募集的基金应当具备下列条件：有明确、合法的投资方向；有明确的基金运作方式；符合中国证监会关于基金品种的规定；基金合同、招募说明书等法律文件草案符合法律、行政法规和中国证监会的规定；基金名称表明基金的类别和投资特征，不存在损害国家利益、社会公共利益，欺诈、误导投资者，或者其他侵犯他人合法权益的内容；招募说明书真实、准确、完整地披露了投资者做出投资决策所需的重要信息，不存在虚假记载、误导性陈述或者重大遗漏，语言简明、易懂、实用，符合投资者的理解能力；有符合基金特征的投资者适当性管理制度，有明确的投资者定位、识别和评估等落实投资者适当性安排的方法，有清晰的风险警示内容；基金的投资管理、销售、登记和估值等业务环节制度健全，行为规范，技术系统准备充分，不存在影响基金正常运作、损害或者可能损害基金份额持有人合法权益、可能引发系统性风险的情形；中国证监会规定的其他条件”。

## 二、基金的募集程序

基金的募集一般要经过申请、注册、发售、基金合同生效四个步骤（见表4-1）。

**表4-1　基金的募集程序**

| 程序 | 募集人 | 受理机构 | 工作内容 | 工作期限 |
|---|---|---|---|---|
| 申请 | 基金管理人 | 中国证监会 | 提交基金募集申请报告、合同草案、基金托管协议草案、招募说明书草案、法律意见书等相关文件 | 申请材料的事项发生重大变化，应自变化发生之日起5个工作日内提交更新材料 |
| 注册 | | 中国证监会 | 注册审查 | 常规基金产品注册审查时间原则上不超过20个工作日，其他产品注册审查时间不超过6个月 |
| 发售 | 基金管理人 | | 基金份额发售3日前公布基金招募说明书、基金合同及其他文件；发售基金份额；将募集资金存入专门账户 | 自收到核准文件之日起6个月内进行基金份额的发售。募集期限一般不超过3个月 |
| 基金合同生效 | 基金管理人 | 中国证监会 | 1. 聘请法定验资机构验资；提交验资报告和备案申请；办理基金备案手续；发布基金合同生效公告<br>2. 封闭式基金合同生效需募集总额达核准规模的80%以上，持有人达200人以上<br>3. 开放式基金需满足募集份额总额不少于2亿份，金额不少于2亿元，持有人不少于200人 | 1. 基金管理人需在募集期限届满之日起10日内聘请验资机构验资<br>2. 收到验资报告和备案材料之日起3个工作日内，证监会要予以书面确认，自证监会书面确认之日起，基金合同生效<br>3. 基金管理人应于收到确认文件的次日发布公告 |

基金募集期限届满，不具备成立条件的，认定为基金募集失败，基金管理人应当在基金募集期限届满后30日内返还投资者已缴纳的款项，并加计银行同期存款利息，同时以固有财产承担因募集行为而产生的债务和费用。

**案例：市场竞争加剧，公募基金发行遇冷**

受赚钱效应减弱、市场竞争加剧等因素影响，2022年以来20只公募基金发行失败。据中新经纬统计，其中混合型基金共有11只，包括富国稳健恒远三年持有、国金成长领先、同泰自主创新、平安鑫源、中融景源等；债券型基金5只，包括宝盈鸿翔、德邦锐丰、长江丰益6个月持有等；股票型基金3只，包括中银证券国证新能源车电池ETF、平安中证港股通消费主题ETF、华富中证银行AH价格优选ETF；FOF基金1只，即汇添富积极投资指数优选。

实际上，随着这几年基金市场规模的快速扩充，基金产品数量屡创新高，再加上股市、债市基本行情不理想，基金产品发行失败的案例屡屡发生。早在2017年，就有多只公募基金募集失败的案例，比如国金鑫金、嘉合睿金定期开放混合、摩根士丹利华鑫多元安享18债券基金等，而在此前我国公募基金发展历史上从未出现过募集失败的情形。上海证券基金评价研究中心发布的《2021年上海证券公募新发基金年报》显示，2021年共有32只基金发行失败，上一个超过这个数字的年份是大熊市2018年，一共33只。过去10年，2011—2016年没有发行失败的基金；在2017—2021年，每年平均有23.6只基金发行失败。究其原因，是基金之间的竞争正在加剧，而这种现象可能仍将持续。

（资料来源：根据薛宇飞于2022年8月5日发表在《中新经纬》上的《市场竞争加剧 年内20只公募基金募集失败》一文整理）



## 三、基金的认购

基金的认购程序比较简单，但是不同类型的基金在具体操作中又有不同的认购方式。

1. 开放式基金的认购

开放式基金认购的特点如表4-2所示。

**表4-2 开放式基金认购的特点**

| 项目 | 具体要求 |
|---|---|
| 认购步骤 | 包括认购和确认两个步骤：<br>1. 认购：投资者填写认购申请表，全额交款，可多次认购，已正式受理的申请不得撤销<br>2. 确认：投资者于T日提交认购申购，T+2日查询受理情况，最终结果待基金募集期结束后确认 |
| 认购方式 | 采用金额认购的方式 |
| 认购费率 | 不同类型基金的认购费率不同，股票基金不超过1.5%，债券基金不超过1%，货币市场基金免收认购费 |

表4-2(续)

| 项目 | 具体要求 |
| --- | --- |
| 认购费用与认购份额计算公式 | 净认购金额=认购金额/（1+认购费率）<br>认购费用=认购金额-净认购金额<br>认购份额=（净认购金额+认购利息）/基金份额面值 |

2. 封闭式基金的认购

当前发行的封闭式基金通常为创新型封闭式基金。相较于传统的封闭式基金，创新型封闭式基金具有典型的半封闭和半开放的特征，当基金存续期内折价率连续达到一定范围时，可以召开基金份额持有人大会转换基金运作方式，转型为开放式基金（一般是 LOF），接受投资者赎回申请。

封闭式基金认购的特点如表 4-3 所示。

**表 4-3　封闭式基金认购的特点**

| 项目 | 具体要求 |
| --- | --- |
| 发售方式 | 包括网上发售和网下发售两种方式：<br>1. 网上发售是通过与证券交易所的交易系统联网的全国各地的证券营业部向公众发售基金份额<br>2. 网下发售是通过基金管理人指定的营业网点和承销商的指定账户向机构或个人投资者发售基金份额 |
| 认购程序 | 投资者需要开立沪、深证券账户或沪、深基金账户及资金账户，在资金账户中存入足够资金，提交认购申请 |
| 认购方式 | 采用份额认购的方式 |
| 认购价格 | 按 1.00 元募集，外加券商自行按认购费率收取的认购费 |

3. ETF 和 LOF 份额的认购

（1）ETF 份额的认购

与普通的开放式基金不同，ETF 份额认购的特点如表 4-4 所示。

**表 4-4　ETF 份额认购的特点**

| 项目 | 具体要求 |
| --- | --- |
| 认购方式 | ETF 份额认购分场内现金认购、场外现金认购和证券认购：<br>1. 场内现金认购是指投资者通过指定的基金发售代理机构参与证券交易所的网上定价发售<br>2. 场外现金认购是指投资者通过基金管理人及其指定的基金发售代理机构进行的认购<br>3. 证券认购是用指定证券换购 ETF 份额 |
| 认购渠道 | 1. 具有基金代销资格的证券公司营业网点<br>2. 基金管理人营业网点 |
| 认购开户 | 1. 场内现金认购需具有沪、深证券账户<br>2. 场外现金认购需具有开放式基金账户或沪、深证券账户<br>3. 证券认购需具有沪、深 A 股证券账户 |

（2）LOF 份额的认购

LOF 基金是模仿 ETF 基金而在国内创新出来的一种可在交易所上市交易的基金，目前国内只有深圳证券交易所开办 LOF 业务。LOF 份额认购的特点见表 4-5。

**表 4-5　LOF 份额认购的特点**

| 项目 | 具体要求 |
| --- | --- |
| 认购方式 | LOF 认购分场内认购和场外认购：<br>1. 场外认购的 LOF 份额注册登记在中国证券登记结算有限责任公司的开放式基金注册登记系统<br>2. 场内认购的 LOF 份额注册登记在中国证券登记结算有限责任公司的证券登记结算系统 |
| 认购渠道 | 1. 具有基金代销业务资格的证券经营机构营业网点<br>2. 基金管理人及代销机构的营业网点 |
| 认购开户 | 1. 场内认购需要深交所人民币普通证券账户或证券投资基金账户<br>2. 场外认购需要中国证券登记结算有限责任公司深交所开放式基金账户 |

4. QDII 基金份额的认购

QDII 基金主要投资于境外市场，其认购的特点如表 4-6 所示。

**表 4-6　QDII 基金认购的特点**

| 项目 | 具体要求 |
| --- | --- |
| 认购程序 | 与开放式基金基本相同，主要包括开户、认购、确认三个步骤 |
| 基金管理人 | 1. 必须具备合格境内机构投资者资格和经营外汇业务资格<br>2. 可以根据产品特点确定 QDII 基金份额面值的大小 |
| 计价货币 | 人民币、美元或其他外汇货币 |



**案例：万家宏观择时多策略混合基金招募说明书（节选）**

**第六部分　基金的募集**

九、认购安排

1. 认购时间

本基金的募集期及具体时间安排，请查阅本基金的基金份额发售公告。

2. 投资者认购应提交的文件和办理的手续

投资者认购应提交的文件和办理的手续，请详细查阅本基金的基金份额发售公告或销售机构网点公告。

3. 认购确认

当日（T 日）在规定时间内提交的申请，投资者通常可在 T+2 日后（包括该日）到基金销售网点查询交易情况。销售机构对投资者认购申请的受理并不表示对该申请的成功确认，而仅代表销售机构确实收到了认购申请。申请是否有效应以基金登记机构的确认登记为准。

投资者开户和认购所需提交的文件和办理的具体程序，请参阅基金份额发售公告。

4. 认购限制

(1) 本基金采用金额认购方式。

(2) 投资者认购基金份额采用全额缴款的认购方式。投资者认购时，需按销售机构规定的方式全额缴款。

(3) 投资者在募集期内可以多次认购基金份额，认购申请一经受理不得撤销。

(4) 募集期间单个投资者的累计认购规模没有限制。

(5) 募集期间，本基金对单个基金份额持有人持有基金份额的比例和数量不设上限限制。

(6) 投资者认购时，通过本基金的电子直销系统（网站、微交易）或非直销销售机构认购时，原则上，首次认购的单笔最低限额为人民币 10 元，追加认购单笔最低金额为人民币 10 元；投资者通过本基金的直销中心认购时，首次认购的单笔最低限额为人民币 100 元，追加认购单笔最低金额为人民币 100 元。各销售机构对本基金最低认购金额及交易差级有其他规定的，以各销售机构的业务规定为准。

(7) 投资者在募集期内多次认购的，按单笔认购金额对应的费率档次分别计费。认购申请一经销售机构受理，则不可撤销。

(8) 以上认购金额均含认购费。

十、基金的初始面值、认购价格和认购费用

1. 初始面值

本基金每份基金份额初始面值为人民币 1.00 元。

2. 认购价格

本基金认购价格为本基金基金份额初始面值，即 1.00 元/份。

3. 认购费用

(1) 本基金对通过基金管理人的直销中心认购的特定投资者群体与除此之外的其他投资者实施差别认购费率。

特定投资者群体指全国社会保障基金、依法设立的基本养老保险基金、依法制定的企业年金计划筹集的资金及其投资运营收益形成的企业补充养老保险基金（包括企业年金单一计划以及集合计划），以及可以投资基金的其他社会保险基金。如将来出现可以投资基金的住房公积金、享受税收优惠的个人养老账户、经养老基金监管部门认可的新的养老基金类型，基金管理人可将其纳入特定投资者群体范围。

特定投资者群体可通过本基金直销中心认购本基金。基金管理人可根据情况变更或增减特定投资者群体认购本基金的销售机构，并按规定予以公告。

(2) 本基金认购费由认购人承担，认购费不列入基金财产，主要用于基金的市场推广、销售、登记结算等募集期间发生的各项费用。

(3) 投资者多次认购时，需按单笔认购金额对应的费率分别计算认购费用（见表 4-7）。

表 4-7　本基金的认购费率

| 群体 | 认购费率 |
| --- | --- |
| 特定投资者群体 | 认购金额<100 万元，认购费率 0.12%<br>100 万元≤认购金额<300 万元，认购费率 0.08%<br>300 万元≤认购金额<500 万元，认购费率 0.04%<br>认购金额≥500 万元，认购费每笔 1 000.00 元 |
| 其他投资者 | 认购金额<100 万元，认购费率 1.2%<br>100 万元≤认购金额<300 万元，认购费率 0.8%<br>300 万元≤认购金额<500 万元，认购费率 0.4%<br>认购金额≥500 万元，认购费每笔 1 000.00 元 |

（资料来源：摘自 2017 年 2 月发布的《万家宏观择时多策略灵活配置混合型证券投资基金招募说明书》）

# 第二节　封闭式基金的交易

## 一、封闭式基金的上市交易条件

封闭式基金募集设立后，投资者不能在一级市场以基金净值进行交易。为解决投资者资金流通变现的需求，封闭式基金可以申请在二级市场上市交易，按二级市场交易价格进行买卖，直到到期日。

根据《证券投资基金法》第六十三条规定，封闭式基金份额上市交易，须经证券交易所依法审核同意，且同时满足以下条件：“（1）基金的募集符合本法规定；（2）基金合同期限为 5 年以上；（3）基金募集金额不低于 2 亿元人民币；（4）基金份额持有人不少于 1 000 人；（5）基金份额上市交易规则规定的其他条件。”

近年来，不少创新型封闭式基金成为各基金管理公司大力推广的产品，也在投资者中收获了不错的口碑。截至 2022 年 7 月，我国封闭式基金共计 1 238 只，基金份额 30 376.47 亿份，总规模 32 235.76 亿元。

## 二、封闭式基金的交易规则及要求

封闭式基金按照“价格优先、时间优先”的原则上市交易，具体交易规则等信息及要求见表 4-8。

表 4-8　封闭式基金的交易规则等信息及要求

| 项目 | 具体要求 |
| --- | --- |
| 交易规则 | 1. 交易原则：价格优先、时间优先<br>2. 报价单位：买入与卖出封闭式基金份额申报数量应当为 100 份或其整数倍，单笔最大数量应低于 100 万份，最小变动单位为 0.001 元人民币<br>3. 交割制度：T+1 交割 |

表4-8(续)

| 项目 | 具体要求 |
|---|---|
| 交易时间 | 周一至周五（法定公众节假日除外）9:30—11:30、13:00—15:00 |
| 交易费用 | 佣金起点为5元，不得高于成交金额的0.3%，交易不收取印花税 |
| 交易账户 | 1. 必须开立沪、深证券账户或沪、深基金账户及资金账户<br>2. 每个有效证件在同一市场可以开立3个封闭式基金账户<br>3. 每个投资者只能开设和使用一个资金账户 |
| 折（溢）价率 | 反映基金份额净值与二级市场交易价格的关系，大多数情况下为折价交易<br>折（溢）价率=（二级市场价格-基金份额净值）÷基金份额净值×100%<br>=（二级市场价格÷基金份额净值-1）×100% |

## 拓展：封闭式基金折价之谜的理论解释

对于封闭式基金的折价现象，许多金融学家提出了各种解释，这些解释总体上可以划分为两类：一类是古典经济学解释，代表性的理论解释有代理成本假说、市场分割假说等；另一类是行为金融学解释，代表性的理论解释有噪声交易理论、投资者情绪理论等。

1. 古典经济学解释

（1）代理成本假说。代理成本假说认为封闭式基金折价是因为基金运作产生了较高的管理成本，是管理成本超越基金未来业绩增长的一种反映。基金费率越高，其折价幅度也会越大。折价率较高的基金，往往未来的业绩表现也会比较差。

（2）市场分割假说。市场分割假说强调不同市场间因为流通不畅或者存在差异，导致同质产品在不同市场可能存在价格的差异。市场分割假说认为市场分割可能是导致封闭式基金折价的原因。

2. 行为金融学解释

（1）噪声交易理论。在有效市场假说中，证券价格与价值之间的偏差被称为噪声。噪声交易理论假定市场存在理性投资者和非理性投资者，理性投资者根据证券基本面的变化开展交易，而非理性投资者只根据噪声采取行动，且非理性投资者的交易行为无法预估。因此，对于理性投资者而言，不仅需要承担资产本身的风险，还需要承担非理性投资者的交易风险，因此证券价格可能会长期低于由基本面决定的价值，导致封闭式基金折价。

（2）投资者情绪理论。投资者情绪理论认为非理性投资者（又称为噪声交易者）的交易行为代表市场上的投资者情绪，封闭式基金的折价源于这些非理性投资者的情绪波动。

（资料来源：根据李曜和游搁嘉于2014年出版的《证券投资基金学（第4版）》相关资料整理）

## 第三节　开放式基金的申购与赎回

### 一、开放式基金的申购、赎回规则

开放式基金的基金合同生效后，基金管理人应于每个工作日办理基金份额的申购、赎回业务。开放式基金的申购、赎回规则见表 4-9。

表 4-9　开放式基金的申购、赎回规则

| 项目 | 具体要求 |
|---|---|
| 交易原则 | 1. 股票基金和债券基金：采用“未知价”原则，由于基金管理人于交易日结束后公告基金份额净值，投资者在申购、赎回时并不能即时获取成交价格<br>2. 货币市场基金：采用“确定价”原则，以份额净值 1 元为基准计算 |
| 交易方式 | 金额申购、份额赎回 |
| 交易渠道 | 通过基金管理人的直销中心与基金销售代理网点进行 |
| 款项支付 | 申购全额支付，赎回 7 日之内支付 |
| 登记办理 | T+1 日办理登记 |



### 二、申购份额与赎回金额的计算

1. 申购费用及申购份额的计算

2007 年 3 月，证监会发布《关于统一规范证券投资基金认（申）购费用及认（申）购份额计算方法有关问题的通知》，要求基金管理人将基金份额计算统一调整为外扣法。具体计算方法如下：

净申购金额 = 申购金额 / （1+申购费率）

申购费用 = 申购金额－净申购金额

申购份额 = 净申购金额 / 申购当日基金份额净值

2. 赎回费用及赎回金额的计算

赎回金额 = 赎回总额－赎回费用

赎回总额 = 赎回数量 × 赎回日基金份额净值

赎回费用 = 赎回总额 × 赎回费率

### 三、巨额赎回的认定及处理方式

《证券投资基金运作管理办法》规定，单个开放日基金净赎回申请超过基金总份额的 10%时，认定为巨额赎回。发生巨额赎回时，基金管理人可以根据基金当时的资产组合状况做出决定。

当认为有能力兑付投资者的全额赎回申请时，基金管理人可以按正常程序接受全额赎回。

当认为兑付投资者的赎回申请有困难，或者可能使基金份额净值发生较大波动时，基金管理人可以在当日接受赎回比例不低于上一日基金总份额10%的前提下，对其余赎回申请延期办理。对单个基金份额持有人的赎回申请，应当按照其申请赎回份额占申请赎回总份额的比例确定该单个基金份额持有人当日办理的赎回份额。未受理部分可以延迟到下一个开放日办理，不享有赎回优先权，并将以下一个开放日的基金份额净值为基准计算赎回金额。以此类推，直到全部赎回为止。

如果基金连续发生巨额赎回，如有必要，基金管理人可暂停接受赎回申请；已经接受的赎回申请可以延缓支付赎回款项，但不得超过正常支付时间20个工作日，并应当在指定媒体公告。

## 四、开放式基金的封闭期

开放式基金运作过程中，也有一段短暂的封闭期。中国证监会《公开募集证券投资基金运作管理办法》规定，开放式基金合同生效后，可以不在基金说明书规定的期限内办理赎回，但该期限最长不超过3个月。封闭期结束后，开放式基金将进入日常申购、赎回期。

除此以外，不少开放式基金也会发布日常申购、赎回业务公告，明确当发生特殊情形时，基金管理人可以申请暂停申购或赎回。比如，平安研究精选混合型基金在2021年6月发布的关于开放申购、赎回、转换、定期定额投资业务的公告中，就明确指出拒绝或暂停申购的情形，包括：①因不可抗力导致基金无法正常运作；②发生基金合同规定的暂停基金资产估值情况时，基金管理人可暂停接受投资人的申购申请；③证券、期货交易所交易时间非正常停市，或基金参与港股通交易且港股通暂停交易，导致基金管理人无法计算当日基金资产净值；④接受某笔或某些申购申请可能会影响或损害现有基金份额持有人利益；⑤基金资产规模过大，使基金管理人无法找到合适的投资品种，或其他可能对基金业绩产生负面影响，或发生其他损害现有基金份额持有人利益的情形；⑥当前一估值日基金资产净值50%以上的资产出现无可参考的活跃市场价格且采用估值技术仍导致公允价值存在重大不确定性时，经与基金托管人协商确认后，基金管理人应当暂停接受基金申购申请；⑦基金管理人接受某笔或者某些申购申请有可能导致单一投资者持有基金份额的比例达到或者超过50%，或者变相规避50%集中度的情形；⑧某笔或某些申购申请超过基金管理人设定的基金总规模、单日净申购比例上限、单个投资人单日或单笔申购金额上限的；⑨法律法规规定或中国证监会认定的其他情形。

### 案例：暂停基金申购——中石化要约收购事件

收购方中国石化是一家能源化工公司，主要从事石油与天然气勘探、开采、销售；石油炼制、石油化工、化纤、化肥及其他化工产品的生产与销售；石油、天然气管道运输；石油、天然气、石油产品、石油化工及其他化工产品技术的进出口业务。中国石化是中国最大的石油产品和主要石化产品的生产商和供应商，也是中国第二大原油生产商。公司于2000年10月18日、19日分别在香港、纽约、伦敦3地交易所成功发行上市；2001 年 8 月在上海证券交易所成功上市。截止到 2005 年年末其总股本为 867.02 亿股，其中中国石化集团公司持有的国有股占总股本的 71.23%，未流通的其他国有股和法人股占 62%，H 股占 19.31%，国内公众股占 32.3%。

被收购公司齐鲁石化、扬子石化、中原油气、石油大明都是中国石化下属的上市子公司。其中中原油气和石油大明是以石油和天然气开采为主导业务的企业，齐鲁石化和扬子石化是以石油化工产品为主营业务的企业。这 4 家公司的基本情况见表 4-10。

**表 4-10　4 家目标公司基本情况（2005 年年末）**

| 项目 | 齐鲁石化 | 扬子石化 | 中原油气 | 石油大明 |
| --- | --- | --- | --- | --- |
| 中国石化持股比例/% | 82.05 | 84.98 | 70.85 | 26.33 |

从中石化的发展战略考虑，此次要约收购主要是为了达到以下目的：一是整合下属上市公司资源，发挥协同效应，提升综合竞争力；二是减少管理层次，理顺管理体制；三是兑现 2000 年在香港上市之前对国际资本市场做出的关于使下属上市公司退市的承诺；四是 2005 年开始的股权分置改革对中国石化要约收购启动也有直接的推动作用。

于是，中国石化开始收购目标公司所有流通 A 股和非流通股。2006 年 2 月 8 日，4 家目标公司停牌，2 月 17 日目标公司复牌。表 4-11 是此次要约收购的溢价情况。



**表 4-11　本次要约收购的溢价情况**

| 项目 | 要约收购价格/元·股$^{-1}$ | 相对历史交易价格的溢价情况/% | | | | |
| --- | --- | --- | --- | --- | --- | --- |
| | | 停牌前 1 日收盘价 | 前 1 个月平均收盘价 | 前 3 个月平均收盘价 | 前 6 个月平均收盘价 | 前 1 年最高收盘价 |
| 齐鲁石化 | 10.18 | 24.4 | 18.0 | 28.3 | 38.6 | 12.6 |
| 扬子石化 | 13.95 | 26.2 | 19.3 | 28.5 | 36.6 | 10.0 |
| 中原油气 | 12.12 | 13.2 | 19.1 | 36.4 | 51.9 | 11.7 |
| 石油大明 | 10.30 | 16.9 | 19.4 | 43.8 | 58.2 | 14.1 |
| 算术平均 | | 20.2 | 19.0 | 34.3 | 46.3 | 12.1 |
| 加权平均 | | 21.2 | 19.0 | 33.1 | 44.6 | 11.8 |

此次要约收购的溢价比例较高，对齐鲁石化、扬子石化、中原油气、石油大明四公司的要约收购价格分别比其停牌收盘价溢价 24.4%、26.2%、13.2%、16.9%。基金公司在持有上述部分股票时，当时仍然按照停牌前最近一日收盘价估值，显然净值低估了，这种低估可能导致较可观的接近无风险套利收益，会导致巨额申购。为防止新申购资金摊薄现有基金份额持有人利益，经中国证监会批准，博时基金决定暂停该两只基金申购及转入业务。

（资料来源：根据 2006 年 2 月 16 日发布的《中国石化扬子石油化工股份有限公司要约收购报告书摘要》整理）

## 第四节 ETF 份额的上市交易与申购、赎回

### 一、ETF 份额折算

ETF 基金合同生效后便进入建仓期，一般不超过 3 个月，基金管理人通过逐步调整实际组合来满足跟踪指数的要求。

基金建仓期结束后，基金管理人会以某一选定日期作为基金份额折算日，以折算日标的指数收盘价的 1‰（或 1%）作为 ETF 基金份额净值，在保证基金资产不变的情况下，基金份额相应调整。基金份额折算对基金份额持有人的收益无实质性影响，调整后的基金份额持有人持有的基金份额占基金份额总额的比例不发生变化。

基于这一原则，假设确定 T 日为某 ETF 的份额折算日，T 日的基金资产净值为 $X$，基金份额总额为 $Y$。T 日所跟踪的标的指数收盘值为 $I$，如果以标的指数的 1‰作为折算后的基金份额净值，即该 ETF 折算后的份额净值为 $I/1\ 000$，基金份额折算比例的计算公式为

$$\text{折算比例}=\frac{X/Y}{I/1\ 000}$$

$$\text{折算后的份额}=\text{原持有份额}\times\text{折算比例}$$

举个例子，假设某投资者认购 4 000 份 ETF，基金份额折算日的基金资产净值为 4 127 000 230.95 元，折算前的基金份额总额为 4 013 057 000 份，当日标的指数收盘值为 945.45 元，则

折算比例＝(4 127 000 230.95÷4 013 057 000)÷(945.45÷1 000)＝1.087 728 73

该投资者折算后的基金份额＝4 000×1.087 728 73＝4 350.91（份）

ETF 份额折算由基金管理人办理，目的是将基金份额净值与标的指数最大化统一起来，方便投资者跟踪基金份额净值的变化，更直观地了解 ETF 的表现。

### 二、ETF 份额的上市交易

ETF 合同生效后，基金管理人可向证券交易所申请上市。与封闭式基金类似，ETF 上市后遵循以下交易规则：

（1）基金上市首日的开盘参考价为前一工作日基金份额净值；

（2）基金实行价格涨跌幅限制，涨跌幅比例为 10%，自上市首日起实行；

（3）基金买入申报数量为 100 份或其整数倍，不足 100 份的部分可以卖出；

（4）基金申报价格最小变动单位为 0.001 元。

基金管理人在每一交易日开市前需向证券交易所提供当日的申购、赎回清单。证券交易所在开市后根据申购、赎回清单和组合证券内各只证券的实时成交数据，计算并每 15 秒发布一次基金份额参考净值（IOPV），供投资者交易、申购、赎回基金份额时参考。

## 三、ETF 份额的申购与赎回

1. 申购和赎回的交易原则

投资者在办理基金申购、赎回业务时，可以通过基金管理人事前公告的代理券商或券商提供的其他方式办理，这属于场内申购赎回模式。部分 ETF 基金管理人还提供场外申购赎回模式，即投资者可以用现金方式，通过场外代理机构办理申购赎回业务。

（1）交易方式上，场内申购赎回模式采用份额申购、份额赎回的方式，即 ETF 申购和赎回均以份额申请；场外申购赎回模式采用金额申购、份额赎回的方式，即 ETF 申购以金额申请，赎回以份额申请。

（2）交易对价上，场内申购赎回采用组合证券、现金替代、现金差额及其他对价。场外申购赎回模式的申购对价和赎回对价均为现金。

（3）申购和赎回申请提交后不得撤销。

2. 申购和赎回的具体交易规则

结合基本交易原则，ETF 份额的申购和赎回交易规则详见表 4-12。

**表 4-12　ETF 份额的申购与赎回交易规则**

| 项目 | 具体要求 |
| --- | --- |
| 交易场所 | 场内申购赎回通过代理券商或代理券商提供的其他方式，场外申购赎回通过代理机构办理 |
| 交易时间 | 基金份额折算日之后可开始办理申购 ETF，基金合同生效日后不超过 3 个月的时间起开始办理赎回。申购、赎回业务开放日的开放时间为 9:30—11:30 和 13:00—15:00 |
| 数额限制 | ETF 的最小申购和赎回单位一般为 50 万份或 100 万份，具体视产品而定 |
| 交易程序 | 1. 提出申购和赎回申请：投资者申购基金时需根据申购和赎回清单备足相应数量的股票和现金；投资者提交赎回申请时必须持有足够的基金份额余额和现金<br>2. 确认申购和赎回申请：申购和赎回申请在受理当日进行确认，投资者可在申请当日通过其办理申购和赎回的销售网点查询确认情况<br>3. 清算交收与登记：投资者 T 日申购和赎回成功后，登记结算机构在 T+1 日办理现金替代等的交收以及现金差额的清算，在 T+2 日办理现金差额的交收，并将结果发送给申购和赎回代理券商、基金管理人和基金托管人 |
| 对价及费用 | 1. 对价：场内申购和赎回时，交付组合证券、现金替代、现金差额及其他对价；场外申购和赎回时，交付现金对价<br>2. 费用：申购或赎回代理券商按照 0.5%的标准收取佣金，其中包含证券交易所、登记结算机构等收取的相关费用 |

3. 申购赎回清单

从表 4-13 显示的华安上证 180ETF 申购赎回清单中可知，ETF 申购赎回清单公告内容主要包括最小申购、赎回单位所对应的组合证券内各成分证券数据、现金替代、基金份额净值、T-1 日现金差额、T 日预估现金部分及其他相关内容。

**表 4-13　华安上证 180ETF2022 年 9 月 30 日公布的申购赎回清单**

| 基本信息 | | | | | |
|---|---|---|---|---|---|
| 最新公告日期 | | | 2022-09-30 | | |
| 基金名称 | | | 上证 180 交易型开放式指数证券投资基金 | | |
| 基金管理公司名称 | | | 华安基金管理有限公司 | | |
| 基金代码 | | | 510180 | | |
| 2022-09-29 日内容信息 | | | | | |
| 现金差额（单位：元） | | | ¥-133 896.60 | | |
| 最小申购、赎回单位净值（单位：元） | | | ¥1 693 227.40 | | |
| 基金份额净值（单位：元） | | | ¥3.386 5 | | |
| 2022-09-30 日内容信息 | | | | | |
| 最小申购、赎回单位的预估现金部分（单位：元） | | | ¥-138 598.60 | | |
| 现金替代比例上限 | | | 50% | | |
| 申购上限 | | | 无 | | |
| 赎回上限 | | | 100 000 000 | | |
| 是否需要公布 IOPV | | | 是 | | |
| 最小申购、赎回单位（单位：份） | | | 500 000 | | |
| 申购赎回的允许情况 | | | 申购和赎回皆允许 | | |
| 成分股信息内容 | | | | | |
| 证券代码 | 证券简称 | 股票数量（股） | 现金替代标志 | 申购现金替代溢价比率 | 赎回现金替代折价比率 |
| 600000 | 浦发银行 | 1 900 | 允许 | 10% | 0% |
| 600009 | 上海机场 | 200 | 允许 | 10% | 0% |
| 600010 | 包钢股份 | 3 600 | 允许 | 10% | 0% |
| 600011 | 华能国际 | 700 | 允许 | 10% | 0% |
| …… | | | | | |
| 688396 | 华润微 | 200 | 允许 | 10% | 0% |
| 688599 | 天合光能 | 200 | 允许 | 10% | 0% |
| 688981 | 中芯国际 | 300 | 允许 | 10% | 0% |

注：数据来自上海证券交易所网站公告。

（1）最小申购、赎回单位及其所对应的组合证券。组合证券是指基金标的指数所包含的全部或部分证券。申购清单和赎回清单将公告最小申购、赎回单位所对应的各成分的证券名称、证券代码及数量。华安上证 180ETF 的最小申购、赎回单位为 50 万份，对应成分股包括浦发银行、上海机场、包钢股份、华能国际等一篮子组合证券。

（2）现金替代。如果成分股股票停牌等特殊情况导致投资者无法顺利进行 ETF 申购，为提高基金运作效率，允许投资者采用现金替代的方法。现金替代是指申购和赎回过程中，投资者按基金合同和招募说明书的规定，用于替代组合证券中部分证券的一定数量的现金。现金替代分为允许现金替代、必须现金替代和禁止现金替代三种类型。

对于使用现金替代的证券，基金管理人需要在证券恢复交易之后买入，而买入的实际价格加上交易费用后可能与投资者申购时的价格存在差异。为此，基金管理人在申购赎回清单中会明确现金替代溢价比例，预先冻结投资者的相应资金，事后按照多退少补的原则进行现金差额结算。

（3）现金差额。T-1 日现金差额将在 T 日的申购赎回清单中公告。在投资者申购时，如现金差额为正数，则投资者应根据其申购的基金份额支付相应的现金；如现金差额为负数，则投资者将根据其申购的基金份额获得相应的现金。在投资者赎回时，如现金差额为正数，则投资者将根据其赎回的基金份额获得相应的现金；如现金差额为负数，则投资者应根据其赎回的基金份额支付相应的现金。

（4）预估现金部分。预估现金部分是指为便于计算基金份额参考净值及申购和赎回，参与券商预先冻结申请申购、赎回的投资者的相应资金，由基金管理人计算的现金数额。

## 第五节　其他基金的上市交易、申购与赎回



### 一、LOF 的上市交易、申购和赎回

与 ETF 一样，LOF 也具备开放式基金可以申购、赎回以及场内交易的特点，其具体交易特点见表 4-14。

**表 4-14　LOF 的交易特点**

<table>
<tr><th>项目</th><th colspan="2">具体要求</th></tr>
<tr><td>上市交易原则</td><td colspan="2">1. 买入 LOF 申报数量应当为 100 份或其整数倍，申报价格最小变动单位为 0.001 元<br>2. 实行价格涨跌幅限制，涨跌幅比例为 10%，自上市首日起执行<br>3. T 日卖出基金份额后的资金 T+1 日即可到账，而赎回资金至少 T+2 日到账<br>4. 基金上市首日的开盘参考价为上市首日前一交易日的基金份额净值</td></tr>
<tr><td rowspan="3">申购和赎回</td><td>交易场所</td><td>注册登记在开放式基金登记结算系统（TA 系统）内的基金份额，可通过基金管理人及其代销机构在场外办理 LOF 的申购和赎回；登记在证券登记系统内的基金份额，也可以通过具有基金代销业务资格且符合风险控制要求的深交所会员单位在场内办理申购和赎回</td></tr>
<tr><td>交易方式</td><td>采用“金额申购、份额赎回”方式</td></tr>
<tr><td>交易程序</td><td>T 日在深交所申购的基金份额，T+1 日可在深交所卖出或赎回；T 日买入的基金份额，T+1 日可以在深交所卖出或者赎回</td></tr>
</table>

表4-14(续)

| 项目 | 具体要求 | |
|---|---|---|
| 份额转托管 | 系统内转托管 | 投资者将托管在某证券经营机构的 LOF 份额转托管到其他证券经营机构（场内到场内），或将托管在某基金管理人或其代销机构的 LOF 份额转托管到其他基金代销机构或基金管理人（场外到场外） |
| | 跨系统转托管 | 投资者将托管在某证券经营机构的 LOF 份额转托管到基金管理人或代销机构（场内到场外），或将托管在基金管理人或其代销机构的 LOF 份额转托管到某证券经营机构（场外到场内） |

## 二、QDII 基金的申购和赎回

QDII 基金的申购和赎回渠道、开放时间、交易原则与程序以及巨额赎回的处理办法等，基本与一般开放式基金类似，但在交易币种、申购和赎回登记等方面，仍然具有它的独特性，具体见表 4-15。

**表 4-15 QDII 基金的申购和赎回与一般开放式基金的区别**

| 项目 | 具体要求 |
|---|---|
| 币种 | 一般使用人民币，但在法规允许范围内也接受其他币种，需提前公告 |
| 申购和赎回登记 | 1. T 日提交申购申请，投资者可在 T+3 日到销售网点柜台或以销售机构规定的其他方式查询申请的确认情况<br>2. T 日提交赎回申请，基金管理人将在 T+10 日（包括该日）内支付赎回款项 |
| 拒绝或暂停申购的情形 | 由于 QDII 基金主要投资于海外市场，拒绝或暂停申购的情形与一般开放式基金有所不同 |

**【能力训练】**

### 项目四 如何看待开放式基金买卖的短线操作

**模拟情境**

某年年初，王先生购买了开放式基金 A，净值为 1.100 0 元/份，共计 3 万份。短期持有后，该基金净值上升为 1.150 0 元/份，王先生将该基金出售。同时，王先生又购买了开放式基金 B，净值为 0.950 0 元/份，共计 3 万份。短期持有后，该基金净值上升为 0.980 0 元/份，王先生再次将该基金抛售。假设开放式基金的赎回费率为 1.5%，申购费率为 1.0%。

**实训要求**

(1) 计算一下王先生这次短期频繁操作的经历到底挣了多少钱？申购、赎回的交易费用共计多少？

(2) 思考王先生的投资经历能给我们带来怎样的启示。

## 【课后练习】

### 一、选择题

1. 开放式基金份额的认购、申购和赎回业务可以由（　　）直接办理，也可以由其委托其他机构代为办理。

A. 基金发起人　　B. 基金管理人

C. 基金投资人　　D. 基金托管人

2. 以下有关巨额赎回的处理措施，不符合有关规定的是（　　）。

A. 部分延期赎回

B. 出现部分延期赎回时，基金管理人应在指定媒体公告

C. 接受全额赎回

D. 延期至下一开放日的赎回申请享有赎回优先权

3. 下列关于开放式基金认购程序的描述错误的是（　　）。

A. 投资者在认购时需要提前在基金管理公司开立证券账户

B. 投资者可以在募集期内多次认购基金份额

C. 投资者在提出认购申请时需要全额缴款

D. 投资者的认购是否成功需要经过注册登记机构的确认

4. 投资者基金份额账户由（　　）建立。

A. 基金托管人　　B. 基金销售机构

C. 基金注册登记机构　　D. 中央结算公司

5. 基金注册登记机构的主要职责包括（　　）。

Ⅰ. 建立并管理投资者基金份额账户

Ⅱ. 负责基金份额登记，确认基金交易

Ⅲ. 发放红利

Ⅳ. 建立并保管基金投资者名册

A. Ⅰ、Ⅱ、Ⅲ　　B. Ⅰ、Ⅱ、Ⅲ、Ⅳ

C. Ⅱ、Ⅲ、Ⅳ　　D. Ⅱ、Ⅳ

6. 封闭式基金单笔最大数量应当低于（　　）。

A. 100 份　　B. 100 万份

C. 200 份　　D. 200 万份

7. 关于开放式基金认购，以下表述错误的是（　　）。

A. T 日提交的认购申请，T+2 日才能查询受理情况

B. 认购的结果要待基金募集结束后才能确认

C. 认购通常采用份额认购的方式

D. 正式受理的认购申请不得撤销

8. 根据《证券投资基金法》的规定，基金募集期限届满不能满足募集要求的，基金管理人应当承担的责任不包括（　　）。

A. 代销机构支付的各项成本及费用

B. 以固有财产承担因募集行为而产生的费用

C. 以固有财产承担因募集行为而产生的债务

D. 在募集期限届满 30 天内返还投资人已交纳的款项，并加计银行同期存款利息

9. 基金募集失败后，所筹集的资金加银行同期存款利息退还基金投资人的期限是募集期限届满后（　　）。

A. 10 个工作日内　　B. 10 日内

C. 30 个工作日内　　D. 30 日内

10. 某投资者以 5 万元认购某一开放式基金份额，该基金认购费率为 1.5%，认购期间产生利息 15 元，每一基金份额的面值为 1 元，则该投资者可以认购的基金份额为（　　）。

A. 49 261.08　　B. 49 276.08

C. 49 250.00　　D. 49 265.00

11. 根据《证券投资基金法》的规定，封闭式基金成立的最低要求为（　　）。

A. 基金份额持有人人数达到 10 000 人以上

B. 基金份额总额超过核准的最低募集份额总额

C. 基金份额总额达到核准规模的 60%以上

D. 基金份额总额达到核准规模的 80%以上



12. 某投资人投资 3 万元认购某开放式基金，认购资金在募集期间产生的利息为 5 元，其对应的认购费率为 1.8%，基金份额面值为 1 元，则其认购费用为（　　），认购份额为（　　）。

A. 525.45；29 474.55　　B. 525.45；30 000

C. 530.45；29 469.55　　D. 530.45；29 474.55

13. 在基金认购时不收费，在基金赎回时才支付认购费用的收费模式称为（　　）。

A. 前端收费模式　　B. 净额收费模式

C. 后端收费模式　　D. 全额收费模式

14. 一般情况下，已经正式受理的基金认购申请（　　）。

A. 不得撤销

B. 可以撤销

C. 可以撤销，但必须在 3 日内提出

D. 在基金登记前可随时撤销

15. 基金管理人应当自收到投资者的申购（认购）、赎回申请之日起（　　）个工作日内，对该申购（认购）、赎回申请的有效性进行确认。

A. 1　　B. 2

C. 3　　D. 5

16. 目前，我国股票型基金的认购费率一般按照认购金额设置不同的费率标准，最高一般不超过（　　）。

A. 1%　　B. 1.5%

C. 2%　　D. 3%

17. 关于开放式基金认购与开放式基金申购的差别，下列论述错误的是（　　）。

A. 认购份额要在基金合同生效时确认；申购份额在T+2日之内确认

B. 认购费一般低于申购费

C. 认购是按1元进行认购，而申购通常是按未知价确认

D. 认购份额在T+2日确认，但在封闭期后才能出售；申购份额在T+2日确认，确认后的下一个工作日便可赎回

18. 某投资者通过场外（某银行）投资50万元申购某上市开放式基金，假设基金管理人规定的申购费率为1.2%，则该投资者的净申购金额为（　　）元。

A. 494 071.15　　B. 448 522.22

C. 496 781.62　　D. 536 119.85

19. 基金份额的发售机构是（　　）。

A. 基金管理人　　B. 基金托管人

C. 基金销售机构　　D. 基金注册登记机构

20. 当基金连续（　　）个开放日以上发生巨额赎回，如基金管理人认为有必要，可暂停接受赎回申请。

A. 1　　B. 2

C. 5　　D. 10

21. 有关开放式基金申购、赎回的原则，下列说法正确的是（　　）。

A. 基金赎回实行“已知价”原则

B. 开放式基金实行“金额申购、份额赎回”原则

C. 申购实行“已知价”原则

D. 赎回原则为“金额赎回”原则

22. 封闭式基金的合同生效的条件之一是封闭式基金募集期限届满，基金份额持有人人数到达（　　）人以上。

A. 50　　B. 200

C. 100　　D. 300

23. 基金募集是基金公司根据有关规定（　　）发售基金份额，募集资金的行为。

A. 进行市场营销

B. 向中国证监会提交募集申请文件

C. 召开投资者大会

D. 制定发售方案

24. 关于基金份额认购的收费模式的表述，正确的是（　　）。

A. 存在前端收费和后端收费两种模式

B. 后端收费模式是指在认购基金份额时就支付费用

C. 前端收费的认购费率一般会随着基金持有时间的延长而递减

D. 前端收费模式是指在认购基金份额时不收费

25. 某投资者赎回上市开放式基金 1 万份基金单位，持有时间为 1 年半，对应的赎回费率为 0.5%。假设赎回当日基金单位净值为 1.025 元，则其可得净赎回金额为（　　）元。

A. 10 197.75　　B. 10 198.75

C. 12 187.68　　D. 12 189.68

26. 目前，我国货币型基金一般认购费为（　　）。

A. 1%　　B. 1.5%

C. 2%　　D. 0

27. 申请封闭式基金份额上市交易，应当符合的条件有（　　）。

Ⅰ. 基金合同期限为 5 年以上

Ⅱ. 基金募集金额不低于 5 亿元人民币

Ⅲ. 基金份额持有人不少于 2 000 人

Ⅳ. 基金的募集符合《证券投资基金法》规定

A. Ⅰ、Ⅱ、Ⅲ　　B. Ⅰ、Ⅱ、Ⅲ、Ⅳ

C. Ⅰ、Ⅳ　　D. Ⅱ、Ⅲ、Ⅳ



28. 单个开放日基金净赎回申请超过基金总份额的（　　）时，为巨额赎回。

A. 5%　　B. 8%

C. 10%　　D. 20%

29. 开放式基金中，投资者赎回基金份额成功后，登记机构一般在（　　）日为投资者办理扣除权益的登记手续。

A. T　　B. T+1

C. T+2　　D. T+n

30. 下列关于开放式基金巨额赎回的描述错误的是（　　）。

A. 出现巨额赎回时，至少需要接受额度占基金总份额 10%的赎回请求

B. 被延期的赎回请求，在下一开放日办理，并享有优先赎回权

C. 连续 2 个开放日以上出现巨额赎回，如基金管理人认为有必要，可暂停接受赎回请求

D. 对于超过基金总份额 10%的部分赎回请求，可以延期赎回

## 二、问答题

1. 基金募集失败，基金管理人应承担什么责任？

2. 面对开放式基金的巨额赎回，基金管理人的处理方式是什么？

3. ETF 申购赎回清单包含哪些内容？

## 三、计算题

某投资者在2022年4月26日，申购诺安策略精选股票基金20 000元，申购费率1.5%，申购时基金份额净值1.706 5元；8月17日该投资者将基金份额全部赎回，赎回费率0.5%，赎回时基金份额净值2.034 2元。请计算下列问题：

（1）该只基金的净申购金额是多少?

（2）该只基金的申购费用是多少?

（3）该只基金申购的份额是多少?

（4）该只基金赎回金额是多少?

（5）该只基金赎回的费用是多少?

# 第五章　基金的利润分配与税收

【内容概述】

基金运作管理产生的利润是基金利润分配的基础，基金利润分配是基金份额持有人取得投资收益的基本方式。本章要求学生掌握基金的主要利润来源、利润分配方式以及不同类型基金在利润分配方式上的区别；同时需要了解基金本身、基金管理人与托管人、投资者买卖基金所涉及的税收内容。

## 第一节　基金利润



### 一、基金利润概述

1. 基金利润的来源

基金利润是指基金在一定会计期间所产生的经营成果，包括基金收入在扣除相关基金运营费用后的净额、直接计入当期利润的利得和损失等。其中，基金收入是基金利润的重要来源。

不同类型的基金在投资目标、投资对象、投资策略上均有不同，因此其收入的组成来源也不相同。我国证券投资基金的收入来源主要分为以下四种类型：

（1）利息收入

利息收入是指基金因银行存款、债券投资、结算备付金、资产支持证券投资、证券出借、按买入返售协议融出资金等而实现的利息收益，具体包括存款利息收入、债券利息收入、资产支持证券利息收入、证券出借利息收入、买入返售金融资产收入等。

债券基金投资于政府债券、企业债券、金融债券等，其收益主要是债券的利息。货币市场基金投资于银行存款、大额存单、短期国债、中央银行票据等货币市场工具，其收益主要也由利息组成。对债券基金和货币市场基金而言，利息收入往往是其收益的主要来源。

（2）投资收益

投资收益是指基金因买卖股票、基金、债券或其他有价证券等而实现的差价收益，因买入并持有股票、基金等而获得的股利收益，以及衍生工具投资产生的相关损益。其具体包括股票投资收益、基金投资收益、债券投资收益、资产支持证券投资收益、贵金属投资收益、股利收益、衍生工具收益等。

其中，股利收益包括红利和股息收入。股息是指股份公司从提取了公积金、公益金的税后利润中按照股息率派发给股东的收益；红利则是在上市公司分派股息之后按持股比例向股东分配的剩余利润。股息和红利往往统称为股利。

（3）公允价值变动损益

2007 年，我国证券投资基金业实行新《企业会计准则》，基金的“未实现资本利得”更名为“公允价值变动损益”，是指基金持有的采用公允价值模式计量的交易性金融资产、交易性金融负债等公允价值变动形成的应计入当期损益的利得或损失，并于估值日对基金资产按公允价值估值时予以确认。

（4）其他收入

其他收入是指除上述收入以外的其他各项收入，包括赎回费扣除基本手续费后的余额、买入返售证券收入、手续费返还、ETF 替代损益，以及基金管理人等机构为弥补基金财产损失而付给基金的赔偿款项等。这些收入项目一般根据发生的实际金额确认。

易方达供给改革灵活配置混合型基金 2022 年中期报告利润表节选见表 5-1。

**表 5-1　易方达供给改革灵活配置混合型基金 2022 年中期报告利润表节选**

| 项目 | 本期（元）<br>2022. 01. 01—2022. 06. 30 | 上年度可比期间（元）<br>2021. 01. 01—2021. 06. 30 |
|---|---|---|
| 一、营业总收入 | 521 654 565. 60 | 210 695 634. 48 |
| 1. 利息收入 | 872 809. 57 | 760 238. 45 |
| 其中：存款利息收入 | 872 809. 57 | 760 238. 45 |
| 债券利息收入 | — | — |
| 资产支持证券利息收入 | — | — |
| 买入返售金融资产收入 | — | — |
| 证券出借利息收入 | — | — |
| 其他利息收入 | — | — |
| 2. 投资收益（损失以“-”填列） | 215 566 996. 60 | 47 448 546. 50 |
| 其中：股票投资收益 | 141 756 527. 18 | -3 192 885. 24 |
| 基金投资收益 | — | — |
| 债券投资收益 | — | — |
| 资产支持证券投资收益 | — | — |
| 贵金属投资收益 | — | — |
| 衍生工具收益 | — | — |
| 股利收益 | 73 810 469. 42 | 50 641 431. 74 |
| 其他投资收益 | — | — |

表5-1(续)

| 项目 | 本期（元）2022.01.01—2022.06.30 | 上年度可比期间(元) 2021.01.01—2021.06.30 |
|---|---|---|
| 3. 公允价值变动损益（损失以“-”填列） | 297 181 826.41 | 143 461 528.20 |
| 4. 汇兑收益（损失以“-”填列） | — | — |
| 5. 其他收入（损失以“-”填列） | 8 032 933.02 | 19 025 321.33 |

注：摘自《易方达供给改革灵活配置混合型证券投资基金2022年中期报告》。

2. 与基金利润相关的概念

投资者分析所持有的基金利润水平，可以通过本期已实现收益、本期利润、期末可供分配利润以及未分配利润等财务指标进行参考。

（1）本期已实现收益

本期已实现收益是指一定时期内基金收入（包括利息收入、投资收益、其他收入，不含公允价值变动损益）扣减相关费用后的余额，反映基金在会计期间已经实现的损益，不包括未实现的估值损益。

（2）本期利润

本期利润是基金在一定时期内全部损益的总和，包括计入当期损益的公允价值变动损益。该指标既包括基金已经实现的损益，又包括未实现的估值增值或减值，是一个能够全面反映基金在一定时期内经营成果的指标。

（3）期末可供分配利润

期末可供分配利润是指期末可供基金进行利润分配的金额，为期末资产负债表中未分配利润与未分配利润中已实现部分的孰低数。由于基金本期利润包括已实现和未实现两部分，如果期末未分配利润的未实现部分为正数，则期末可供分配利润的金额为期末未分配利润的已实现部分；如果期末未分配利润的未实现部分为负数，则期末可供分配利润的金额为期末未分配利润（已实现部分扣减未实现部分）。

（4）未分配利润

未分配利润是基金进行利润分配后的余额。未分配利润将转入下期分配。

## 二、基金利润分配

1. 利润分配的对象

与股票收益分配类似，基金公司往往会公告获得基金收益分配权的权益登记日，在该登记日交易结束后，持有基金份额的投资者都有权获得基金的利润分配。因此，基金利润分配的对象是指在权益登记日持有基金份额的投资者。

2. 利润分配的原则

基金利润分配后，并不会增加投资者的额外收入，对投资者的利益没有实质性影响，但会导致基金份额净值下降。

举个例子，某只开放式基金在利润分配前的份额净值是1.461 4元，假设每份基金分配0.047 3元，在进行分配后基金的份额净值将下降到1.414 1元。虽然基金份额净值下降了，但并不意味着投资者收益产生损失。假设一个投资者在该基金中拥有 10 000 份的基金份额，利润分配前该投资者所持有的基金总价值为 14 614 元（1.461 4 × 10 000），利润分配后该投资者获得了 473 元（0.047 3 × 10 000）的现金分红，基金总价值变为 14 141 元（1.414 1 × 10 000），与现金分红合计仍为 14 614 元。对投资者而言，利润分配前后的总价值不变。

3. 利润分配的方式

基金利润分配通常采用现金分红、分红再投资转换为基金份额两种方式。

（1）现金分红。这是目前最普遍采用的一种基金分红形式，是指基金管理人按照基金利润情况以及投资者持有基金份额的数量，将利润以现金的方式派发给投资者的一种分红方式。

（2）分红再投资转换为基金份额。该方式又称为红利再投资，是指将应分配的净利润按除息后的份额净值折算为新的基金份额进行基金收益分配。

《证券投资基金运作管理办法》规定，“基金收益分配应当采用现金方式。开放式基金的基金份额持有人可以事先选择将所获分配的现金收益，按照基金合同有关基金份额申购的约定转为基金份额；基金份额持有人事先未做出选择的，基金管理人应当支付现金”。

4. 不同类型基金的利润分配

（1）封闭式基金的利润分配

《公开募集证券投资基金运作管理办法》规定：封闭式基金的收益分配，每年不得少于一次；封闭式基金年度收益分配比例不得低于基金年度可供分配利润的 90%。基金收益分配后基金份额净值不得低于面值。

封闭式基金只能采用现金分红。

例如，某封闭式基金 2020 年可实现净收益-100 万元，2021 年实现净收益 300 万元，那么此基金最少应分配收益 180 万元［(300-100)×90%］。

（2）开放式基金的利润分配

根据规定，我国开放式基金应当在基金合同中明确约定每年基金利润分配的最多次数和基金利润分配的最低比例。每单位基金份额都享有同等分配权，但基金利润分配后的基金份额净值不能低于面值。开放式基金可以采用现金分红的方式，也可以采用分红再投资转换为基金份额的方式，一般默认采用现金分红的方式。

（3）货币市场基金的利润分配

《货币市场基金监督管理办法》第十条规定：“对于每日按照面值进行报价的货币市场基金，可以在基金合同中将收益分配的方式约定为红利再投资，并应当每日进行收益分配。”

《货币市场基金监督管理办法》第十五条规定：“当日申购的基金份额自下一个交易日起享有基金的分配权益，当日赎回的基金份额自下一个交易日起不享有基金的分配权益，但中国证监会认定的特殊货币市场基金品种除外。”

按照上述规定，法定节假日前最后一个交易日申购，不享受假期分红；节假日前最后一个交易日赎回，享受假期分红。比如，2021 年 10 月 1 日至 7 日为法定休假日，假设投资者在 9 月 30 日申购了货币市场基金份额，那么投资者从 10 月 8 日开始享有基金利润分配；如果投资者在 9 月 30 日赎回了持有的基金份额，那么投资者可以享有直至 10 月 7 日内该基金的利润分配。

5. 基金份额的分拆、合并

基金运作过程中往往面临一种奇怪的现象，当基金管理人努力将基金的业绩做好，基金份额净值不断升高的时候，不成熟的投资者就会有“净值恐高症”，开始大量赎回持有的份额。这种现象一直困扰基金管理人，一方面基金要有好的业绩，另一方面又不能让基金总规模下降，为此，基金公司就采用基金分拆的方式来调整。

基金份额的分拆是对基金资产进行重新计算，在保证投资者投资总额不发生变化的情况下，将一份基金按照一定的比例分拆成若干份，人为降低基金份额净值的过程。比如，某基金公司将一只开放式基金进行拆分，净值从原来的 1.8 元降到 1 元，同时，原来持有的基金份额相应同比例扩大 1.8 倍，如果投资者原来持有 1 万份该基金，那么拆分后总份额就变成了 1.8 万份。对于该投资者而言，基金净值降低 1.8 倍，基金份额增加 1.8 倍，投资总额不变。对于该基金本身而言，份额分拆只是通过调整份额数量降低基金份额净值，并不影响基金的已实现收益、未实现利得等。但是，基金份额净值从 1.8 元降到 1 元，该基金“便宜”了很多，小小的变动可能会带来申购数量的增加，为基金公司带来巨大收益。

相反地，当基金份额净值过低时，基金公司也可以通过基金份额的合并来提高其净值，这种行为通常称为基金份额的合并。

然而，基金份额的分拆和基金分红不同，虽然都可以降低基金份额净值，但基金份额的分拆更类似于基金分红中红利再投资的模式。如果投资者选择现金分红的方式，基金分拆和现金分红还是有较大的差异：①投资者获得现金分红时，其基金份额并不发生改变；②现金分红意味着大量现金流出，基金的总资产规模会随之发生变化；③现金分红时机的选择也与基金分拆时机的选择有所不同，现金分红时机的选择更为严格。



**案例：易方达价值精选混合型证券投资基金 2022 年 3 月分红公告**（见表 5-2）

**表 5-2　易方达价值精选混合型证券投资基金 2022 年 3 月分红公告**

| | |
|---|---|
| 基金名称 | 易方达价值精选混合型证券投资基金 |
| 基金简称 | 易方达价值精选混合 |
| 基金主代码 | 110009 |
| 基金合同生效日 | 2006 年 6 月 13 日 |
| 基金管理人名称 | 易方达基金管理有限公司 |
| 基金托管人名称 | 中国工商银行股份有限公司 |
| 公告依据 | 《公开募集证券投资基金信息披露管理办法》《易方达价值精选混合型证券投资基金基金合同》《易方达价值精选混合型证券投资基金更新的招募说明书》 |

表5-2(续)

| | | |
|---|---|---|
| 收益分配基准日 | | 2021 年 12 月 31 日 |
| 截至收益分配基准日的相关指标 | 基准日基金份额净值（单位：元） | 1. 620 4 |
| | 基准日基金可供分配利润(单位:元) | 1 591 992 638. 40 |
| | 截至基准日按照基金合同约定的分红比例计算的应分配金额（单位：元） | 698 332 953. 14 |
| 本次分红方案（单位：元/10 份基金份额） | | 0. 40 |
| 有关年度分红次数的说明 | | 本次分红为 2021 年度的第 5 次分红 |

资料来源：摘自 2022 年 3 月 22 日发布的《易方达价值精选混合型证券投资基金分红公告》。

## 第二节　基金税收

基金是以募集资金从事证券投资进而获取投资收益的。因此，基金税收包括基金本身作为营业主体所涉及的税收、基金管理人与托管人作为营业主体的税收以及投资者买卖基金涉及的税收。

### 一、基金自身投资活动产生的税收



基金自身投资活动产生的税收涉及增值税、印花税、所得税。其中，增值税是以商品（含应税劳务）在流转过程中产生的增值额为计税依据而征收的一种流转税，有增值才征收，未增值不征收。具体规定详见表 5-3。

**表 5-3　基金自身投资活动产生的税收**

| | |
|---|---|
| 增值税 | 1. 资管产品运营过程中发生的增值税应税行为，以资管产品管理人为增值税纳税人<br>2. 存款利息免征<br>3. 香港市场投资者通过基金互认买卖内地基金份额，以及证券投资基金管理人运用基金买卖股票、债券的差价收入免征<br>4. 开展质押式买入返售取得的金融同业往来利息收入免征 |
| 印花税 | 基金卖出股票时按照 1‰的税率征收证券（股票）交易印花税，而对买入交易不征收印花税 |
| 所得税 | 1. 对证券投资基金从证券市场中取得的收入，包括买卖股票、债券的差价收入，股权的股息、红利收入，债券的利息收入及其他收入，暂不征收企业所得税<br>2. 对基金取得的股利收入、债券的利息收入、储蓄存款利息收入，由上市公司、发行债券的企业和银行在向基金支付上述收入时代扣代缴 20%的个人所得税<br>3. 股息红利个人所得税：实行差别化政策，持股期限在 1 个月以内（含 1 个月）的，其股息红利所得全额计入应纳税所得额；持股期限在 1 个月以上至 1 年（含 1 年）的，暂减按 50%计入应纳税所得额；上述所得统一适用 20%税率计征个人所得税。持股期限超过 1 年的，股息红利所得暂免征收个人所得税 |

### 拓展：基金“营改增”

财政部和国税总局发布的《关于全面推开营业税改征增值税试点的通知》规定，“2016 年 5 月 1 日起，全国范围内全面推开营业税改征增值税（以下称‘营改增’）试点，建筑业、房地产业、金融业、生活服务业等全部营业税纳税人，纳入试点范围，由缴纳营业税改为缴纳增值税”。金融业纳入试点范围，增值税税率为 6%，同时规定“资管产品运营过程中发生的增值税应税行为，以资管产品管理人为增值税纳税人”。

根据《营业税改征增值税试点有关事项的规定》，存款利息不征收增值税。根据《营业税改增值税试点过渡政策的规定》，对下列金融商品转让收入免征增值税：香港市场投资者（包括单位和个人）通过基金互认买卖内地基金份额，证券投资基金（封闭式证券投资基金、开放式证券投资基金）管理人运用基金买卖股票、债券。根据《关于进一步明确全面推开营改增试点金融业有关政策的通知》，证券投资基金开展质押式买入返售取得的金融同业往来利息收入免征增值税。

目前，我国营业税改征增值税改革已全面完成。

## 二、投资者买卖基金产生的税收

机构投资者和个人投资者在参与基金交易的过程中，税收政策有所不同，详见表 5-4和表 5-5。



**表 5-4　机构投资者买卖基金的税收政策**

| | |
|---|---|
| 增值税 | 1. 机构投资者买卖基金份额属于金融商品转让，应将卖出价扣除买入价后的余额作为销售额计征增值税。但机构投资者购入后持有至到期，不属于金融商品转让<br>2. 合格境外投资者（QFII）委托境内公司在我国从事证券买卖业务、香港市场投资者通过基金互认买卖内地基金份额取得的收入免征增值税 |
| 印花税 | 暂免征收印花税 |
| 所得税 | 1. 机构投资者在境内买卖基金份额获得的差价收入，应并入企业的应纳税所得额，征收企业所得税；机构投资者从基金分配中获得的收入，暂不征收企业所得税<br>2. 对内地企业投资者通过基金互认买卖香港基金份额取得的转让差价所得，计入其收入总额，依法征收企业所得税<br>3. 对内地企业投资者通过基金互认从香港基金分配取得的收益，计入其收入总额，依法征收企业所得税 |

**表 5-5　个人投资者买卖基金的税收政策**

| | |
|---|---|
| 增值税 | 免征增值税 |
| 印花税 | 1. 个人投资者买卖基金份额暂免征收印花税<br>2. 对香港市场投资者通过基金互认买卖、继承、赠予内地基金份额，按照内地现行税制规定，暂不征收印花税<br>3. 对内地投资者通过基金互认买卖、继承、赠予香港基金份额，按照香港特别行政区现行印花税税法规定执行 |

表5-5(续)

| | | |
|---|---|---|
| 所得税 | 买卖基金份额获得的差价收入 | 暂不征收个人所得税 |
| | 从基金分配中获得的股票的股利收入、企业债券的利息收入 | 由上市公司发行债券的企业和银行在向基金支付上述收入时，代扣代缴20%的个人所得税 |
| | 从上市公司分配取得的股息红利所得 | 按股息红利差别化个人所得税政策实施 |
| | 从基金分配中获得的收入、国债利息、买卖股票差价收入 | 暂不征收所得税 |
| | 从封闭式基金分配中获得的企业债券差价收入 | 应对个人投资者征收个人所得税 |
| | 申购和赎回基金份额取得的差价收入 | 暂不征收个人所得税 |
| | 内地个人投资者通过基金互认买卖香港基金份额取得的转让差价所得 | 自2015年12月18日起至2018年12月17日止，三年内暂免征收个人所得税 |
| | 内地个人投资者通过基金互认从香港基金分配取得的收益 | 由该香港基金在内地的代理人按照20%的税率代扣代缴个人所得税 |

注：关于内地与香港基金互认的业务内容详见本书第十二章相应内容。

## 三、基金管理人和基金托管人的税收

基金管理人、基金托管人从事基金管理和基金托管活动取得的收入，依照税法的规定征收增值税和企业所得税。



【能力训练】

### 项目五　基金分红选择现金分红，还是红利再投资？

**模拟情境**

基金利润分配有现金分红和红利再投资两种方式，各有利弊，投资者应该如何根据自身投资目标选择适合自己的分红方式？

假设某投资者在2021年3月5日购买宝盈核心优势混合型基金A合计1 000元，净值1.263 0元/份（不考虑申购费和赎回费）。截至2021年8月31日，持有期间进行了6次分红，频繁分红情形下，投资者选择不同的基金利润分配方式，又将带来怎样不同的收益水平？

**实训要求**

该基金持有期间的除息日如表5-6所示，看看哪种分红方式收益更高？

**表 5-6 除息日相关信息**

<table>
<tr><th>除息日</th><th>每份派现</th><th>净值</th><th>选择现金分红的资产总额</th><th>选择红利再投资的资产总额</th></tr>
<tr><td>2021-03-10</td><td>0.02 元</td><td>1.141 6</td><td rowspan="6">现金分红收益：<br><br>资产总额：<br><br>收益率：</td><td rowspan="6">红利再投资后的总基金份额：<br><br>资产总额：<br><br>收益率：</td></tr>
<tr><td>2021-03-18</td><td>0.01 元</td><td>1.147 9</td></tr>
<tr><td>2021-03-26</td><td>0.01 元</td><td>1.149 3</td></tr>
<tr><td>2021-04-06</td><td>0.01 元</td><td>1.186 4</td></tr>
<tr><td>2021-04-14</td><td>0.01 元</td><td>1.146 7</td></tr>
<tr><td>2021-04-22</td><td>0.02 元</td><td>1.158 0</td></tr>
<tr><td>2021-08-31</td><td></td><td>1.545 3</td><td></td><td></td></tr>
</table>

## 【课后练习】

### 一、选择题

1. 关于基金利润的说法错误的是（　　）。

A. 基金利润是基金在一定会计期间的经营成果

B. 基金利润就是收入减去费用后的净额

C. 直接计入当期利润的利得和损失是基金利润的构成部分

D. 基金利润来源主要包括利息收入、投资收益和其他收入

2. 下列关于个人投资者投资基金所涉及税收问题的说法，错误的是（　　）。

A. 个人投资者申购和赎回基金份额取得的差价收入免征个人所得税（在对个人买卖股票的差价收入未恢复征收个人所得税以前）

B. 由于基金从上市公司分配取得的股息红利所得按差别化税率纳税，因此，个人投资者持股时间越长，其股息红利所得个人所得税和税负就越低

C. 个人投资者从基金分配中获得的企业债券的利息收入由发债企业代扣代缴 10%的个人所得税

D. 个人投资者从基金分配中获得的国债利息、买卖股票差价收入免征所得税（在国债利息收入、个人买卖股票的差价收入未恢复征收个人所得税以前）

3. 以下关于基金利润分配的表述，错误的是（　　）。

A. 现金分红是封闭式基金唯一的利润分配方式

B. 基金进行利润分配对投资者的利益没有实际影响

C. 开放式基金应该在基金合同中约定每年基金利润分配的最低比例

D. 投资者周五申请赎回的货币市场基金份额，不享有周六、周日的利润分配

4. 根据规定，封闭式基金年度收益分配比例不得低于基金年度可供分配利润的（　　）。

A. 50%　　B. 60%

C. 80%　　D. 90%

5. 基金的利息收入不包括（　　）。

A. 债券利息收入　　B. 股票价格上涨获得的收入

C. 资产支持证券利息收入　　D. 存款利息收入

6. 假定某年4月30日至5月2日是法定休假日，5月3日是节后第一个工作日。某投资者在4月29日（周五）申购了基金份额，则以下说法中正确的是（　　）。

Ⅰ. 该投资者享有的基金利润从4月29日起开始计算

Ⅱ. 该投资者享有整个节假日期间的利润

Ⅲ. 该投资者享有5月3日的利润

Ⅳ. 该投资者不享有4月29日及整个节假日期间的利润

A. Ⅰ、Ⅱ　　B. Ⅰ、Ⅲ、Ⅳ

C. Ⅲ、Ⅳ　　D. Ⅰ、Ⅱ、Ⅲ

7. 关于货币市场基金利润分配的特殊规定，下列说法错误的是（　　）。

A. 货币市场基金当日申购的份额当日即可享有基金的分配权益

B. 货币市场基金当日赎回的份额自下一个工作日起不再享有基金的分配权益

C. 对于每日按面值进行报价的货币市场基金，可以在合同中约定收益分配的方式为红利再投资

D. 对于每日按面值进行报价的货币市场基金，应当每日进行收益分配

8. 以下关于开放式基金收益分配的表述，错误的是（　　）。

A. 分红再投资通常是将应分配的净利润按除息后的份额净值折算为新的基金份额

B. 投资者可选择分红再投资转换为基金份额作为分红方式

C. 投资者没有选择分红方式的，由基金托管人确定分红方式

D. 现金分红是开放式基金最普遍的分红方式

9. 根据《公开募集证券投资基金运作管理办法》的规定，封闭式基金的收益分配频率为（　　）。

A. 每月一次　　B. 每半年一次

C. 每年不得少于一次　　D. 每年不得少于两次

10. 机构投资者投资基金的下列所得中，不征收企业所得税的是（　　）。

A. 在境内买卖基金份额获得的差价收入

B. 从基金分配中获得的收入

C. 内地企业投资者通过基金互认买卖香港基金份额取得的转让差价所得

D. 内地企业投资者通过基金互认从香港基金分配取得的收益

11. 目前，我国对证券投资基金取得的以下（　　）等收入暂不征收企业所得税。

Ⅰ. 从证券市场取得的买卖股票的差价收入

Ⅱ. 从证券市场取得的股权的股息收入

Ⅲ. 基金取得的储蓄存款利息收入

Ⅳ. 从证券市场取得的债券的利息收入

A. Ⅰ、Ⅱ、Ⅲ、Ⅳ　　B. Ⅰ、Ⅱ、Ⅳ

C. Ⅲ、Ⅳ　　D. Ⅱ、Ⅲ

12. 下列各项中，既包括基金已经实现的损益，又包括未实现的估值增值或减值，且能够全面反映基金在一定时期内经营成果的财务指标是（　　）。

A. 本期利润　　B. 本期已实现收益

C. 期末可供分配利润　　D. 未分配利润

13.（　　）是指基金本期利息收入、投资收益、其他收入（不含公允价值变动损益）扣除相关费用后的余额，是将本期利润扣除本期公允价值变动损益后的余额。

A. 本期利润　　B. 本期已实现收益

C. 期末可供分配利润　　D. 未分配利润

14. 关于基金的分红方式，以下表述错误的是（　　）。

A. 封闭式基金可选择分红再投资方式

B. 货币基金可以在基金合同中将收益分配方式约定为红利再投资

C. 投资者可以在权益登记日之前修改分红方式

D. 开放式基金的分红方式有现金分红和分红再投资转换为基金份额两种

15. 下列各项不属于基金投资收益范畴的是（　　）。

A. 买卖股票、债券、资产支持证券、基金等的差价收益

B. 股票、基金投资等获得的股利收益

C. 卖出或放弃权证、权证行权等实现的损益

D. 按买入返售协议融出资金等而实现的利息收入

16. 下列各项中（　　）不属于本期已实现收益的来源。

A. 本期投资收益　　B. 本期债券利息收入

C. 本期公允价值变动收入　　D. 本期买入返售金融资产收入

17. 封闭式基金收益分配后，其基金份额净值与面值的关系应当是（　　）。

A. 基金份额净值 < 面值　　B. 基金份额净值 = 面值

C. 基金份额净值 ≤ 面值　　D. 基金份额净值 ≥ 面值

18. 当日申购的货币市场基金份额自下一个工作日起（　　）基金的分配权益，当日赎回的基金份额自下一个工作日起（　　）基金的分配权益。

A. 享有；不享有　　B. 不享有；不享有

C. 享有；享有　　D. 不享有；不享有

19. 某投资者于 4 月 17 日（周五）申购了某只货币市场基金份额，则该投资者可以享有（　　）的利润。

Ⅰ. 4 月 17 日

Ⅱ. 4 月 18 日

Ⅲ. 4 月 19 日

Ⅳ. 4 月 20 日

A. Ⅰ、Ⅱ、Ⅲ、Ⅳ　　B. Ⅰ、Ⅱ、Ⅲ

C. Ⅱ、Ⅲ、Ⅳ　　D. Ⅳ

20. 基金利润构成中，不属于其他收入的项目是（　　）。

A. ETF 替代损益

B. 衍生工具收益

C. 赎回费扣除基本手续费后的余额

D. 手续费返还

## 二、问答题

1. 基金的利润来源是什么？

2. 基金的利润分配方式有哪些？

3. 基金自身投资活动产生的税收主要有哪些？

## 三、计算题

你知道你的基金赚了多少吗？

（1）2020 年 9 月 22 日 15:00 前，某投资者买入了 20 000 元基金 A。当天收盘后，基金 A 的份额净值为 1.187 5，申购费率为 0.5%。计算该投资者持有的基金份额是多少？

（2）基金 A 在 2020 年 10 月 20 日发放红利（分红），每一份额基金派发红利 0.15 元，如果该投资者选择“现金分红”，该投资者获得的红利收入是多少？

（3）该投资者在 2021 年 9 月 15 日赎回全部基金份额，当天净值为 1.287 9，赎回费率为 0.5%。赎回后，该投资者获得的现金收入是多少？

（4）该投资者获得的总收益是多少？收益率是多少？

（5）如果该投资者在 2020 年 10 月 20 日选择“红利再投资”的分红方式，当日分红除息后的净值为 1.291 5，那么 2021 年 9 月 15 日全部赎回后获得的总收益又是多少？

# 第六章　基金投资组合管理

【内容概述】

本章要求学生了解投资组合管理的基础理论和方法，了解马科维茨均值-方差模型、资本市场理论和CAPM模型；掌握系统性风险、非系统性风险的概念，熟悉$\beta$系数的衡量方法；掌握被动投资和主动投资的基本理论，包括市场有效性、被动投资、主动投资等内容；了解资产配置的意义及实际应用；熟悉投资管理的流程以及评估投资者需求的方法。

## 第一节　现代投资组合理论

### 一、现代投资组合理论的提出

现代投资组合理论（Modern Portfolio Theory，MPT）是公认的极具影响力的组合管理主流理论，1952年由经济学家哈里·马科维茨提出，他还建立了均值-方差模型。

马科维茨认为，投资组合的选择应该实现预期收益最大化和风险最小化的平衡，投资者需要承担更高的风险才能获得更高的预期收益。同时，他还提出应当将多种证券的投资组合看成一个整体来进行分析和度量，如果把投资组合的风险分解为系统性风险和非系统性风险，那么购买多种类型的证券可以有效分散非系统性风险，进而降低投资组合的整体风险。因其在现代投资组合理论方面的突出贡献，马科维茨在1990年被授予诺贝尔经济学奖。

### 二、均值-方差模型概述

在投资组合理论中，马科维茨创造性地提出用收益率的期望值来衡量投资组合的预期收益，用收益率的方差来衡量投资组合的风险，首次对预期收益和风险这两个投资管理中的基础性概念进行了准确的定义。投资组合的方差在很大程度上取决于资产之间的协方差，这不但为分散投资的合理性提供了理论上的解释，而且提供了有效分散投资的实际指引。

1. 期望收益、方差和协方差

（1）期望收益率

期望收益率又称为平均收益率，对于单个资产而言，是指单个资产在一段时期内各种可能收益率的加权平均值。如果以 $r$ 代表收益率，那么 $r$ 的期望可表示为 $E(r)$。

对于多个资产组成的投资组合，期望收益率是指该组合所包含的各个资产的期望收益率的加权平均。如果用 $E(r_p)$ 表示投资组合的期望收益率，$E(r_i)$ 表示第 $i$ 个资产的收益率，$w_i$表示第 $i$ 个资产的权重，$n$ 为资产数目，那么投资组合期望收益率为

$$E(r_p)=\sum_{i=1}^{n} w_i E(r_i)$$

（2）方差和标准差

对于投资者而言，很多情况下不仅需要关心投资的期望收益水平，还需要了解实际收益率相对于期望收益率的偏离程度，也就是该投资回报的风险水平。对此我们用方差和标准差来衡量，其数值越大，表示偏离期望收益率的程度越高。

通常 $\sigma^2$ 代表方差，$\sigma$ 表示标准差。我们用 $r_i$表示该资产在第 $i$ 种状态下的收益率，$E(r)$ 代表该资产的期望收益率，$p_i$表示收益率 $r_i$发生的概率，$n$ 表示资产可能的收益状态的总数。于是，对于单个资产而言，其收益率方差和标准差计算公式如下：



$$\sigma^2=\sum_{i=1}^{n} p_i\left[r_i-E(r)\right]^2$$

$$\sigma=\sqrt{\sum_{i=1}^{n} p_i\left[r_i-E(r)\right]^2}$$

（3）协方差和相关系数

方差和标准差衡量的是单个资产收益的变动性，但是各种资产的收益之间往往会因为宏观经济状况、行业政策变化、新技术的开发与普及等共同因素的影响而存在相互联系，而协方差和相关系数正是衡量两个风险资产收益之间相关性的统计指标。

对于资产 $i$ 和资产 $j$，已知收益率分别是 $r_i$ 和 $r_j$，则其协方差为

$$\mathrm{Cov}(r_i,\ r_j)=E\{[r_i-E(r_i)][r_j-E(r_j)]\}$$

对于 $s$ 种 $(r_i,\ r_j)$ 的状态，假定每种状态的可能性为 $P_k$，$k$ 状态下两种资产的收益率分别为 $r_{i,k}$和 $r_{j,k}$。那么：

$$\mathrm{Cov}(r_i,\ r_j)=\sum_{k=1}^{s} p_k[r_{i,k}-E(r_i)][r_{j,k}-E(r_j)]$$

相关系数是两个资产收益的协方差除以两个资产各自标准差的乘积，以 $\rho$ 表示：

$$\rho_{i,j}=\frac{\mathrm{Cov}(r_i,\ r_j)}{\sigma_i\sigma_j}$$

由于标准差是正值，相关系数的符号主要取决于协方差。当 $\rho>0$ 时，两变量为正线性相关；当 $\rho<0$ 时，两变量为负线性相关；当 $\rho=0$ 时，两变量无线性相关关系。

更重要的是，相关系数的取值范围一般是［-1，+1］。当 $0<|\rho|<1$ 时，两变量存在一定程度的线性相关，且 $|\rho|$ 越接近 1，两变量间线性关系越密切，$|\rho|$ 越接近于 0，两变量的线性相关越弱。当 $|\rho|=1$ 时，表示两变量为完全线性相关，+1 为完全正相关，-1 为完全负相关。

（4）投资组合收益率的方差和标准差

对于资产 $i$ 和资产 $j$ 组成的投资组合，其收益率方差为

$$\sigma_\rho^2 = w_i^2\sigma_i^2 + w_j^2\sigma_j^2 + 2w_iw_j\text{Cov}(r_i, r_j) = w_i^2\sigma_i^2 + w_j^2\sigma_j^2 + 2w_iw_j\rho_{i,j}\sigma_i\sigma_j$$

从上式中可知，投资组合的方差取决于组合中各种资产的方差和两种资产之间的协方差。单一资产的方差衡量单一资产收益的变动程度，而协方差衡量两种资产收益之间的相关性。在单一资产方差给定的情况下，如果协方差为正，则投资组合的方差上升，意味着两种资产的收益可能同涨同跌，无法实现对冲，投资组合的整体风险较高；如果协方差为负，则投资组合的方差下降，意味着两种资产的收益可能相互抵消，实现了对冲，投资组合的整体风险较低。同理，当单一资产方差不变，相关系数越小，资产组合的方差也越小。

如果将两种资产扩展到 $n$ 个资产，则组合收益率方差为

$$\sigma_p^2 = \sum_{i=1}^{n} w_i^2\sigma_i^2 + \sum_{i=1}^{n}\sum_{\substack{j=1\\ i\neq j}}^{n} w_iw_j\text{Cov}(r_i, r_j) = \sum_{i=1}^{n} w_i^2\sigma_i^2 + \sum_{i=1}^{n}\sum_{\substack{j=1\\ i\neq j}}^{n} w_iw_j\rho_{i,j}\sigma_i\sigma_j$$

相应地，组合的标准差为：

$$\sigma_p = \sqrt{\sum_{i=1}^{n} w_i^2\sigma_i^2 + \sum_{i=1}^{n}\sum_{\substack{j=1\\ i\neq j}}^{n} w_iw_j\text{Cov}(r_i, r_j)} = \sqrt{\sum_{i=1}^{n} w_i^2\sigma_i^2 + \sum_{i=1}^{n}\sum_{\substack{j=1\\ i\neq j}}^{n} w_iw_j\rho_{i,j}\sigma_i\sigma_j}$$

式中，$\sigma_p^2$ 代表组合方差，$w_i$ 与 $w_j$ 代表相应资产在组合中的权重，$\text{Cov}(r_i, r_j)$ 代表任意两个资产收益率的协方差，$\rho_{i,j}$ 代表任意两个资产收益率的相关系数，$\sigma_i$、$\sigma_j$、$\sigma_p$ 分别代表资产 $i$、资产 $j$ 和投资组合收益率的标准差。

2. 有效前沿

从投资组合收益率的方差计算公式，我们知道两种资产收益之间的相关性会影响投资组合的风险，而不会影响投资组合的预期收益率。

对于由资产 $i$ 和资产 $j$ 构成的投资组合，如果给定一个明确的投资比例，将得到一个特定的投资组合，它的预期收益率和标准差都是固定的，这在标准差-预期收益率平面中表现为一个特定的点。如果两种资产的投资比例在一定范围内连续变化，将得到一条由所有投资组合点所构成的连续曲线。两种资产的相关系数 $\rho$ 不同时，会得到不同的曲线，且 $\rho$ 越小，曲线越向左偏离，如图 6-1 所示。

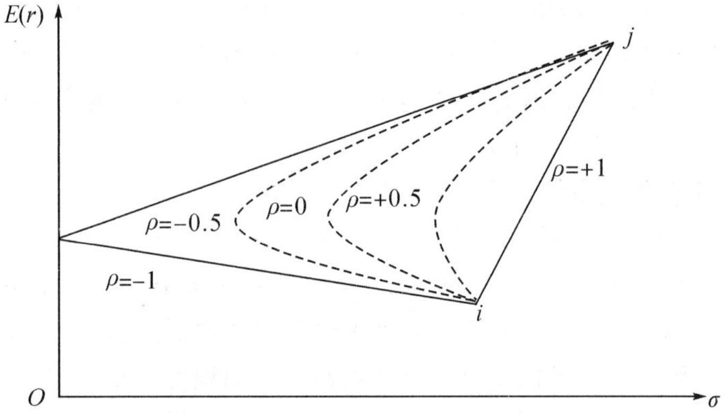


图 6-1　两种资产投资组合的集合

但是，投资者通常情况下都会持有两种以上资产的组合。当多种资产构成组合时，所有可能的投资组合点将会形成一个区域，即可行集，又称为机会集，如图 6-2 所示。所有可能的组合都位于可行集的内部或边界上。

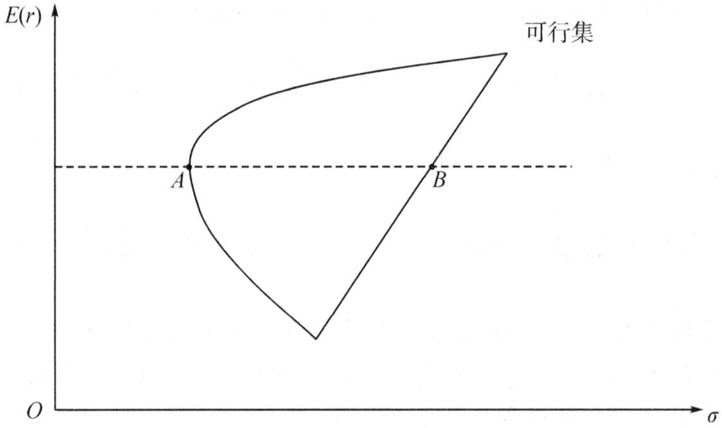


图 6-2　可行集

从图 6-2 中可以看出，在相同收益率水平下，最左边的点（如图中 A 点）所对应的组合比其他组合（如图中 B 点）的风险都低。

马科维茨的投资组合理论假设投资者是厌恶风险的，如果在两个具有相同期望收益率的投资组合中，投资者会选择方差较小的组合，即可行集中最左边的点有效，右边的点都无效，如此就会产生一个有效边界，被称为最小方差前沿。最小方差前沿上每个点都具有最小方差，区别是各风险资产的权重不同，如图 6-3 所示。

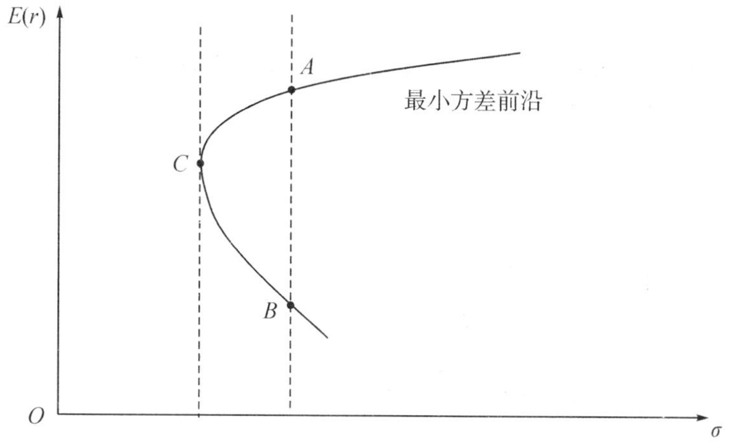


图 6-3 最小方差前沿

图 6-3 中的 C 点是一条与纵轴平行的直线与最小方差前沿相切的切点，被称为全局最小方差组合，这是所有投资组合中风险最小的一个组合。值得注意的是，在最小方差前沿曲线上，投资者无论如何都会选择 C 点到 A 点这上半部分的组合，因为相同风险水平下，上半部分的组合可以获得更高的期望收益。因此，最小方差前沿只有上半部分是有效的，被称为马科维茨有效前沿，简称有效前沿。

有效前沿是投资者可以达到的最优的投资组合的集合，它位于所有资产和资产组合的左上方，如图 6-4 所示。



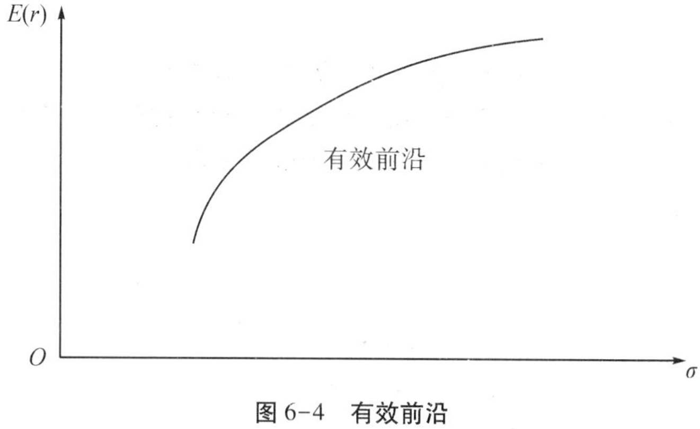


图 6-4 有效前沿

有效前沿上的投资组合为有效组合，其特点是包含所有风险资产，所以人们称有效组合是完全分散化的投资组合。

3. 无差异曲线

投资者的风险偏好不同，所以不同资产带给投资者的满意程度不同，我们将投资带给人的满意程度称为效用。结合投资者对资产（或资产组合）的预期收益与风险情况，得出其效用函数：

$$U = E(r) - \frac{1}{2}A\sigma^2$$

式中：$U$ 为效用值，$A$ 为某投资者的风险厌恶系数，$E(r)$ 为资产的预期收益，$\sigma^2$

为资产收益的方差。

根据投资者的效用函数，可以画出无差异曲线，该曲线由相同给定效用水平的所有点组成，如图 6-5 所示。

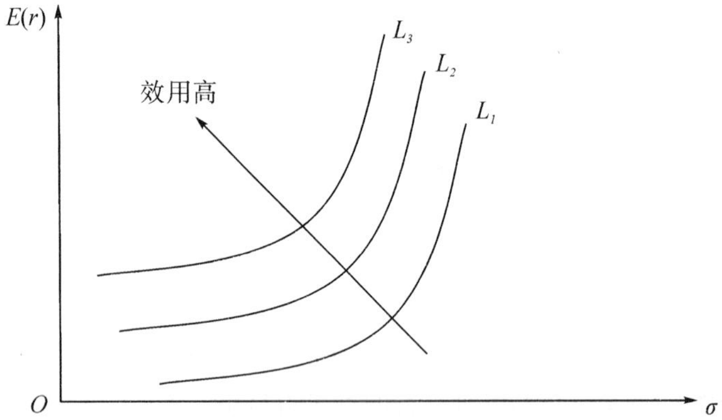


**图 6-5 无差异曲线**

从图 6-5 可以看出，无差异曲线是从左下方向右上方倾斜的；同一条无差异曲线上的所有点给投资者的效用是相同的；当投资者的风险厌恶系数 $A$ 给定时，可以画出无数条不交叉的无差异曲线；如果向较高的无差异曲线移动（如从 $L_1$ 向 $L_2$ 再向 $L_3$ 移动时），投资者的效用将不断增加；风险厌恶程度高的投资者与风险厌恶程度低的投资者相比，其无差异曲线更陡，因为随着风险增加，其要求的风险溢价更高。



4. 最优组合

投资者根据自身的效用偏好，在有效边界上找出效用最大的点，即投资者的无差异曲线和有效前沿的切点，这个点所对应的投资组合被称为最优组合，如图 6-6 中的 $X$ 点和 $Y$ 点。投资者按照这一组合进行投资最满意。

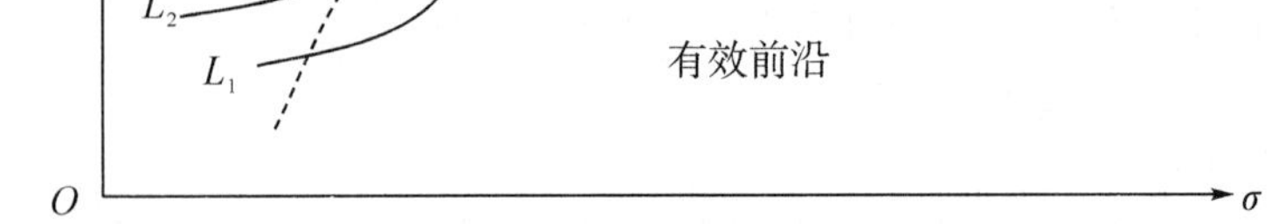


**图 6-6 最优组合**

对于 $X$ 投资者来说，$X$ 点在有效前沿上，是投资者可以实际选择的点；而 $X$ 点又是所有与有效前沿相交的无差异曲线中位于最上方的无差异曲线上的点，所以 $X$ 点又是投资者可以获得最大效用的点。当然，风险厌恶程度不同的投资者，其切点位置也不同。

### 三、现代投资组合理论的局限性

现代投资组合理论提出了分散化投资的重要思想，奠定了投资组合理论的基础。但它也有一定局限性，它没有进一步说明如何为资产估值和定价，也没有明确投资组合期望回报率与风险之间的关系，理论难以付诸实际应用。

随后，威廉·夏普、约翰·林特耐和简·莫辛三位学者在现代投资组合理论的基础上提出了著名的资本市场理论和资本资产定价模型，研究在特定假设下均衡价格的形成，这是一种简化形式的计算方法，从而使现代投资组合理论应用于实际市场成为可能。

## 第二节　资本市场理论

### 一、资本市场理论的前提假设

下面给出了资本市场理论和资本资产定价模型的若干前提假设，其核心：一是假设所有投资者都是一样的，只是有着不同的风险厌恶程度和初始财富；二是假设市场是有效的。由此可以看出，投资者行为的一致性大大简化了分析过程。

（1）所有的投资者都是风险厌恶者，都以马科维茨均值-方差分析框架来分析证券，追求效用最大化，购买有效前沿与无差异曲线的切点的最优组合。

（2）投资者可以以无风险利率任意地借入或贷出资金，投资者可以以无风险利率无限借贷。威廉·夏普第一次在马科维茨理论的基础上，引入了无风险资产，认为无风险资产的风险为0，收益率为无风险收益率。这一假设排除了非流动性资产。

（3）所有投资者的期望相同，即任何投资者认为同一只股票有相同的风险/收益分布。所有投资者都具有同样的信息，他们对各种资产的预期收益率、风险及资产间的相关性都具有同样的判断，即对所有资产的收益率所服从的概率分布具有一致的看法。这一假定也被称为同质期望假定或同质信念假定。

（4）所有投资者的投资期限都是相同的，并且不在投资期限内对投资组合做动态的调整。

（5）所有的投资都可以无限分割，投资数量随意。

（6）无摩擦市场，主要指没有税和交易费用。

（7）投资者是价格的接受者，他们的买卖行为不会改变证券价格，每个投资者都不能对市场定价造成显著影响。

尽管这些前提假设不符合现实生活中很多复杂的现象，但是利用这些假设可以总结出市场上普遍存在的均衡关系，洞察市场均衡的许多重要特征。

马科维茨提出的有效前沿曲线上的投资组合只包含所有风险资产，资本市场理论对其进行了改进，首次引入“无风险资产”。那么，投资者需要重新构建投资组合，根据自身的效用偏好重新在新的有效边界上选择最优的投资组合，即资本配置线（CAL）与有效边界的切点。如此，就引入了“资本市场线”（CML）的概念。

资本市场线是可获得的最佳资本配置线。资本市场线给出了有效投资组合的风险与期望收益率之间的线性关系，为投资者提供了度量有效投资组合风险的方法。

## 二、系统性风险、非系统性风险以及β系数

1. 系统性风险和非系统性风险

投资组合可以通过分散投资降低组合整体风险，但不能分散和化解全部风险，所以组合收益的方差不可能下降至0。通常把可以通过分散投资化解的风险称为非系统性风险，而将不能通过分散投资化解的风险称为系统性风险。系统性风险和非系统性风险的总和称为该投资组合的总风险，表示为

总风险=系统性风险+非系统性风险

随着投资组合中资产数量的增加，非系统性风险会被逐步分散，但是系统性风险始终保持固定不变。

因为假设非系统性风险是可以通过分散投资被化解的，且没有分散成本，所以非系统性风险不能得到风险补偿，即风险溢价。只有系统性风险才能获得风险补偿。在此前提下，在市场均衡状态下，资产或资产组合的收益率取决于系统性风险，与系统性风险存在线性关系，与总风险不存在线性关系。

威廉·夏普通过进一步研究单个资产的定价决定因素，证明了用$\beta$系数来衡量系统性风险更为合适。



2. $\beta$系数的衡量

$\beta$系数衡量的是资产收益率和市场组合收益率之间的线性关系，反映单个资产收益率的波动相对于市场组合收益波动的敏感程度。市场组合本身的$\beta$系数为1。当单个资产的$\beta$系数大于1，说明该资产收益率的波动大于市场组合的波动。

$$r_{i,t} = \alpha_i + \beta_i r_{m,t} + \varepsilon_{i,t}$$

其中，$r_{i,t}$代表$t$期资产$i$的实际收益率；$r_{m,t}$表示$t$期市场组合的收益率；$\beta_i$表示该资产的$\beta$系数；$\alpha_i$表示线性方程的截距项；$\varepsilon_{i,t}$表示误差项。

推导后：

$$\beta_i = \frac{\text{Cov}_{i,m}}{\sigma_m^2} = \frac{\sigma_i}{\sigma_m} \times \rho_{i,m}$$

其中，$\beta_i$表示该资产的$\beta$系数；$\text{Cov}_{i,m}$表示资产收益率和市场组合收益率之间的协方差；$\sigma_m^2$表示市场组合收益率的方差；$\sigma_i$表示资产收益率的标准差；$\rho_{i,m}$表示资产收益率和市场组合收益率之间的相关系数。

## 三、资本资产定价模型

资本资产定价模型（CAPM）主要研究投资者按照分散化的理念投资，在证券市场达到均衡状态时，证券收益与风险之间的关系。

根据之前介绍的前提假设，只有资产或资产组合的系统性风险才能获得收益补偿，也就是风险溢价。风险溢价是资产收益率超过无风险利率的差额。投资者要想

获得更高的回报，需要承担更高的系统性风险，而承担额外的非系统性风险不能得到收益补偿。

如果用$\beta$系数表示资产或资产组合的系统性风险，那么资产的风险溢价与其$\beta$系数成正比，经过推导，得到 CAPM 的公式：

$$E(r_i) = r_f + \beta_i[E(r_m) - r_f]$$

式中，$E(r_i)$表示资产$i$的预期收益率，$E(r_m)$表示市场组合的预期收益率，$r_f$表示无风险收益率，$\beta_i$表示资产$i$的$\beta$系数。

CAPM 体现了资产的期望收益率与系统性风险之间的正向关系，这种关系可以表示成证券市场线（SML），如图 6-7 所示。图中的$M$点代表市场组合，市场组合的$\beta$系数为 1，$E(r_m)$是对应的市场组合预期收益率。$\beta$系数越大，资产的预期收益率越高。当$\beta$系数为 0 时，资产的预期收益率等于无风险收益率。

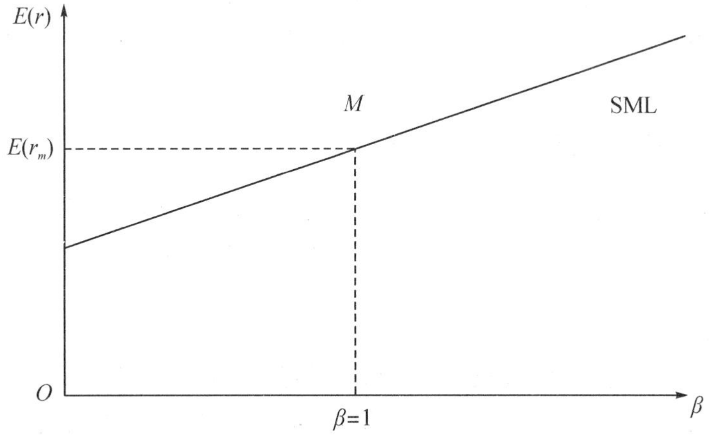


**图 6-7　证券市场线**

在实际应用中，证券市场线给出了每一个风险资产的风险和期望收益率之间的关系，给每一个风险资产进行定价，这也是 CAPM 的核心，因此可以用证券市场线来判断资产的定价是否合理。当单个资产的定价合理时，应当位于 SML 线上；当单个资产的价格被高估，即收益率被低估时，应当位于 SML 线下方；当单个资产的价格被低估，即收益率被高估时，应当位于 SML 线上方。我们应当卖出价格被高估的资产，买入价格被低估的资产。

# 第三节　有效市场理论

## 一、有效市场理论的基本内容

有效市场理论强调信息对证券价格的影响，如果市场有效，那么证券价格应当能够反映所有可获得的信息。1970 年，尤金・法玛为市场有效性建立了一套标准，他将信息分为历史信息、当前公开可得信息以及全部信息（包括内部信息），并在此基础上，将市场的有效性分为弱有效市场、半强有效市场和强有效市场。

弱有效市场假设当前证券价格已经充分反映全部历史信息，包括价格、成交量等交易信息，因此通过以往价格、成交量等历史信息来预测未来证券价格的走势是徒劳的。

半强有效市场假设当前证券价格已经充分反映了历史信息以及当前所有与公司有关的公开信息，包括公司并购、红利发放、行业发展前景、财务数据等各种公开信息，因此通过分析公开信息和历史信息，不可能获得超额收益。

强有效市场假设当前证券价格已经充分反映了全部信息的影响，包括历史信息、公开发布的信息以及未公开发布的内部信息，意味着投资者不管采用何种方法，都不可能重复地、更不可能连续地取得成功，除非偶尔靠运气“预测”到证券价格的变化。这是一种极端假设，与现实中不断出台禁止内幕交易的规定的情况相矛盾。

总体来说，有效市场理论认为，某一时点的证券价格已经对已知信息做出了反应，股票价格的变化只会由新信息引起。在一个有效的市场上，投资者不可能根据已知信息获利。

## 二、主动投资策略和被动投资策略

虽然有效市场理论在高度竞争的市场环境下，具有直观的合理性，但市场是否有效这个问题一直存在争议。这直接导致了两种完全不同的投资策略，即主动投资和被动投资。



1. 主动投资策略

主动投资策略又被称为积极投资策略，采用主动投资策略的投资者不相信市场总是处于有效状态，试图通过选择被低估或者被高估的资产来获得超额收益。

主动型投资的业绩主要取决于信息的深度和广度。信息深度指投资者使用信息的能力，信息广度指投资者所掌握的投资机会的数量。只有不断挖掘信息深度，不断扩展投资机会，才能获得更高的主动收益。

主动型投资者通常采用基本面分析和技术分析方法，并基于这两种分析方法，对股票进行不同风格的分类。偏好价值风格的基金经理更侧重挑选相对低估的股票，期望市净率、市盈率等比率会恢复到某一合理水平；偏好成长风格的基金经理则侧重挑选具有盈利潜力的股票，进而获得价格上涨所带来的收益。

投资者追求主动收益，使得证券组合的实际收益往往偏离基准组合收益，偏离可能是正的，也可能是负的。主动收益的计算方法如下：

$$主动收益=证券组合的真实收益-基准组合的收益$$

在一个并非完全有效的市场上，主动投资策略更能体现价值，从而给投资者带来较高的回报。

2. 被动投资策略

采用被动投资策略的投资者则相信市场定价有效，认为无论怎样都无法长期跑赢市场，任何主动投资策略都将导致不必要的交易成本，最佳的选择就是复制市场基准（通常是指数）的收益与风险。

被动型投资者往往通过跟踪指数获得跟基准指数相近的收益回报，不试图通过利用基本面分析和技术分析等方法积极调整股票组合。指数复制方法包括完全复制、抽样复制和优化复制等。

现实中，两种投资策略并不完全对立，有些投资策略介于两者之间。

## 第四节　资产配置

资产配置是指按照投资者需求将投资资金在不同资产类别之间进行合理分配，这是投资组合管理过程中的决定性因素，也是决定投资组合绩效的关键。

### 一、资产配置的意义和主要考虑因素

1. 资产配置的意义

资产配置过程需要根据各项资产在持有期间或计划范围内的预期收益、风险及相关关系，结合投资者自身的效用函数和风险承受能力，在可承受的风险水平上制订能够提供最高预期收益的资金配置方案。

资产配置的意义主要体现在几方面：一是多元化的资产配置可以帮助投资者减少单一资产所带来的非系统性风险，尤其是在并非完全有效的市场上，资产配置的作用更加凸显；二是通过对资产的历史表现以及投资者风险偏好的判断，明确不同资产类别在组合中的占比，可以消除投资者对收益所承担的不必要的额外风险；三是可以有效协调风险和收益之间的关系，在风险可承受范围内争取最高预期收益。

2. 资产配置主要考虑的因素

不同类型的投资者对资产配置的选择不同，进行资产配置时主要考虑几方面因素（见表 6-1）。

**表 6-1　资产配置主要考虑的因素**

| 因素 | 内容 |
|---|---|
| 影响投资者风险承受能力和收益要求的各项因素 | 1. 包括投资者的年龄、风险偏好、投资周期、财务变动状况与趋势、资产负债状况、财富净值等<br>2. 机构投资者：着重资产负债状况、股东和投资者的特殊需求等<br>3. 个人投资者：其生命周期是影响资产配置的最主要因素 |
| 影响各类资产的收益状况、风险以及相关关系的资本市场环境因素 | 包括国内外经济形势、经济周期波动、通货膨胀、利率变化和监管等，其中专业投资者和机构投资者会受到监管的约束 |
| 资产的流动性特征与投资者的流动性要求相匹配的问题 | 资产的流动性是指资产以公允价格售出变现的难易程度，投资者需要根据自己短时间内处理资产的可能性，建立投资中流动性资产的最低标准 |
| 投资期限 | 投资者在有不同到期日的资产（如债券等）之间进行选择时，需要考虑投资期限的安排问题 |

表6-1（续）

| 因素 | 内容 |
| --- | --- |
| 税收 | 对面临高税率的个人投资者和机构投资者而言，其更重视在整个资产配置中合理选择避税或缓税的投资产品 |

### 二、资产配置的类型

按照时间跨度和风格类别来区分，资产配置可以分为两个层次：战略性资产配置和战术性资产配置。

1. 战略性资产配置策略

战略性资产配置策略（SAA）是资产配置的基本方式，以追求长期回报为目标，根据投资者的风险偏好、实际需求以及不同资产类别的收益状况，构造各主要大类资产的投资比例，建立最佳长期资产组合结构。

通常情况下，这种资产配置方案投资期限一般在 5 年以上，注重长期回报，不考虑资产的短期波动。基金经理通过对不同类别资产的长期预期收益率、长期风险水平以及各资产间的相关性进行比较，运用现代投资组合理论等方法构建最优组合，最终形成战略资产配置。战略性资产配置一旦确定，会在投资期限内保持相对稳定。

2. 战术性资产配置策略

战术性资产配置策略（TAA）是在战略性资产配置策略的基础上，根据短期市场环境及经济条件的变化以及各类资产的表现，对投资组合中的具体资产比例进行调整。这是一种根据短期预测，积极、主动地对资产配置状态进行动态调整，进而增加投资组合价值的积极策略。

这种资产配置策略更加注重市场的短期波动，周期较短，一般在 1 年以内，通过择时调节具体资产比例，来管理短期的投资收益和风险。基金管理人运用战术性资产配置策略，需要采用各种分析工具来辅助决策，要能够准确预测市场变化、发现单个资产的投资机会，而且能够有效实施动态资产配置投资方案。这个难度非常大。事实证明，只有少数优秀的基金管理人能够通过择时得到超额收益。

## 第五节　投资管理流程与投资者需求

### 一、投资组合管理的基本流程

基于现代投资组合理论和资本市场理论，投资组合管理的目标是投资管理人通过对资产的多元化管理，以实现投资收益的最大化：在获取一定收益水平的情况下，使投资者承担最低的风险；在承担一定风险的条件下，使投资者获取最大的预期收益。

CFA 协会将投资管理过程定义为一个动态反馈的循环过程，整个流程可以分为规划、执行和反馈三个步骤。其中，规划强调最终决策所需的各种输入信息，包括资本市场的数据、客户资料等；执行是投资规划的实现，需要制定资产配置和证券选择等方面的决策并执行；反馈是对投资目标、投资预期和投资组合等方面变化的适应过程。具体见表 6-2。

**表 6-2 投资组合管理的基本步骤**

| 步骤 | 具体要求 |
| --- | --- |
| 规划 | 1. 了解客户需求，确定并量化投资者的投资目标和投资限制<br>2. 制定投资政策说明书<br>3. 形成资本市场预期，对多种资产类别的长期风险和收益特征进行预测<br>4. 建立战略资产配置，并制定各类资产权重的上限和下限作为投资过程中风险控制的依据，战略资产配置可针对单一周期或多个周期进行 |
| 执行 | 1. 在执行阶段，结合投资目标、资本市场预期和分析师报告等来制定组合构建和证券选择等方面的决策，并由交易部门执行投资决策。之后，投资经理随时跟进调整<br>2. 在进行投资决策时，投资经理会通过数量化分析工具进行投资组合优化<br>3. 投资经理会根据实际变化，让投资组合的实际资产配置临时偏离其战略资产配置，直到这种变化消除。如果这种变化是永久的，则应及时更新投资政策说明书，变更新的战略资产配置方案 |
| 反馈 | 1. 监控和再平衡：实时监控投资者情况以及经济和市场因素，持续调整投资组合以适应新的变化，使投资组合能够符合客户的投资目标和限制<br>2. 业绩评估：投资者需定期对投资业绩进行阶段性的评估，从业绩度量、业绩归因和绩效评估三个方面对投资管理能力进行评价 |



## 二、投资者需求

投资者需求是由投资目标和投资限制所构成的，但现实中，不同类型投资者在投资目标、投资限制等方面的特点也不尽相同。因此，有必要根据投资者实际情况，定期对投资者的需求进行重新评估。

1. 投资目标

投资者的投资目标就是在风险和收益之间寻求一种平衡，所以可以分为风险目标和收益目标。其中，风险目标反映了投资者的风险容忍度，取决于其承担风险的能力和意愿两个方面；收益目标反映了投资者的收益要求。

**表 6-3 投资者的投资目标**

| 目标 | 具体要求 | |
| --- | --- | --- |
| 风险目标（风险容忍度） | 承担风险的能力 | 由投资者自身的投资期限、资产负债状况和收入支出状况等客观因素决定，比如在其他条件相同的情况下，投资期限较长的投资者具有更高的风险承受能力 |
| | 承担风险的意愿 | 强调投资者的主观愿望，反映了投资者的风险厌恶程度，与性格类型、自信心、独立思维倾向等心理因素以及当时所处的境况相关 |

表6-3(续)

| 目标 | 具体要求 |
| --- | --- |
| 收益目标 | 1. 可以是绝对收益，也可以是相对收益，但都需要与其风险容忍度相匹配<br>2. 收益率有名义收益率与实际收益率，名义收益率仅反映了资产名义数值的增长率，而实际收益率是在名义收益率的基础上扣除了通货膨胀率的影响，能够反映资产的实际购买能力的增长率，所以长期投资者应当关注实际收益率 |

2. 投资限制

受投资期限、流动性要求、税收情况、法律法规要求等多种因素影响，投资者在进行投资选择时往往会受到投资限制。由于投资限制不同，投资目标相同的投资者也会选择不同的投资产品。其中，流动性要求和投资期限直接影响投资者的风险承受能力，从而限制投资者的投资目标。

（1）流动性要求

流动性是指投资者在短期内以合理价格将资产变现的容易程度。比如，现金和银行存款等货币市场工具属于流动性较强的资产，而房地产等短期内无法变现或需要支付较高的交易成本才能变现的资产，属于流动性较差的资产。如果投资者在投资期间时常需要获得现金以应对各类开支，就对投资组合产生了流动性要求。流动性要求的限制见表6-4。

**表6-4　流动性要求的限制**

| 项目 | 具体要求 |
| --- | --- |
| 实现方式 | 1. 可以通过持有或把其他资产变现为现金、现金等价物来满足<br>2. 个人投资者可能需要应对生活中的各种开支，包括日常生活开支、子女教育、赡养老人、房屋和汽车的购买等<br>3. 各种非预期因素而导致的变现需求 |
| 对投资机会的影响 | 1. 投资期限越短，投资者对流动性的要求越高<br>2. 流动性与投资收益常常成反比，同一类产品，流动性差通常具有较高预期收益率<br>3. 如果没有预期的变现需求，投资者可以适当降低流动性要求，以提高预期收益率 |

（2）投资期限、税收政策、法律法规要求和特殊需求

投资期限、税收政策、法律法规要求和特殊需求也都是限制投资者进行投资选择的重要因素（见表6-5）。

**表6-5　投资期限、税收政策、法律法规要求和特殊需求的限制**

| 因素 | 具体要求 |
| --- | --- |
| 投资期限 | 1. 不同投资者的投资期限有所不同<br>2. 投资期限的长短影响投资者的风险容忍度以及对流动性的要求。投资期限越长，则投资者能够承担的风险越高<br>3. 投资者的资金需求往往不是单一的，大多为长期和短期相结合 |

表6-5(续)

| 因素 | 具体要求 |
|---|---|
| 税收政策 | 1. 投资策略的业绩好坏是以税后收益率来衡量的<br>2. 免税或者具有优惠税率的投资产品对投资者具有更大的吸引力 |
| 法律法规要求 | 由政府和监管机构所颁布实施的限制投资者投资决策的外部因素 |
| 特殊需求 | 1. 个人投资者的投资策略一定程度取决于住房、孩子教育及退休养老等支出的急需程度<br>2. 机构投资者同样会面临独特需求<br>3. 投资者的投资范围受到社会、信仰、伦理等各种独特因素影响 |

## 三、投资政策说明书的制定

投资政策说明书是投资决策的重要指导性文件。当投资管理人明确了投资者需求，确认并量化了投资者的投资目标和投资限制后，就要制定投资政策说明书。

投资政策说明书能够有效地指导投资策略的实施，有助于更好地实现投资组合管理。通常情况下，投资政策说明书大致涵盖以下内容，见表6-6。

**表6-6　投资政策说明书的主要内容**

| 项目 | 内容 |
|---|---|
| 介绍 | 描述客户的基本情况 |
| 目的陈述 | 陈述撰写投资政策说明书的目的 |
| 责任和义务的陈述 | 详细阐述客户、投资管理人以及托管人三方的责任和义务 |
| 流程 | 详细陈述投资步骤，以及各种突发和偶然情况的应对措施 |
| 投资目标 | 明确客户的投资目标 |
| 投资限制 | 说明限制客户投资的可能因素 |
| 资产配置 | 制订战略资产配置方案，说明综合考虑因素以及方案结果 |
| 投资指导方针 | 说明投资政策执行的具体细节，包括债券评级、久期限制、可投资资产类别范围等 |
| 业绩考核指标与业绩比较基准 | 用于业绩评估 |
| 评估与回顾 | 说明如何进行投资绩效信息的反馈以及后期的重新审查和更新 |

**【能力训练】**

### 项目六　为投资者选择合适的基金类型提供咨询服务

**模拟情境**

五位客户想要了解目前基金市场上的投资产品，请客户经理结合客户需求，为客户做基金投资基本情况咨询。表6-7为五位客户的基本情况：

表 6-7 客户经理面临的具体客户情况

| | |
|---|---|
| 给定的客户身份 | 季女士：大型商场收银员，28 岁，本科学历，月收入 4 000 元，计划半年后结婚，未曾参与证券投资，现在想做基金投资 |
| | 方先生：某知名 IT（互联网技术）公司项目经理，33 岁，月收入 23 000 元，硕士研究生，结婚一年，每月还房贷 8 000 元，计划 3 年内要孩子，曾参与股票投资，亏损严重，目前不敢过于冒险 |
| | 王女士：某国企员工，50 岁，丈夫为公务员，儿子在国外读书，曾参与国债投资，少量交易过股票，收益不理想，目前想做基金投资 |
| | 李大爷：退休老人，62 岁，初中学历，一辈子做银行存款，没有做过投资，现在想做基金投资，希望收益稳健 |
| | 刘奶奶：退休老人，60 岁，每月有 3 400 元的退休金，银行有 20 万元积蓄，但因孙子要留学需要用钱，所以打算投资基金，有一点国债投资的经验，希望能比银行存款收益高一些 |

**实训要求**

（1）要求学生们分组，每组学生选择一位客户开展业务咨询，针对投资者的风险偏好特征，利用投资组合理论、资产配置理论等专业知识，为其选择适合其投资的基金组合产品，并说明推荐理由。

（2）小组成员配合，现场模拟业务咨询过程，要求学生规范使用沟通话术。

（3）每个小组需提交下列资料：小组成员分工清单、客户理财需求分析报告、客户风险承受能力评估报告、初步资产配置方案以及 PPT 演示文稿。



## 【课后练习】

### 一、选择题

1. 马科维茨于 1952 年开创性地提出了以（　　）为基础的投资组合理论。

A. 最大方差法　　B. 最小方差法
C. 均值方差法　　D. 资本资产定价模型

2. 下面（　　）用来衡量资产所面临的系统性风险。

A. $\beta$ 系数　　B. 标准差
C. 方差　　D. 协议差

3. 对于风险厌恶系数一定的投资者来说，某资产的期望收益率越大，带给投资者的效用（　　）；资产的风险越大，效用（　　）。

A. 越大；越小　　B. 越大；越大
C. 越小；越小　　D. 越小；越大

4. 资产收益之间的相关性（　　）影响投资组合的风险，（　　）影响投资组合的预期收益率。

A. 会；也会　　B. 不会；也不会
C. 会；不会　　D. 不会；会

5. 马科维茨的投资组合理论的基本假设是投资者是（　　）的。

A. 厌恶风险　　B. 喜好风险

C. 厌恶投资　　D. 喜好投资

6.（　　）是指在给定的风险水平下使得期望收益最大化的投资组合，在给定的期望收益率上使风险最小化的投资组合。

A. 最优投资组合　　B. 收益最大投资组合

C. 风险最小投资组合　　D. 有效投资组合

7. 最小方差前沿是指（　　）。

A. 可行集最左边的点连在一起形成的一条曲线

B. 可行集最右边的点连在一起形成的一条线

C. 可行集所有点围成的一个区域

D. 一些点的集合

8. 在最小方差前沿最左边的拐点处会有一条与纵轴平行的直线与最小方差前沿相切，形成的交点叫作（　　）。

A. 有效前沿　　B. 全局最小方差组合

C. 完全分散化的投资组合　　D. 可行集

9. 下列关于相关系数的说法中，正确的有（　　）。

Ⅰ. 相关系数的取值范围是［-1，+1］

Ⅱ. 当 $\rho > 0$ 时，两变量为正线性相关

Ⅲ. 当 $\rho < 0$ 时，两变量为负线性相关

Ⅳ. 当 $\rho = 0$ 时，两变量为完全线性相关

A. Ⅰ、Ⅱ、Ⅲ　　B. Ⅰ、Ⅱ、Ⅲ、Ⅳ

C. Ⅲ、Ⅳ　　D. Ⅰ、Ⅱ、Ⅳ

10. 下列关于系统性风险和非系统性风险的判断中，错误的一项是（　　）。

A. 总风险=系统性风险+非系统性风险

B. 投资者要求在承担风险的时候得到风险补偿，即风险溢价

C. 承担非系统性风险可以得到风险补偿

D. 无论资产的数目有多少，系统性风险都是固定不变的

11. 假设股票 A 的 $\beta$ 值是 3，在股票市场整体上涨了 4%的情况下，股票 A 则会（　　）。

A. 上涨 3%　　B. 下跌 12%

C. 上涨 12%　　D. 下跌 3%

12. 下列关于证券市场线的说法中，不正确的是（　　）。

A. 证券市场线为每一个风险资产进行定价，它是 CAPM 的核心

B. 一项资产或资产组合的 $\beta$ 系数越高，则它的预期收益率越高

C. 证券市场线的斜率是市场组合的风险溢价

D. 资本市场线可以指出每一个风险资产和收益之间的关系

13. 如果市场期望收益率为12%，某只股票的$\beta$值为1.2，短期国库券利率为6%，如果投资者估计这只股票的收益率为15%，则它的超额收益R为（　　）。

A. 1.2%　　B. 1.8%

C. 6%　　D. 13.2%

14. 尤金·法玛依据时间维度把信息划分为三种信息，下列不属于他的信息划分的是（　　）。

A. 历史信息　　B. 当前公开可得信息

C. 内部信息　　D. 私人信息

15. 下列关于市场有效性的相关说法中，正确的是（　　）。

Ⅰ. 半强有效证券市场是指证券价格不仅已经反映了历史价格信息，而且反映了当前所有与公司证券有关的公开有效信息

Ⅱ. 如果市场是半强有效的，市场参与者就不可能从任何公开信息中获取超额利润，这意味着基本面分析方法无效

Ⅲ. 市场强有效不代表价格对信息的反应是瞬间完成的

Ⅳ. 如果在信息吸收过程中，价格显著地高于或低于新的均衡价格，这意味着公开信息对证券价格的变动趋势仍产生影响

A. Ⅰ、Ⅱ、Ⅲ、Ⅳ　　B. Ⅰ、Ⅱ、Ⅲ

C. Ⅰ、Ⅱ、Ⅳ　　D. Ⅱ、Ⅲ、Ⅳ

## 二、问答题

1. 简述有效市场理论是什么?

2. 主动投资策略和被动投资策略的区别是什么?

3. 资产配置过程需要考虑的因素有哪些?

# 第七章　基金投资风险管理

【内容概述】

投资风险管理是基金管理人的核心业务。本章要求学生在认知风险基本概念的基础上，掌握投资风险的三种常见类型，包括市场风险、信用风险和流动性风险，了解它们的主要表现形式以及应当采取的主要措施；掌握常见的投资风险测度指标的定义，熟悉这些指标的计算方法。

## 第一节　投资风险的类型



通过前面投资组合管理理论的学习，我们知道投资的本质实际上是要控制好收益和风险的配比。衡量风险和寻找投资时机同样重要，需要在保证投资资金安全的前提下，追求收益的最大化。因此，投资风险管理是保证长期投资制胜的关键，也是一切投资管理的核心。常见的投资风险主要包括流动性风险、市场风险和信用风险。

### 一、流动性风险

1. 流动性风险的表现形式

在《新帕尔格雷夫货币金融大辞典》中，流动性被认为是一种资产以合理价位在短期内转换成现金的能力，可以理解为快速执行交易所导致的交易成本，也可以用资产的市场宽度、深度和弹性来描述。

流动性风险是所有投资工具都会面临的一种常见风险，本质上是资产的流动性供给和流动性需求不平衡所导致的。

对于基金投资而言，流动性风险一方面体现在因所交易证券的流动性较差或市场流动性不足，导致预定的时间内无法按照该证券的价值或接近价值买卖，这主要发生在基金管理人最初的建仓阶段或为实现投资收益而卖出证券时。

另一方面，当开放式基金出现较大损失时，投资者的赎回操作可能带来流动性风险的增加。如果基金的流动性头寸不能满足投资者的赎回要求，导致无法及时变现兑付，或者基金被动以不合理的价格抛售资金资产等，都可能使基金遭受损失，甚至引发巨额赎回，基金有可能会面临倒闭清算的极端后果。比如，前文提到的2008年国际金融危机中，美国不少货币市场基金因投资者巨额赎回而爆发流动性危机，导致最终关闭清算。

**案例：基金开年遭遇巨额赎回**

根据《证券投资基金运作管理办法》第四十四条，“开放式基金的基金合同生效后，基金份额持有人数量不满200人或者基金资产净值低于5 000万元的，基金管理人应当及时报告中国证监会；连续20个工作日出现前述情形的，基金管理人应当向中国证监会说明原因和报送解决方案”。

随着机构投资者的壮大，大资金申赎公募基金并导致基金净值异常波动，存量投资者利益受损的现象屡有出现。2021年以来，部分机构占比较大的基金发布公告，提及对巨额赎回损害存量持有人利益的，将可能实施自动清盘。巨额赎回引发自动清盘的条款，最主要还是为了维护基金业绩的稳定与中小份额持有者的利益。在一些基金产品中，如果存在一个或若干大份额持有人，理论上当其集中提出赎回时难免引发基金产品的流动性风险，造成业绩大幅度波动，对于剩余持有人的权益造成一定损害。

2022年年初，某基金公司紧急公告，旗下一只3 000万规模的量化基金发生巨额赎回，将实施延期赎回。从2021年四季报来看，该基金主要的两名机构投资者持有份额占比超93%，而该基金近一年的业绩表现却不尽如人意，跌幅超过25%，其在2021年三四季度就连续遭遇赎回，规模持续缩水。业内人士认为，巨额赎回可能带来净值波动加剧等风险，投资者需要注意。

该基金公司于2022年2月初发布公告，称旗下某核心精选混合基金2月7日发生基金份额净赎回申请超过了前一开放日基金总份额10%的情形，即发生了巨额赎回情形，且存在单个基金份额持有人超过上一开放日基金总份额20%以上的赎回申请的情形。该基金公司还表示，公司按照《基金合同》的约定，对该单个基金份额持有人30%的赎回申请（合计不低于前一工作日基金总份额的20%）与其他基金份额持有人的赎回申请一并予以接受和确认，对该单个基金份额持有人其余赎回申请进行延期办理直至巨额赎回情形消失。

实际上，该基金公司在2022年1月25日就发过“发生巨额赎回后实施延期赎回的公告”，称该基金在2022年1月24日发生基金份额净赎回申请超过了前一开放日基金总份额10%的情形，即发生了巨额赎回情形，且存在单个基金份额持有人超过上一开放日基金总份额20%以上的赎回申请的情形。发生在1月24日的巨额赎回与本次赎回情况并无差别，处置方法同样是按照《基金合同》的约定有序进行。

截至2021年四季度末，该基金公司某核心精选混合基金规模仅为0.32亿元。连续遭遇大额赎回，基金极有可能被清盘。该基金在其2021年四季报中提到，报告期内基金持有人数或基金资产净值预警说明，“本基金存在连续60个工作日基金资产净值低于5 000万元的情形，出现上述情形的时间段为2021年7月26日至2021

年 12 月 31 日。本基金管理人已于 2021 年 10 月 29 日向中国证监会报告了相关事项及解决方案”。

（资料来源：根据林雪于 2022 年 2 月 9 日发表在《中国基金报》上的《紧急公告！有基金新年遭巨额赎回，到底发生了什么?》一文整理）

2. 流动性风险管理的主要措施

除了关注所投资资产本身的流动性以外，基金投资过程中的流动性风险管理更需要关注开放式基金的净赎回量。当基金净赎回量发生异常波动，突破日常波动范围时，意味着所需的现金量较大，现金支付压力增大。通常情况下，影响基金净赎回量的因素包括市场走势、经济环境、金融市场整体流动性、投资者结构和资金需求、基金管理人的投资策略以及内部管理流程等。

为有效应对流动性风险，基金公司应当给予足够的重视，并采取一系列措施。

（1）明确流动性管理的目标。结合基金的投资目标和投资策略，在基金流动性和营利性之间取得平衡，在保证基金净值增长水平的条件下，保持资产适当的流动性，以应对基金日常运作的需要。

（2）制定流动性风险管理计划。通过基金份额持有人的构成和特征，分析其资金来源、投资动机、风险承受能力以及对市场变化的敏感度等，预测未来可能面临的现金需求，及时调整投资组合。此外，基金公司还需要对投资组合资产的流动性进行及时分析和跟踪，评估自身满足流动性需求的能力。

（3）加强资产角度的流动性管理。考虑基金的各种资金来源，将不同流动性需求的资金来源分配在不同流动性的资产上，比如养老金、企业年金等长期资金来源，可适当投资于流动性较差的中长期资产上。同时，可以通过证券选择以及衍生工具的运用，为基金的流动性风险管理提供多样化手段。衍生工具的有效对冲，可以减少基金盈利的波动，甚至提高盈利，进而降低投资者的赎回意愿。

（4）建立完备的保障机制。构建流动性预警机制，当风险指标达到预设的阈值时，应及时调整投资组合或剔除流动性差的个别证券，以维持正常的运作。基金公司还需要定期开展压力测试，制定应急处置预案，防范风险外溢。

**案例：“钱荒”引发货币市场基金赎回潮**

据基金业协会数据，截至 2013 年 6 月底，我国境内共有基金管理公司管理资产合计 34 863.24 亿元，其中管理的公募基金规模 25 180.54 亿元。相比 2012 年基金年报数据，基金公司所管理的公募部分资产规模从 2012 年年底的 2.87 万亿元，缩水至 2.52 万亿元。公募基金规模缩水主要原因是货币基金被大量赎回。在 6 月末“钱荒”的影响下，上半年货币市场基金总份额减少 2 800.31 亿份，总份额直落至 2 899.92 亿份，“失血”比例高达 49.13%。

货币市场基金主要投资如国债、央行票据、商业票据、银行定期存单、政府短期债券、企业债券、同业存单等短期有价证券。虽然这些货币市场基金投资的范围都是一些高安全系数和稳定收益的品种，然而，受“钱荒”影响，畸高的银行间市场回购利率，吸引了大量机构资金从货币市场基金中赎回，转投拆借和回购市场，以获取更高的收益率。

“钱荒”对货币市场基金的影响不仅在于规模的大幅缩水，还包括对基金经理投资的影响。巨额赎回对于基金管理者而言不啻一次“压力测试”，货币市场基金的流动性管理受到考验。2013 年 6 月 26 日，多家基金公司均发布公告称，将自购旗下的货币基金，防止其在“钱荒”中成为首个亏损的产品。

2013 年“钱荒”背景

2013 年 6 月的第一周，一些金融机构贷款增长较快，尤其是票据业务增长过快，导致了头寸紧张。在 24 家主要银行中，有半数银行的新增贷款甚至超过此前一个月的新增贷款，当月前十天的信贷投放就近 1 万亿元。

6 月 19 日，由于流动性紧张，部分银行机构发生资金违约，银行间市场被迫延迟半小时收市，震动整个金融市场。6 月 20 日，资金市场几乎失控而停盘，Shibor 全线上涨，隔夜拆放利率更是飙升 578 个基点，达到 13.44%，比 6%左右的商业贷款利率高出一倍，创下历史新高；银行间隔夜回购利率最高达到史无前例的 30%；与此同时，各期限资金利率全线大涨，“钱荒”进一步升级。

按照以往惯例，每当市场资金面紧张时，央行（中国人民银行）总会及时通过降准、降息或定向逆回购等方式释放流动性，平抑市场，商业银行也已经习惯于央行在市场资金紧缺时出手相助。然而这次央行不但没有启动逆回购、SLO（短期流动性调节工具）等，反而在 6 月 20 日继续发行 20 亿元中央银行票据回笼资金，使得本来就非常紧张的资金面加剧收缩，也让市场担忧情绪瞬间达到顶点。

6 月 25 日，Shibor 涨跌互现，但波动幅度明显缩小。同日，央行发表声明，称近日已向一些符合要求的金融机构提供流动性支持，并称将适时调节银行体系流动性，平抑短期异常波动，稳定市场预期，保持货币市场稳定。央行同时表示目前银行间市场利率进一步回落，商业银行备付金充裕，股市暂时见底反弹，流动性危机暂时告一段落。

央行于 6 月下旬注入流动性，时点性资金需求回落。在严监管下，地方政府融资平台贷款、理财业务、信托增速等放缓，金融机构流动性得到一定改善。

（资料来源：根据李洁如和胡德佳于 2014 年 2 月 12 日发表于《金融博览》上的《回放：2013 年两度“钱荒”》、宁鹏于 2013 年 8 月 14 日发表于《陆家嘴》上的《“钱荒”拖累基金半年报》等文章整理）

## 二、市场风险

市场风险是指投资组合中各类证券的价格受到市场内经济、政治、环境等多方面因素的共同影响而导致的风险。因此，基金的市场风险主要体现在经济周期性波动风险、政策风险、利率风险、汇率风险和购买力风险等方面（见表 7-1）。

表 7-1 市场风险的类型

| 类型 | 定义 |
| --- | --- |
| 经济周期性波动风险 | 经济发展具有周期性，当处于阶段性下行时，基金市场行情也会相对低迷 |
| 政策风险 | 宏观政策变化所带来的风险，比如，国家的货币政策、财政政策、产业政策等的变化所引起的基金收益的波动 |
| 利率风险 | 因利率变化而产生的风险，利率变化主要受央行货币政策、市场通货膨胀预期等影响，这种变动是不确定的，而且是逐步累积的过程，因此利率风险具有一定隐蔽性 |
| 汇率风险 | 因汇率变化而产生的风险，汇率变化主要受国际政治局势、国际收支、外汇储备、利率等影响，比如，QDII 基金投资于境外市场，受汇率影响较大 |
| 购买力风险 | 又称通货膨胀风险，通货膨胀等因素使得资产购买力下降，降低了基金的实际收益水平。比如，物价上涨到一定程度，投资者购买基金获取的实际收益可能随之下降，甚至为负值 |

针对市场风险，基金公司应当密切关注宏观环境因素变化可能带来的系统性风险以及行业、个股基本面变化所带来的非系统性风险，提出有效应对策略；采用夏普比率、特雷诺比率和詹森比率等投资风险测度指标衡量投资组合的风险调整后收益；运用量化技术手段分析市场风险的来源和暴露；强化场内场外交易的监控，密切跟踪分析重大投资。



### 三、信用风险

信用风险是指基金在交易过程中，所投资证券的发行人违约导致不能或拒绝支付到期本息等情况，从而导致基金资产损失的风险。

比如，基金所投资债券的发行人违约，这一风险事件对持有该债券的基金和基金公司都会造成直接影响，体现在该债券短期内流动性变差，难以变现，估值下跌；基金净值因该债券估值下跌而受损，可能引发投资者集中性赎回，导致流动性风险；基金公司也会因自有资金受损，面临监管处罚；等等。

针对信用风险，尤其是债券基金的基金经理更应积极采取应对措施：通过建立内部信用评级制度、信用风险监控体系等进行综合评估，控制投资组合中债券的信用等级，并适度进行分散化投资，避免单一债券类别给基金带来的集中性信用风险。

## 第二节 投资风险的测度指标

### 一、投资风险测度的意义

科学、有效的风险测度是基金投资风险管理的核心。一般来说，风险测度分为事前风险测度和事后风险测度。

事前风险测度强调风险发生前衡量投资组合在将来的表现和风险情况，常见的风险指标如风险价值，用来衡量在一定置信水平和持有期内，某一资产或投资组合在未来资产价格波动下面临的最大损失额。

事后风险测度则是在风险发生后研究投资组合在历史上的表现和风险情况，常用来衡量风险调整后的收益情况，常见的风险指标如$\beta$系数、跟踪误差等。

风险指标的选取对投资风险的测度至关重要，很大程度决定了投资风险管理的有效性。本章重点就实际应用中常见的风险指标进行介绍。

## 二、常见的风险指标

常见的风险指标有$\beta$系数、波动率、跟踪误差、下行标准差、最大回撤等（见表7-2），每个指标各有侧重。但在现实应用中，对基金投资风险的分析往往需要多个风险指标交叉验证，彼此互为补充。

**表7-2　常见的风险指标及其应用**

| 指标 | 概念 | 计算方法 | 应用及局限性 |
|---|---|---|---|
| $\beta$系数 | 评估资产或资产组合的系统性风险，反映单个资产或投资组合相对于市场收益变化的敏感度 | $\beta_p=\dfrac{\mathrm{Cov}(r_p,\ r_m)}{\sigma_m^2}=\rho_{p,\ m}\cdot\dfrac{\sigma_p}{\sigma_m}$<br>（$\rho_{p,\ m}$表示投资组合$p$与市场的相关性，$\sigma_p$表示投资组合$p$的标准差，$\sigma_m$表示市场的标准差）<br>$\beta=1$时，投资组合的价格变动幅度与市场一致；<br>$\beta>0$时，投资组合的价格变动方向与市场一致；<br>$\beta<0$时，反之。<br>$\beta>1$时，投资组合的价格变动幅度比市场更大；$0<\beta<1$时，投资组合的价格变动幅度比市场小 | 实际应用：<br>1. 衡量投资组合相对基准的风险水平<br>2. 比较两个投资组合的风险水平<br>3. 观察同一个投资组合的风险特征变化<br>局限性：<br>1. 通过历史收益数据计算而来的，无法反映新的变化<br>2. 随着历史时间区间的变化而变化，应用时需要注意所使用数据的时间区间 |
| 波动率 | 表示$m$天组合收益率的标准差 | 假定$\sigma_n$为第$n-1$天所估计的投资组合收益率在第$n$天的波动率，则：<br>$\sigma_n=\sqrt{\dfrac{1}{m-1}\sum_{1}^{m}(u_{n-i}-\bar{u})^2}$<br>（$S_i$表示第$i$天末的基金净值，$u_i$为第$i$天的收益率，$\bar{u}$为$u_i$的平均值） | 实际应用：<br>1. 通过对历史时期波动率的计算，可以了解当前投资组合的波动率水平，确定其波动是否在正常范围内<br>2. 波动率计算时常常忽略交易所关闭的日子，仅计算交易日数量 |
| 跟踪误差 | 衡量投资组合相对于业绩比较基准的收益偏离程度 | 跟踪误差是跟踪偏离度的标准差，跟踪偏离度$\mathrm{TD}_{ti}$的计算公式如下：<br>$\mathrm{TD}_{ti}=R_{ti}-R_{tm}$<br>（$R_{ti}$表示投资组合$i$在时间$t$时的真实收益率，$R_{tm}$表示基准组合收益率） | 1. 用来衡量投资组合的相对风险是否符合预定的目标或是否在正常范围内<br>2. 指数基金的跟踪误差通常较低<br>3. 主动管理基金受到投资目标和风格不同的影响，跟踪误差较大 |

表7-2(续)

| 指标 | 概念 | 计算方法 | 应用及局限性 |
|---|---|---|---|
| 主动比重 | 强调投资组合持仓与基准不同的部分，衡量一个投资组合与基准指数的相似程度 | 假定全市场可投资股票有 $n$ 只，$w_{p,i}$ 为第 $i$ 只股票在投资组合中的权重，$w_{b,i}$ 为第 $i$ 只股票在基准中的权重，则主动比重 AS 为 $$AS=\frac{1}{2}\sum_{1}^{n}\lvert w_{p,i}-w_{b,i}\rvert$$ AS=0，意味着该投资组合实质上是一个指数基金；AS=100%，意味着该投资组合与基准完全不同；较高的主动比重意味着偏离较大 | 实际应用：常用于分析追求相对收益的股票型基金<br>局限性：<br>1. 与基准有差异，不意味着投资组合一定会跑赢或跑输基准<br>2. 与基准有差异，不意味着投资组合的业绩表现会与基准有显著区别 |
| 最大回撤 | 测量投资组合在指定区间内从最高点到最低点的回撤 | 在选定区间内任一历史时点往后推，产品净值走到最低点时的收益率回撤幅度的最大值 | 实际应用：<br>1. 衡量投资管理人对下行风险的控制能力<br>2. 指定区间越长，该指标越不利<br>局限性：不能衡量损失发生的可能频率，只能衡量损失的大小 |
| 下行标准差 | 关注收益率不能达成目标时的风险 | 假定 $r_i$ 表示第 $i$ 期基金收益率，$r_T$ 表示目标收益率，$n$ 表示基金收益率小于目标收益率的期数，其中，$r_i<r_T$，则： $$下行标准差=\sqrt{\frac{\sum_{i=1}^{n}(r_i-r_T)^2}{n}}$$ | 局限性：需要获取足够多的收益低于目标的数据进行计算 |



## 【能力训练】

### 项目七　β系数在证券投资基金中的运用

**模拟情境**

β系数是评估证券或投资组合系统性风险的指标。在投资界，β系数是一个通用的衡量市场风险的工具。通过表7-3和表7-4，观察基金收益率与β系数的表现。

（1）大盘指数上行时期（2006.12.31—2007.12.31）

**表7-3　开放式股票型基金收益率与β系数**

| 基金名称 | 基金代码 | 收益率 | β系数 |
|---|---|---|---|
| | | | |
| | | | |
| | | | |
| | | | |
| | | | |

表7-3(续)

| 基金名称 | 基金代码 | 收益率 | $\beta$系数 |
| --- | --- | --- | --- |
| | | | |
| | | | |
| | | | |

（2）大盘指数下行时期（2015.08.31—2016.08.31）

**表 7-4　开放式股票型基金收益率与$\beta$系数**

| 基金名称 | 基金代码 | 收益率 | $\beta$系数 |
| --- | --- | --- | --- |
| | | | |
| | | | |
| | | | |
| | | | |
| | | | |
| | | | |
| | | | |
| | | | |



**实训要求**

（1）要求学生任意挑选几只对应时期的开放式股票型基金，并将其对应信息填入表格。

（2）观察上述已查找的数据，总结基金收益率和$\beta$系数之间的关系。

## 【课后练习】

### 一、选择题

1. 关于基金的流动性风险，下列说法不正确的是（　　）。

   A. 流动性风险可表现为基金管理人由于个股市场流动性不足而无法按预期价格将股票卖出

   B. 建立流动性预警机制可以预防流动性风险

   C. 因利率变动产生的基金价值的不确定性是流动性风险

   D. 基金流动性风险同时影响资金的供给与需求

2.（　　）是指债券发行人没有能力按时支付利息、到期归还本金的风险。

   A. 购买力风险　　　　B. 信用风险

   C. 利率风险　　　　B. 政策风险

3. 下列不属于市场风险的是（　　）。

   A. 汇率风险　　　　B. 流动性风险

C. 政策风险　　　　　　　　　　D. 购买力风险

4. 为应付投资者的赎回，当个股的流动性较差时，基金管理人被迫在不适当的价格大量抛售股票或债券，这种风险被称为（　　）。

A. 市场风险　　　　　　　　　　B. 汇率风险

C. 购买力风险　　　　　　　　　D. 流动性风险

5. 证券投资组合 $p$ 由 A、B、C、D 四项资产构成，这四项资产的 $\beta$ 系数分别是 0.2、0.5、0.8、1.2。在等额投资的情况下，该投资组合的 $\beta$ 系数为（　　）。

A. 0.675　　　　　　　　　　　B. 0.6

C. 1.375　　　　　　　　　　　D. 1.3

6. 假设证券 A 的 $\beta$ 系数为 1.2，证券 B 的 $\beta$ 系数为 0.9，以下说法正确的是（　　）。

A. 证券 A 对市场指标的敏感性较强

B. 证券 B 对市场指标的敏感性较强

C. 证券 A 所获得的收益较高

D. 证券 B 所获得的收益较高

7. 以下关于风险的说法不正确的是（　　）。

A. 风险管理的基础工作是测量风险

B. 选择合适的风险测量指标和科学的计算方法是正确度量风险的基础

C. 风险指标可以分为事前和事后两类

D. 事前指标通常用来评价一个组合在历史上的表现和风险情况

8. 用来评估证券或投资组合系统性风险的，反映投资对象对市场变化的敏感度的指标是（　　）。

A. 最大回撤　　　　　　　　　　B. 下行风险

C. 标准差　　　　　　　　　　　D. $\beta$ 系数

9. 已知某证券 $\beta$ 系数等于 1，则表明该证券（　　）。

A. 无风险

B. 有非常低的风险

C. 与整个证券市场平均风险一致

D. 比整个证券市场平均风险大 1 倍

10. 已知一个投资组合与市场收益的相关系数为 0.6，该组合的标准差为 0.8，市场的标准差为 0.3，则该投资组合 $\beta$ 系数为（　　）。

A. 1.6　　　　　　　　　　　　B. 1.5

C. 1.4　　　　　　　　　　　　D. 1

11.（　　）是投资组合持仓与基准不同的部分。

A. 主动比重　　　　　　　　　　B. 跟踪误差

C. 最大回撤　　　　　　　　　　D. 下行风险

12. 下列关于 $\beta$ 系数局限性的相关说法中，有误的一项是（　　）。

A. $\beta$ 系数通常是用投资组合与基准指数的历史收益数据计算而来的

B. 对于投资管理人来说，要在短期内达到一个特殊的$\beta$系数目标，是非常困难的

C. 在应用$\beta$系数进行投资组合对比时，可以不计所使用数据的时间区间

D. $\beta$系数会随着计算所使用的历史时间区间的变化而变化

二、问答题

1. 基金投资风险包括哪些主要类型？

2. 流动性风险的主要表现形式是什么？

3. 什么是主动比重？实际中如何应用？

# 第八章　基金的信息披露与业绩评价

【内容概述】

本章要求学生掌握基金信息披露的含义、作用以及种类；了解基金年报中的关键信息；掌握基金业绩评价目的、原则以及应考虑的因素；熟悉基金绩效评价方法，掌握基金投资收益率计算方法，并能够区分绝对收益和相对收益的概念；了解基金业绩归因的技术方法。

## 第一节　基金信息披露

### 一、基金信息披露概述

1. 基金信息披露的概念

基金信息披露是指基金市场上的相关当事人依照法律法规规定，定期或不定期地公布基金募集、上市交易、投资运作等一系列环节的相关资料，以便提示基金的投资风险。

基金信息披露有利于投资者做出价值判断，引导投资者理性决策；有利于监管当局更好地实施业务监管，防止利益冲突与利益输送；有利于消除道德风险等问题带来的低效无序状况，提高市场的运作效率；有利于防止信息滥用。

基金信息披露的原则要求：在信息披露内容上，遵循“真实、准确、完整、及时和公平”的原则；在信息披露形式上，遵循“规范、易解和易得”的原则。

2. 基金信息披露的法律法规

1999 年，中国证监会发布实施《证券投资基金信息披露指引》，并在此基础上构建了我国基金试点时期的信息披露制度法律框架。2003 年 10 月《证券投资基金法》颁布后，为了适应基金市场不断发展的需要，中国证监会对最初的基金信息披露制度进行了修订和补充，并于 2003 年起先后发布了与《证券投资基金法》配套的一系列基金信息披露规章和规范性文件，进而形成了一套新的基金信息披露制度体系。我国基金信息披露制度体系可分为国家法律、部门规章、规范性文件与自律规则四个层次。

## 二、基金信息披露的类型

基金信息披露分为基金募集信息披露、基金运作信息披露和基金临时信息披露三大类（见表 8-1）。

**表 8-1　基金信息披露的类型**

| 类型 | 披露文件 | 披露规定 |
|---|---|---|
| 基金募集信息披露 | 基金合同 | 约定基金份额持有人、基金管理人和基金托管人三方的权利及义务 |
| | 基金招募说明书 | 基金管理人为发售基金份额而依法制作，方便投资者了解基金公司情况、说明基金募集有关事宜、指导投资者认购基金份额 |
| | 基金托管协议 | 由基金管理人和基金托管人共同签订，明确双方在基金运作各项事宜中的权力、义务及职责，保障基金份额持有人的合法权益 |
| 基金运作信息披露 | 基金净值公告 | 让投资者及时获取基金资产净值、份额净值和份额累计净值等信息，便利投资 |
| | 基金定期公告 | 包括基金季度报告、半年度报告、年度报告。其中，年度报告是基金存续期间信息披露中信息量最大的文件，涵盖基金经营业绩、基金份额的变动、年度末基金财务状况、投资组合以及持有人结构等信息 |
| | 基金上市交易公告书 | 目前可在二级市场上市交易的基金主要有封闭式基金、LOF 和 ETF（公募分级基金已经清退，目前不存在子份额上市交易），需要披露上市交易公告书，明确基金募集情况、上市交易安排、持有人结构、基金投资组合、财务状况等相关信息 |
| 基金临时信息披露 | | 因基金重大事件发生而需披露的临时报告、澄清公告等 |

## 三、基金信息披露的禁止行为

为保护投资者的合法权益，法规明确给出了基金信息披露的禁止性行为（见表 8-2）。

**表 8-2　基金信息披露的禁止行为**

| 禁止行为 | 含义和表现形式 |
|---|---|
| 虚假记载、误导性陈述或者重大遗漏 | 1. 虚假记载指信息披露义务人将不存在的事实在基金信息披露文件中予以记载的行为<br>2. 误导性陈述是指使投资者对基金投资行为发生错误判断并产生重大影响的陈述<br>3. 重大遗漏是指披露中存在应披露而未披露的信息，以至于影响投资者做出正确决策 |
| 对基金的证券投资业绩进行预测 | 基金所持有的各类资产，其风险收益受国内外宏观经济环境、市场行情、发行主体自身经营现状等因素影响而变化，具有一定的随机性，因此，不允许对基金的证券投资业绩水平进行预测 |

表8-2(续)

| 禁止行为 | 含义和表现形式 |
| --- | --- |
| 违规承诺收益或承担损失 | 对于基金信息披露义务人而言，其没有承诺收益的能力，也不存在承担损失的可能。因此，如果基金信息披露中违规承诺收益或承担损失，则将被视为对投资者的诱骗及进行不当竞争 |
| 诋毁其他基金管理人、基金托管人或基金销售机构 | 如果基金管理人、基金托管人或者基金销售机构对其他同行进行诋毁、攻击，借以抬高自己，则将被视为违反市场公平原则，扰乱市场秩序，构成一种不当竞争行为 |
| 有宣传他人的文字 | 登载任何自然人、法人或其他组织的祝贺性、恭维性或推荐性的文字 |

# 第二节　基金业绩评价

## 一、基金业绩评价概述

基金业绩评价是对过去一段时期基金投资业绩的评估，是对基金管理人投资管理能力的衡量。评价机构对基金以往的收益、风险以及风险调整后收益分别选取对应指标进行定量分析，并剔除市场偶然因素后，对基金管理人的投资业绩做出公正客观的评价。因此，基金业绩评价可以帮助市场筛选出优秀的基金经理，一方面有利于基金公司量化基金经理的业绩水平，为内部绩效考核提供参考，另一方面也有利于投资者辨识具有较高投资管理能力的基金经理，选择符合自己投资理念的基金进行投资。



基金业绩评价应当遵循客观性、可比性和长期性原则。市场上基金种类繁多，不同类型基金的投资目标、投资组合、投资策略和业绩比较基准等都不相同，在基金业绩评价上不具有可比性。比如，股票基金将80%以上的基金资产投资于股票，债券基金则将80%以上的基金资产投资于债券，这两类基金因投资目标不同，各自的投资范围、投资策略以及所受到的投资约束不同，风险收益特征不同，单纯地比较二者的基金收益率不具有实质意义。

因此，为了对基金业绩做出更有效的评价，应当综合考虑基金的投资目标、比较基准、管理规模、时间区间选择、投资组合稳定性以及基金的风险水平等，如此才能更科学、合理地反映基金的真实运营效果。

## 二、基金业绩评价的方法

1. 绝对收益

开展基金业绩评价，首先要进行收益率计算。绝对收益是指证券或投资组合在一定时间区间内所获得的回报，衡量的是证券或证券投资组合的增值或贬值，具体计算指标见表8-3。

**表 8-3　绝对收益的计算指标**

| 指标 | 定义 | 计算方法 | 应用举例 |
| --- | --- | --- | --- |
| 持有区间收益率 | 持有期间的收益，包括资产回报（各类资产价格的增减）和收入回报（分红、利息等） | 资产回报率＝（期末资产价格－期初资产价格）÷期初资产价格×100%<br>收入回报率＝期间收入÷期初资产价格×100% | 某投资者在 2020 年 12 月 31 日以 120 元价格买入 A 股票 1 股，一年后现金分红 6 元，股价上涨为 132 元，由此得到：<br>资产回报率＝（132－120）÷120×100%＝10%<br>收入回报率＝6÷120×100%＝5%<br>持有区间收益率＝10%＋5%＝15% |
| 时间加权收益率 | 已知基金资产净值受申购、赎回、分红等资金进出影响，因此，将计算区间按现金流发生时间划分为若干子区间，分别计算每个子区间的持有期收益率，然后按几何加权平均的方法计算总收益 | $R=(1+R_1)\times(1+R_2)\times\cdots\times(1+R_n)-1$<br>（$R$ 表示时间加权收益率，$R_1$、$R_2$、$R_n$分别表示第 1 个、第 2 个以及第 $n$ 个子区间的持有期收益率）<br>如此，基金的申购、赎回与分红等资金进出将不会影响收益率的计算 | 某股票基金资产组合的年初资产净值为 100 万元，上半年收益率为 10%，下半年发起人又投入 50 万元，年底资产净值为 200 万元，则：<br>上半年的收益率＝10%<br>下半年的收益率＝［200－100×（1＋10%）－50］／［100×（1＋10%）＋50］＝25%<br>时间加权收益率＝（1＋10%）×（1＋25%）－1＝37.5% |
| 基金收益率 | 由于基金单位资产净值不受基金份额申购、赎回的影响，利用基金单位资产净值计算收益率，只需考虑分红 | 假定红利以除息前一日的单位净值为计算基准立即进行再投资，分别计算每次分红期间的分段收益率，再由分段收益率连乘得到总收益：<br>$R=[(1+R_1)(1+R_2)\cdots(1+R_n)-1]\times100\%$<br>$=(\frac{NAV_1}{NAV_0}\cdot\frac{NAV_2}{NAV_1-D_1}\cdots\frac{NAV_{n-1}}{NAV_{n-2}-D_{n-2}}\cdot\frac{NAV_n}{NAV_{n-1}-D_{n-1}}-1)\times100\%$ | 某基金在 2021 年 4 月 15 日的单位净值为 1.328 8 元，2021 年 12 月 15 日的单位净值为 1.587 8 元。其间该基金于 8 月 25 日按每份额派发红利 0.175 元。该基金 8 月 24 日（除息日前一天）的单位净值为 1.678 8 元，该基金本时段的加权收益率为<br>$R=\{(1.6788\div1.3288)\times[1.5878\div(1.6788-0.175)]-1\}\times100\%=33.4\%$ |
| 平均收益率 | 算术平均收益率是计算各期收益率的算术平均值；<br>几何平均收益率是计算 1 元投资在 $n$ 期内的平均收益率 | 算术平均收益率<br>$R_A=(R_1+R_2+\cdots R_n)\div n$<br>几何算术平均收益率<br>$(1+R_G)^n=(1+R_1)(1+R_2)\cdots(1+R_n)$<br>$R_G=[\sqrt[n]{\prod_{i=1}^{n}(1+R_i)}-1]\times100\%$<br>几何平均收益率更能反映真实收益情况 | 某基金第一年初的份额净值为 1 元，年底涨为 2 元，在第二年末又跌回 1 元，假定期间没有分红，则：<br>第一年收益率 $R_1=(2-1)\div1\times100\%=100\%$<br>第二年收益率 $R_2=(1-2)\div2\times100\%=-50\%$<br>几何平均收益率 $R_G=\{[(1+100\%)(1-50\%)]^{0.5}-1\}\times100\%=0$<br>算术平均收益率 $R_A=(100\%-50\%)\div2=25\%$ |

2. 相对收益

与绝对收益相比，相对收益是指基金在一定时间区间内收益超过业绩比较基准的部分，因此又被称为超额收益。

相对收益可以采用算术法与几何法两种方法进行计算：

$$\mathrm{ER}_a = R_p - R_b$$

$$\mathrm{ER}_g = \frac{R_p + 1}{R_b + 1} - 1$$

其中：$\mathrm{ER}_a$ 表示算术法计算的相对收益；$\mathrm{ER}_g$ 表示几何法计算的相对收益；$R_p$ 为基金收益；$R_b$ 为基准收益。实际应用中，算术法更为直观、简便。

3. 风险调整后收益

现代投资组合理论和资本资产定价模型被提出以后，人们不再单纯地使用基金单位净资产和投资收益率指标来评价基金业绩，而是综合考虑风险因素对基金投资收益的影响，于是各种风险调整后收益指标陆续推出，构成了现代基金业绩评价理论的核心。

常用的风险调整后收益指标主要有夏普比率、特雷诺比率、詹森 $\alpha$ 和信息比率，见表 8-4。

**表 8-4　风险调整后收益指标**

| 指标 | 定义 | 计算方法 | 应用举例 |
|---|---|---|---|
| 夏普比率 $S_p$ | $S_p$表示单位总风险的超额收益，$S_p$越大，基金的表现就越好；反之，基金的表现越差。但超额收益为负数时，往往容易产生相反的评价结论 | $S_p = \frac{\overline{R_p} - \overline{R_f}}{\sigma_p}$（$\overline{R_p}$ 为基金的平均收益率；$\overline{R_f}$ 为平均无风险收益率；$\sigma_p$ 为基金收益率的标准差，表示总风险） | 根据 $S_p$ 的大小，可以衡量基金的业绩表现，也可以对不同基金进行业绩排序。例：某投资组合的平均收益率为 15%，收益率标准差为 23%，$\beta$ 值为 1.2，若无风险利率为 5%，则：$S_p$ =（15%−5%）/23% = 0.43 |
| 特雷诺比率 $T_p$ | $T_p$表示单位系统性风险的超额收益，认为足够分散化的组合没有非系统性风险，仅有与市场变动差异的系统性风险。$T_p$越大，基金的表现就越好；反之则越差 | $T_p = \frac{\overline{R_p} - \overline{R_f}}{\beta_p}$（$\overline{R_p}$ 为基金的平均收益率；$\overline{R_f}$ 为平均无风险收益率；$\beta_p$ 为系统性风险） | 例：某股票基金年化平均收益率为 15%，收益率的标准差为 20%，$\beta$ 系数为 0.85，若无风险收益率为 5%，则：$T_p$ =（15% − 5%）/0.85 = 0.12 |
| 詹森 $\alpha_p$ | $\alpha_p$ 表示基金的投资组合收益率与承担了相同系统性风险水平下市场投资组合收益率的差异，是在 CAPM 上发展出的一个风险调整差异衡量指标。当 $\alpha_p$ 显著为正时，表明被评价基金与市场相比较有优越表现；当 $\alpha_p$ 显著为负时，表明被评价基金的表现与市场相比较整体表现差 | $\alpha_p = \overline{R_p} - [\overline{R_f} + \beta_p(\overline{R_M} - \overline{R_f})]$（$\overline{R_p}$ 为基金的平均收益率；$\overline{R_f}$ 为平均无风险收益率；$\beta_p$ 为系统性风险；$\overline{R_M}$ 为市场平均收益率） | 例：某基金的贝塔值为 1.3，收益率 20%，市场组合的收益率为 18%，无风险利率 6%，则：$\alpha_p$ = 20%−6%−1.3×（18%−6%）= −0.016 |

表8-4(续)

| 指标 | 定义 | 计算方法 | 应用举例 |
|---|---|---|---|
| 信息比率IR | IR表示单位跟踪误差所对应的超额收益，是对相对收益率进行风险调整的分析指标 | $IR=\frac{\overline{R_p}-\overline{R_b}}{\sigma_{p-b}}$<br>（$\overline{R_p}$为投资组合平均收益率；$\overline{R_b}$为业绩比较基准平均收益率，两者之差即超额收益；$\sigma_{p-b}$为跟踪误差） | IR越大，说明该基金在同样的跟踪误差水平上能获得越大的超额收益，或者在同样的超额收益水平下跟踪误差越小 |

4. 基金的业绩比较基准

在相对收益和信息比率的计算中，都会涉及基金的业绩比较基准。业绩比较基准是评估基金业绩的基础标尺，通过设定初始目标来评价基金的表现。不同类型基金的业绩比较基准也不尽相同，基金经理通常会根据基金的投资目标和投资范围来选择基准指数。

如表8-5所示，诺安策略精选股票型基金的业绩比较基准为“80%沪深300指数+20%中证全债指数”，由沪深300指数和中证全债指数复合而成。该基金属于股票基金，因此沪深300指数的权重更高，与其投资目标和投资范围相匹配。表8-6显示了该基金的份额净值增长率及其与同期业绩比较基准收益率的比较。

**表8-5　诺安策略精选股票型基金的业绩比较基准**

| 基金全称 | 诺安策略精选股票型证券投资基金 | 基金简称 | 诺安策略精选股票 |
|---|---|---|---|
| 基金代码 | 320020（前端） | 基金类型 | 股票型 |
| 发行日期 | 2012年04月18日 | 成立日期/规模 | 2012年05月28日 / 36.058亿份 |
| 资产规模 | 1.62亿元（截至：2022年06月30日） | 份额规模 | 0.801 6亿份（截至：2022年06月30日） |
| 基金管理人 | 诺安基金 | 基金托管人 | 中国银行 |
| 基金经理人 | 蔡宇滨 | 成立来分红 | 每份累计0.00元（0次） |
| 管理费率 | 1.50%（每年） | 托管费率 | 0.25%（每年） |
| 销售服务费率 | —（每年） | 最高认购费率 | 1.00%（前端） |
| 最高申购费率 | 1.50%（前端）<br>天天基金优惠费率：0.15%(前端) | 最高赎回费率 | 1.50%（前端） |
| 业绩比较基准 | 80%沪深300指数+20%中证全债指数 | 跟踪标的 | 该基金无跟踪标的 |

注：数据来自天天基金网。

**表 8-6　诺安策略精选股票型基金的净值表现（2021 年年报数据）**　　单位：%

| 阶段 | 份额净值增长率① | 份额净值增长率标准差② | 业绩比较基准收益率③ | 业绩比较基准收益率标准差④ | ①-③ | ②-④ |
|---|---|---|---|---|---|---|
| 过去三个月 | 10.11 | 0.69 | 1.52 | 0.63 | 8.59 | 0.06 |
| 过去六个月 | 15.63 | 0.82 | -3.65 | 0.82 | 19.28 | 0.00 |
| 过去一年 | 28.92 | 0.81 | -2.86 | 0.94 | 31.78 | -0.13 |
| 过去三年 | 117.45 | 1.06 | 54.18 | 1.03 | 63.27 | 0.03 |
| 自基金合同生效起至今 | 108.01 | 0.98 | 37.81 | 1.05 | 70.20 | -0.07 |

注：数据来自诺安策略精选股票型基金 2021 年年报。

## 三、基金业绩归因

基金投资过程中除了需要对基金业绩的优劣进行评价，还需要对造成基金收益率波动的原因进行探究，这就是基金业绩归因要回答的问题。基金业绩归因，简单说就是基金业绩贡献的因素分析。

1. 绝对收益归因

绝对收益归因相对比较简便、直观，在绝对收益归因中，我们考察在特定区间内，每个证券和每个行业如何贡献到组合的整体收益。假设在考察区间内没有交易行为，每个证券的贡献为自身的收益率乘以其初始权重，即：

$$C_i = \frac{\text{BMV}_i}{\sum_{i=1}^{n} \text{BMV}_i} \times R_i$$

其中，BMV 为证券期初市场价格；$R$ 为区间收益率；$C$ 为收益贡献；$i$ 为单个收益贡献因素；$n$ 为贡献因素总数量。

2. 相对收益归因

在相对收益归因中，我们需要考察基金如何跑赢或跑输其业绩比较基准。从基金经理为投资者创造价值的角度看，基金能够为投资者提供相对收益的方式，可以从资产配置（择时）和证券选择（选股）两个方面着手。一名优秀的基金经理，能够通过适当的资产配置，在正确的时间点选择正确的个股，来获取市场上的超额收益。

下面以最常用的 Brinson-Hood-Beebower（BHB）模型为例加以说明。

（1）资产配置能力

基金在各类资产上的实际配置比例相对于正常比例的偏离，我们可以认为是基金经理在资产配置方面所进行的积极选择。因此，在一个持有期内，组合第 $i$ 项投资子集的配置效应为该项投资子集在基准中的收益率乘以该项投资子集在投资组合与基准中的权重之差：

$$\text{Allocation}(i) = r_i^b \times (w_i^p - w_i^b)$$

其中，$r_i^b$ 表示基准中第 $i$ 项投资子集的收益率；$w_i^p$ 表示第 $i$ 项投资子集在投资组合中的权重；$w_i^b$ 表示第 $i$ 项投资子集在基准中的权重。

对于投资组合整体而言，资产配置效应为所有投资子集的配置效应之和，即：

$$\sum \text{Allocation}(i) = \sum r_i^b \times (w_i^p - w_i^b) = \sum r_i^b \times w_i^p - \sum r_i^b \times w_i^b$$

式中：$\sum r_i^b \times w_i^p$ 表示假定投资组合中各投资子集收益率与基准指数相应投资子集相同，而权重不变时，该投资组合的收益率；$\sum r_i^b \times w_i^b$ 表示基准收益率。资产配置能力是二者之差。

实际上，资产配置能力反映了基金在宏观环境变化下的择时能力。

（2）证券选择能力

同样地，基金在各类资产上的实际收益率与基准指数收益率的不同，我们可以认为是基金经理在给定资产配置下进行积极证券选择的贡献。因此，在一个持有期内，组合第 $i$ 项投资子集的选择效应为该项投资子集在组合和基准中的收益率之差乘以该项投资子集在投资组合中的权重：

$$\text{Selection}(i) = (r_i^p - r_i^b) \times w_i^p$$

其中：$r_i^p$ 表示投资组合中第 $i$ 项投资子集的收益率；$r_i^b$ 表示基准中第 $i$ 项投资子集的收益率；$w_i^p$ 表示第 $i$ 项投资子集在投资组合中的权重。

对于投资组合整体而言，证券选择能力为所有投资子集配置效应之和，也就是每个投资子集超额收益的加权平均：

$$\sum \text{Selection}(i) = \sum (r_i^p - r_i^b) \times w_i^p$$

证券选择能力反映了基金在给定资产配置下的选股能力，更能体现基金经理对股票的预测能力。

举个例子，某主动管理型基金 P 及其业绩比较基准 B 的相关数据如表 8-7 所示，基金 P 和基准 B 均投资于股票、债券和现金三大类资产。业绩比较基准由沪深 300 指数、中证全债指数、上海银行间同业拆放利率（SHIBOR）构成。请问该基金的资产配置贡献和证券选择的贡献分别是多少？

**表 8-7　基金 P 及其业绩比较基准 B 的各类资产收益状况**　　单位：%

| 投资子集/基准指数 | 基金业绩 | 基金权重 | 基准业绩 | 基准权重 |
|---|---|---|---|---|
| 股票/沪深 300 指数 | 7.28 | 70 | 5.81 | 60 |
| 债券/中证全债指数 | 1.89 | 7 | 1.45 | 30 |
| 现金/SHIBOR | 0.48 | 23 | 0.48 | 10 |

结合前面的分析，我们可以算出：

基金 P 当月总收益率为（70%×7.28%）+（7%×1.89%）+（23%×0.48%）= 5.34%，基准 B 的当月收益率为（60%×5.81%）+（30%×1.45%）+（10%×0.48%）= 3.97%，基金 P 的超额收益率为 5.34%-3.97%=1.37%。

由此，资产配置带来的贡献为（70%-60%）×5.81%+（7%-30%）×1.45%+

(23%−10%) ×0.48%＝0.31%。

如果业绩中有0.31%应归功于各资产类别间的成功配置，那么1.37%−0.31%＝1.06%就应该源于行业及具体证券的选择。因此，证券选择带来的贡献为70%×(7.28%−5.81%) +7%× (1.89%−1.45%) ＝1.06%。

**【能力训练】**

## 项目八　查阅、分析基金的信息披露内容

**模拟情境**

能够查阅基金信息，学会阅读基金招募说明书和基金年报。

**实训要求**

选择一只具体的基金产品，分别找到下列文件，查看各文件的内容和披露的具体要求。

一、查找文件

1. 募集信息披露

(1) 基金合同、托管协议；

(2) 基金份额发售公告；

(3) 合同生效公告；

(4) 更新的招募说明书。

2. 运作信息披露

(1) 最新年度报告；

(2) 最新半年报告；

(3) 最新季度报告。

3. 临时信息披露

二、填写相应信息

1. 请根据查找到的基金招募说明书，完整补充该基金的下列相关内容。

(1) 基金类型

(2) 投资目标

(3) 投资范围（投资组合及各类资产配置比例）

(4) 投资策略

（5）业绩比较基准

（6）过往业绩的表现情况（简单表述即可）

（7）基金经理的能力（简历以及历任基金回报率）

（8）基金收益分配原则（包括分红次数、分红比例等）



（9）基金的费用包括哪些

（10）基金运作中可能面临的风险



2. 请根据查找到的最新基金年报，完整补充该基金的下列相关内容。

（1）基金净值表现（基金份额净值增长率及其与同期业绩比较基准收益率的比较）

（2）投资策略及业绩表现说明（与招募说明书相比，重点关注有没有变化）

（3）管理人对宏观经济、证券市场及行业走势的简要展望

（4）期末基金资产组合情况及基金经理投资风格（重点关注股票的仓位、行业的配置、前十大重仓股等信息，由此判断基金经理的投资风格）

（5）基金持有人结构（前十名持有人的变化情况）

（6）重大事项揭示（有无重大诉讼事项、有无重大违纪事项、会计师事务所是否变更等）



**【课后练习】**

**一、选择题**

1. 基金信息披露的禁止行为不包括（　　）。

A. 虚假记载、误导性陈述或者重大遗漏

B. 对证券投资业绩进行预测

C. 披露基金财产、业务等的诉讼或仲裁

D. 诋毁其他基金管理人、基金托管人或者基金销售机构

2. A投资组合收益为25%，业绩比较收益为10%，跟踪误差为5/5，则信息比率为（　　）。

A. 2.5　　B. 3

C. 3.5　　D. 2

3. 基金的（　　）就是基金相对于一定的业绩比较基准的收益。

A. 相对收益　　B. 绝对收益

C. 平均收益　　D. 标准收益

4. 某基金詹森 $\alpha$ 为2.5%，表示其表现（　　）。

A. 优于市场指数表现　　B. 不如市场指数表现

C. 等于市场指数表现　　D. 不确定

5. 假设某基金第一年的收益率为30%，第二年的收益率为-30%，则该基金的算术平均收益率和几何收益率分别是（　　）。

A. 0，-4.6%　　B. 0，0

C. 0，30%　　D. 30%，-4.6%

6. 夏普比率数值越小，表示单位总风险下超额收益率（　　）。

A. 越高　　B. 越低

C. 不变　　D. 无法说明

7. 假定在样本期内无风险利率为6%，市场资产组合的平均收益率为18%；基金A的平均收益率为17.6%，贝塔值为1.2；基金B的平均收益率为17.5%，贝塔值为1.0；基金C的平均收益率为17.4%，贝塔值为0.8。那么用詹森指数衡量，绩效最优的基金是（　　）。

A. 基金A+基金C　　B. 基金B

C. 基金A　　D. 基金C

8. 下列关于特雷诺比率的说法中，正确的是（　　）。

A. 使用的是系统风险　　B. 使用的是总体风险

C. 使用的是单一风险　　D. 使用的是非系统风险

9.（　　）运用了复利的思想，即考虑了货币的时间价值。

A. 简单收益率　　B. 几何平均收益率

C. 总收益率　　D. 算术平均收益率

10. 当组合超额收益为负数，除以较小的风险时，夏普比率得到较大的负数，基金业绩会变得（　　）。

A. 更好　　B. 更差

C. 平稳不变　　D. 无法说明

11. 下列关于基金的相对收益的说法中，正确的是（　　）。

Ⅰ. 几何法计算较为直观，应用也更广泛

Ⅱ. 可以采用算术法与几何法进行计算

Ⅲ. 广义上来说相对收益概念涵盖了主动收益

Ⅳ. 基金的相对收益，就是基金收益超出业绩比较基准的部分

A. Ⅰ、Ⅱ、Ⅲ　　B. Ⅰ、Ⅱ、Ⅳ

C. Ⅰ、Ⅲ、Ⅳ　　D. Ⅱ、Ⅲ、Ⅳ

12. 以下关于信息比率的说法中，正确的有（　　）。

Ⅰ. 信息比率是单位跟踪误差所对应的超额收益

Ⅱ. 信息比率越小，说明该基金在同样的跟踪误差水平上能获得越大的超额收益

Ⅲ. 信息比率越大，则在同样的跟踪误差水平上能获得越大的超额收益

Ⅳ. 信息比率计算公式与夏普比率类似，但引入了业绩比较基准的因素，因此是对相对收益进行风险调整的分析指标

A. Ⅰ、Ⅱ、Ⅲ　　B. Ⅰ、Ⅱ、Ⅳ

C. Ⅰ、Ⅲ、Ⅳ　　D. Ⅰ、Ⅱ、Ⅲ、Ⅳ

13. 下列（　　）不属于影响特雷诺比率的因素。

A. 平均收益率　　B. 平均无风险收益率

C. 系统性风险　　D. 非系统性风险

14. 假设某基金的投资政策规定在股票、债券、现金上的正常投资比例分别是80%、15%、5%，但是该基金本季度初在股票、债券和现金上的实际投资比例分别是70%、20%、10%，股票指数、债券指数、银行存款利率当季度的收益率分别是10%、4%、1%，那么该资产配置贡献为（　　），该资产配置（　　）。

A. 0.75%，错误　　B. −0.75%，错误

C. 0.75%，正确　　D. −0.75%，正确

15. 投资组合的平均收益率为15%，收益率标准差为21%，$\beta$值为1.15，若平均无风险收益率为7%，则该投资组合的夏普比率为（　　）。

A. 0.06　　B. 0.15

C. 0.21　　D. 0.38

## 二、问答题

1. 基金信息披露有哪些禁止行为？

2. 基金业绩评价有哪些指标？

# 第九章　基金监管与营销风险点

【内容概述】

本章要求学生掌握基金监管的概念、目标和原则，了解监管机构和自律性组织的各自监管职责；掌握当前法规对基金管理人、基金托管人以及公开募集基金销售活动的监管；能够利用基金行业监管法规的相关内容，有效防范基金营销中的风险，规范营销行为。

## 第一节　基金监管的原则与机构



### 一、基金监管的含义和目标

基金监管是指政府基金监管机构运用法律的、经济的以及必要的行政手段，对基金市场、基金市场参与主体及其活动的监督和管理。广义上讲，基金监管也泛指有法定监管权的政府机构、基金行业自律组织、基金机构内部监督部门及社会力量对基金市场、基金市场主体及其活动的监督和管理。

基金监管的目标是一切基金监管活动的起点，主要体现在：一是保护投资者及相关当事人的合法权益，二是规范证券投资基金活动，三是促进证券投资基金和资本市场的健康发展。

### 二、基金监管的原则（见表9-1）

表9-1　基金监管的原则

| 监管原则 | 监管内容 |
| --- | --- |
| 保障投资者利益 | 保障投资者合法权益是基金监管活动的目的和宗旨的集中体现，应以此作为首要目标 |
| 适度监管 | 市场失灵需要政府适时适度的干预，而非过度干预，否则会导致市场主体丧失自由，行业发展脱离其内在规律 |

表9-1(续)

| 监管原则 | 监管内容 |
| --- | --- |
| 高效监管 | 要求行政监管机构具有权威性，并确定合理的监管内容和监管模式，以价值最大化的方式实现基金监管的根本目标，促进基金行业的高效发展 |
| 依法监管 | 基金监管属于行政执法活动，监管机构作为执法机关，其机构设置、职权取得、职权行使以及对违法行为的制裁，都必须依据法律规定 |
| 审慎监管 | 基金监管机构在制定监管规范以及实施监管行为时，注重基金机构的偿付能力和风险防控，以确保基金运行稳健和基金财产安全，切实保护投资者合法权益 |
| 公开、公平、公正监管 | 三公原则也是基金市场活动以及监管的基本原则，三公重在公正，即公正监管、公正执法，是依法监管原则的具体化 |

## 三、基金监管机构和自律组织

1. 证监会对基金市场的监管

中国证监会依法担负国家对证券市场实施集中统一监管的职责。中国证监会设有证券基金监管部，具体承担基金监管职责。根据2013年修订的《证券投资基金法》第一百一十二条规定，中国证监会依法履行下列职责："制定有关证券投资监督管理的规章、规则，并行使审批、核准或注册权；办理基金备案；对基金管理人、基金托管人及其他机构从事证券投资基金活动进行监督管理；制定基金从业人员的资格标准和行为准则，并监督实施；监督检查基金信息的披露情况；指导和监督基金业协会的活动；法律、行政法规规定的其他职责"。

2. 基金行业自律管理

根据2013年修订的《证券投资基金法》第一百一十一条规定，中国证券投资基金业协会的主要职责有："教育组织会员遵守证券投资的法律、行政法规；维护投资人合法权益；依法维护会员合法权益；制定和实施行业自律规则，监督、检查会员及其从业人员的执业行为，对违反自律规则和协会章程的，按照规定给予纪律处分；制定行业执业标准和业务规范，组织基金从业人员从业考试、资质管理和业务培训；提供会员服务，组织行业交流，推动行业创新，开展行业宣传和投资人教育活动；对会员之间、会员和客户之间发生的基金业务纠纷进行调解；办理非公司募集基金的登记、备案；协会章程规定的其他职责"。

3. 证券交易所对基金市场的监管

根据《证券投资基金监管职责分工协作指引》第八条规定，证券交易所的监管职责是"负责基金投资交易行为的监控、交易所上市基金的信息披露监管"，"交易所应按基金部要求建立基金交易监控体系，重点监控以下涉嫌违法违规的交易行为：单只基金的异常交易、同一基金管理公司不同基金或账户间的异常交易、不同基金管理公司账户间的异常交易、基金同股东等关联方账户间的异常交易、基金同可疑账户的异常交易、基金管理公司股东账户的异常交易等；此外，还应监控基金买卖高风险股票的行为"。

## 案例：基金经理利用未公开信息交易

“老鼠仓”，一般是指在股市中，庄家在用公有资金拉升股价之前，先用自己个人的资金在低位建仓，等用公有资金把股价拉升到高位后，最后在阶段性高位卖出个人仓位，从而获利。基金、保险、券商等资产管理行业从业人员基于职务原因，具有天然的信息优势。利用未公开信息牟利的“老鼠仓”行为，不但违背了受托管理人的一般诚信原则，而且构成对证券市场正常交易秩序和投资者利益的严重损害。这些“硕鼠”偷走的不仅仅是投资者的血汗钱，还有市场参与者对中国资产管理行业的信任。

**案例1：**

2011年3月9日至2013年5月30日期间，马乐担任博时基金管理有限公司旗下的博时精选股票证券投资基金的基金经理，全权负责投资股票市场，他掌握了博时精选股票证券投资基金交易的标的股票、交易时间和交易数量等未公开信息。马乐在任职期间利用其掌控的上述未公开信息，从事与该信息相关的证券交易活动，操作自己控制的“金某”“严某甲”“严某乙”三个股票账户，通过临时购买的不记名神州行电话卡下单，先于（1~5个交易日）、同期或稍晚于（1~2个交易日）其管理的“博时精选”基金账户买卖相同股票76只，累计成交金额10.5亿余元，非法获利18 833 374.74元。最高人民法院最终判处被告人马乐犯利用未公开信息交易罪，判处有期徒刑三年，并处罚金人民币1 913万元；违法所得人民币19 120 246.98元依法予以追缴，上缴国库。

（资料来源：摘自最高人民法院网公告《指导案例61号：马乐利用未公开信息交易案》）

**案例2：**

厉建超于2011年11月至2014年1月任中邮核心优选基金的基金经理，对所负责的基金进行投资决策，决定买卖股票的种类、规模、时机等，曾成为2013年度股票型基金冠军。厉建超在担任中邮核心优选基金的基金经理期间，利用其因职务便利掌控的基金交易标的股票、交易时间和交易数量等未公开信息，使用其控制的“孔某”“孔某照”“冯某斌”“管某涛”等10个账户先于、同步或稍晚于中邮核心优选基金买入、卖出相同的股票，进行趋同交易。这些账户部分是其中学同学、大学同学名下在山东、上海等多地开设的证券账户。两市累计趋同交易金额9.14亿元，累计趋同交易获利1 682.8万元。

2015年10月29日，山东省青岛市中级人民法院作出一审判决：厉建超涉案期间的行为构成《中华人民共和国刑法》第一百八十条第一、四款规定的利用未公开信息交易罪，依法判处厉建超有期徒刑三年六个月，并处罚金人民币1 700万元。2016年8月18日，证监会依据《证券投资基金法》第一百四十八条以及《证券市场禁入规定》第三条第（六）项和第五条第（一）项、第（二）项的规定对厉建超采取终身市场禁入的措施。自证监会宣布决定之日起，厉建超终身不得从事证券业务或者担任上市公司董事、监事、高级管理人员职务。

（资料来源：摘自中国证监会网站公告）

**案例 3：**

2021 年 12 月 24 日广西证监局公布的决定书显示，2017 年 5 月 17 日至 2021 年 4 月 22 日，大成基金原信息技术部总监蒋卫强，在任职的近 4 年时间里，利用未公开信息，操作他人证券账户，趋同交易股票 245 只，趋同交易成交金额约 6.69 亿元，盈利 575 万元。根据行政处罚决定书，在上述趋同交易期间，蒋卫强担任大成基金信息技术部总监职务，拥有大成基金恒生系统核心数据库账户权限。蒋卫强利用该账户权限，使用办公台式电脑提取查看大成基金所管理的 3 个组合账户的交易数据。同时，蒋卫强控制着“郭某珍”，该证券账户于 2015 年 1 月 22 日开立于中国中金财富证券深圳某营业部，证券账户内资金均为蒋卫强所有。2017 年 5 月 17 日至 2021 年 4 月 22 日期间，蒋卫强利用知悉的未公开信息，操作“郭某珍”证券账户与大成基金受托管理的上述 3 个组合账户趋同交易股票。上述期间，“郭某珍”证券账户趋同交易股票 245 只，趋同交易成交金额 66 856.16 万元，趋同交易盈利 5 752 934.33 元。最终，广西证监局对蒋卫强采取 10 年市场禁入措施，没收违法所得、罚款 1 726 万元。

（资料来源：摘自中国证券监督管理委员会广西监管局行政处罚决定书）

## 第二节　基金监管的对象

基金监管的对象不仅包括基金管理人、基金托管人以及基金服务机构等市场参与主体，还需要对他们所从事的市场活动进行监管，比如公开募集基金活动等。

### 一、对基金管理公司的监管

对基金管理公司的监管重点在加强市场准入以及从业人员资格监管等方面，如表 9-2 所示。

**表 9-2　证监会对基金管理人及其从业人员的监管**

| 监管对象 | 具体规定 |
| --- | --- |
| 基金管理人的法定组织形式 | 根据《证券投资基金法》第十二、十四条规定，“基金管理人由依法设立的公司或者合伙企业担任。公开募集基金的基金管理人，由基金管理公司或者经国务院证券监督管理机构按照规定核准的其他机构担任”，“国务院证券监督管理机构应当自受理基金管理公司设立申请之日起六个月内依照本法第十三条规定的条件和审慎监管原则进行审查，作出批准或者不予批准的决定” |
| 对基金管理人从业人员资格的监管 | 根据《证券投资基金法》第十六条规定，“公开募集基金的基金管理人的董事、监事和高级管理人员，应当熟悉证券投资方面的法律、行政法规，具有三年以上与其所任职务相关的工作经历；高级管理人员还应当具备基金从业资格” |

表9-2(续)

| 监管对象 | 具体规定 |
| --- | --- |
| 对基金管理人及其从业人员执业行为的监管 | 根据《证券投资基金法》第二十一条规定，“公开募集基金的基金管理人及其董事、监事、高级管理人员和其他从业人员不得有下列行为：将其固有财产或者他人财产混同于基金财产从事证券投资。不公平地对待其管理的不同基金财产。利用基金财产或者职务之便为基金份额持有人以外的人牟取利益。向基金份额持有人承诺收益或者承担损失。侵占、挪用基金财产。泄露因职务便利获取的未公开信息，并利用这些信息从事或明示、暗示他人从事相关的交易活动。玩忽职守，不按照规定履行职责。法律、行政法规和中国证监会规定禁止的其他行为” |
| | 根据《证券投资基金法》第十八条规定，“公开募集基金的基金管理人的董事、监事、高级管理人员和其他从业人员，其本人、配偶、利害关系人进行证券投资，应当事先向基金管理人申报，并不得与基金份额持有人发生利益冲突” |
| | 根据《证券投资基金法》第二十四条规定，公开募集基金的基金管理人的股东、实际控制人应当按照国务院证券监督管理机构的规定及时履行重大事项报告义务，并不得有下列行为：虚假出资或者抽逃出资；未依法经股东会或者董事会决议擅自干预基金管理人的基金经营活动；要求基金管理人利用基金财产为自己或者他人牟取利益，损害基金份额持有人利益；国务院证券监督管理机构规定禁止的其他行为 |



## 二、对基金托管人的监管

对基金托管人的监管重点也是从加强市场准入以及从业人员资格监管等方面展开的。

在市场准入方面，根据《证券投资基金法》第三十三、三十四条规定，“基金托管人由依法设立的商业银行或者其他金融机构担任。商业银行担任基金托管人的，由国务院证券监督管理机构会同国务院银行业监督管理机构核准；其他金融机构担任基金托管人的，由国务院证券监督管理机构核准”，“担任基金托管人，应当具备下列条件：净资产和风险控制指标符合有关规定；设有专门的基金托管部门；取得基金从业资格的专职人员达到法定人数；有安全保管基金财产的条件；有安全高效的清算、交割系统；有符合要求的营业场所、安全防范设施和与基金托管业务有关的其他设施；有完善的内部稽核监控制度和风险控制制度；法律、行政法规规定的和经国务院批准的国务院证券监督管理机构、国务院银行业监督管理机构规定的其他条件”。

在从业人员资格管理方面，根据《证券投资基金法》第三十六、三十八条规定，“ 基金托管人与基金管理人不得为同一机构，不得相互出资或者持有股份”，“基金托管人发现基金管理人的投资指令违反法律、行政法规和其他有关规定，或者违反基金合同约定的，应当拒绝执行，立即通知基金管理人，并及时向国务院证券监督管理机构报告。基金托管人发现基金管理人依据交易程序已经生效的投资指令违反法律、行政法规和其他有关规定，或者违反基金合同约定的，应当立即通知基金管理人，并及时向国务院证券监督管理机构报告”。

## 三、基金监管要求的基金服务机构的法定义务

下面根据《证券投资基金法》第九十八至一百零八条规定，梳理基金服务机构的法定义务，如表9-3所示。

表9-3 基金服务机构的法定义务

<table>
<tr><th>基金服务机构</th><th colspan="3">法定义务</th></tr>
<tr><td>基金销售机构</td><td>1. 向投资人充分提示投资风险<br>2. 根据投资人的风险承担能力销售不同风险等级的基金产品</td><td rowspan="3">1. 确保基金销售结算基金、基金份额的安全、独立<br>2. 禁止任何单位或者个人以任何形式挪用基金销售结算资金、基金份额</td><td rowspan="6">1. 勤勉尽责、恪尽职守<br>2. 建立风险管理制度和灾难备份系统<br>3. 不得泄露与基金份额人、基金投资运作相关的非公开信息</td></tr>
<tr><td>基金销售支付机构</td><td>1. 按照规定办理基金销售结算资金的划付<br>2. 确保基金销售结算安全划付</td></tr>
<tr><td>基金份额登记机构</td><td>1. 妥善保存登记数据，并将基金份额持有人姓名、身份信息及基金份额等数据保存到中国证监会认定的机构。其保存期限自基金账户销户之日起不得少于20年<br>2. 基金份额登记机构应当保证登记数据的真实、准确、完整，不得隐匿、伪造、篡改或毁损</td></tr>
<tr><td>基金投资顾问机构及其从业人员</td><td colspan="2">1. 提供基金投资顾问服务，应当具有合理的依据<br>2. 对其服务能力和经营业绩进行如实陈述<br>3. 不得以任何方式承诺或保证投资收益<br>4. 不得损害服务对象的合法权益</td></tr>
<tr><td>基金评价机构及其从业人员</td><td colspan="2">1. 客观公正地按照依法制定的业务规则开展基金评价业务<br>2. 禁止误导投资人，防范可能发生的利益冲突</td></tr>
<tr><td>律师事务所、会计师事务所</td><td colspan="2">1. 接受基金管理人、基金托管人的委托，为有关基金业务活动出具法律意见书、审计报告、内部控制评价报告等文件。应当勤勉尽责，对所依据的文件资料内容的真实性、准确性、完整性进行核查和验证<br>2. 制作、出具的文件有虚假记载、误导性陈述或重大遗漏，给他人财产造成损失的，应当与委托人承担连带赔偿责任</td></tr>
</table>

## 四、对公开募集基金销售活动的监管

中国证监会2013年发布的《证券投资基金销售管理办法》，对公开募集基金销售活动提出如表9-4所示的监管要求。

表 9-4　对公开募集基金销售活动的监管内容

| 监管项目 | 主要内容 |
| --- | --- |
| 对基金宣传推介材料的监管 | 根据《证券投资基金销售管理办法》第十七、二十五条规定，“基金宣传推介材料，是指为推介基金向公众分发或者公布，使公众可以普遍获得的书面、电子或者其他介质的信息，包括公开出版资料；宣传单、手册、信函、传真、非指定信息披露媒体上刊发的与基金销售相关的公告等面向公众的宣传资料；海报、户外广告；电视、电影、广播、互联网资料、公共网站链接广告、短信及其他音像、通信资料；中国证监会规定的其他材料”，“基金宣传推介资料应当含有明确、醒目的风险提示和警示性文字。以提醒投资人注意投资风险，仔细阅读基金合同和基金招募说明书，了解基金的具体情况” |
| 对基金销售费用的监管 | 根据《证券投资基金销售管理办法》第二十八、二十九、三十三条规定，“基金管理人发售基金份额、募集基金，可以收取认购费，但费率不得超过认购金额的百分之五。基金管理人办理开放式基金份额的申购，可以收取申购费，但费率不得超过申购金额的百分之五。认购费和申购费可以在基金份额发售或者申购时收取，也可以在赎回时从赎回金额中扣除”，“基金管理人办理开放式基金份额的赎回，应当收取赎回费，但中国证监会另有规定的除外。赎回费率不得超过基金份额赎回金额的百分之五，赎回费在扣除手续费后，余额不得低于赎回费总额的百分之二十五，并应当归入基金财产”，“基金管理人可以从开放式基金财产中计提销售服务费，用于基金的持续销售和服务基金份额持有人，具体管理办法由中国证监会另行规定” |
| 对公开募集基金投资与交易行为的监管 | 根据《证券投资基金法》第七十二、七十四条规定，“基金管理人运用基金财产进行证券投资，除中国证监会另有规定的除外，应当采用资产组合的方式”，“基金财产不得用于下列投资或者活动：承销证券；违反规定向他人贷款或者提供担保；从事承担无限责任的投资；买卖其他基金份额，但是中国证监会另有规定的除外；向基金管理人、基金托管人出资；从事内幕交易、操纵证券交易价格及其他不正当的证券交易活动；法律、行政法规和中国证监会规定禁止的其他活动” |
| 对公开募集基金信息披露的监管 | 根据《证券投资基金法》第七十五、七十六、七十八条规定，“基金管理人、基金托管人和其他基金信息披露义务应当依法披露基金信息，并保证所披露信息的真实性、准确性和完整性”，“基金信息披露义务应当确保应予披露的基金信息在中国证监会规定时间内披露”，“公开披露基金信息，不得有下列行为：虚假记载、误导性陈述或者遗漏；对证券投资业绩进行预测；违规承诺收益或者承担损失；诋毁其他基金管理人、基金托管人或者基金销售机构；法律、行政法规和中国证监会规定禁止的其他行为” |





【能力训练】

## 项目九　利用监管法规规避基金营销风险点

**模拟情境**

某投资者反映某证券公司客户经理在推介 A 基金的时候，曾表示该基金为固收产品且季度获得正收益率的概率为 100%，但其申购的 A 基金在持有半年后仍有较大亏损，与客户经理介绍的情况差异较大，因此要求客户经理和证券公司进行赔偿以弥补亏损。

该证券公司接到投诉后，对该事项进行了详细调查。客户经理表示，其在推介时对A基金的介绍和描述与投资者的投诉内容不相符。客户经理出具了相关聊天记录与通话记录，记录显示客户经理介绍A基金为“固收+”产品，且宣传材料中包含对该产品投资范围、风险等级等情况的详细介绍；有内容提到A基金过往历史业绩中季度获得正收益的概率为100%，但进行了相关风险提示“历史业绩不代表未来表现”。同时，核查显示该基金风险等级为R3，投资者风险承受能力等级为C4，其风险承受能力与基金风险等级匹配。

经多次沟通，该投资者表示该笔投资的收益表现与其预期有较大差异，其在购买前确定未详细告知客户经理自己的预期和需求，并认可客户经理已充分揭示相关风险。最后，双方达成和解，该投资者撤回了相关投诉。

（资料来源：深证投资者服务中心《投资者适当性管理 投资者教育案例汇编》）

**实训要求**

（1）以小组为单位学习上述案例，展开讨论。

（2）教师引导学生学习有关公募基金投资者适当性管理的监管知识，分析案例中所涉及的问题。

（3）各小组讨论基金营销过程中还有哪些需要注意的风险点。



## 【课后练习】

### 一、选择题

1. 在我国，基金监管的首要目标是（　　）。

　A. 保证市场的公平、效率和透明　　B. 保护投资者利益

　C. 保证市场的公开、公平和公正　　D. 推动基金业的发展

2. 关于基金监管目标，下列说法错误的是（　　）。

　A. 推动基金业报规范发展　　B. 保证市场的公平、效率和透明

　C. 保护投资者利益　　D. 消除系统风险

3. 有关基金监管的说法，不正确的表述是（　　）。

　A. 组织拟订基金业业务标准并监督实施

　B. 基金的设立、募集、交易受中国证监会监管

　C. 基金托管人主要由中国证监会负责监管

　D. 中国证监会对基金管理公司的设立、业务范围进行监管

4. 不属于证券交易所对基金的监管的是（　　）。

　A. 对会员管理规则的制定

　B. 对基金交易规则的制定

　C. 对基金管理人违法行为进行侦查和惩治

　D. 对基金上市的管理

5. 相对于发达国家，我国基金监管所特有的监管目标是（　　）。

A. 保护投资者利益　　B. 保证市场的公平、效率和透明

C. 降低系统风险　　D. 推动基金业的发展

6. 朱某担任某基金管理公司副总经理，由于擅离职守，被中国证监会建议任职机构免除其职务。一年以后，另一家基金公司拟聘请其担任副总经理，以下说法正确的是（　　）。

A. 朱某不能接受聘任

B. 如果在这一年内，朱某没有其他违法违纪行为，则可以接受聘任

C. 如果这一年内，朱某没有中国证监会认为不适合担任高级管理人员的行为，则可以接受聘任

D. 证监会对其重新进行资格审核后，可以接受聘任

7. 申请高级管理人员任职资格，应当具备（　　）以上基金、证券、银行等金融相关领域的工作经历及与拟任职务相适应的管理经历。

A. 1 年　　B. 3 年

C. 5 年　　D. 10 年

8. 基金的服务机构不包括（　　）。

A. 基金注册登记机构　　B. 律师事务所

C. 证券交易所　　D. 基金投资咨询机构

9. 我国对基金募集申请实行的是（　　）。

A. 核准制　　B. 注册制

C. 公司制　　D. 契约制

10. 从我国的实践看，对基金的监管负有最主要责任的机构是（　　）。

A. 中国证券业协会

B. 中国证券投资基金业委员会

C. 中国证券监督管理委员会

D. 基金管理公司督察长

## 二、问答题

1. 我国基金监管的含义和原则是什么？

2. 我国基金监管的目标是什么？

3. 对基金管理人及其从业人员执业资格和执业行为的监管是如何规定的？

# 扩展篇：基金的创新与国际化

# 第十章　不动产投资信托基金

**【内容概述】**

本章要求学生掌握 REITs（不动产投资信托基金）的概念，了解我国基础设施公募 REITs 的发展历程、产品架构和运行机制；熟悉基础设施公募 REITs 与普通公募基金的区别；了解海外 REITs 发展的特点和优势；了解当前海外主要 REITs 市场发展的现状。

## 第一节　REITs 概述

### 一、REITs 的概念

不动产投资信托基金（Real Estate Investment Trusts，REITs）是境外市场较为成熟的金融产品，长期持有不动产资产，产品收益绝大部分用于分红，资产业态涵盖基础设施、商业物业等多种类型。公募 REITs 是在证券交易所公开上市，通过证券化方式将具有持续、稳定收益的不动产资产或权益转化为流动性较强的上市证券的标准化金融产品。

### 二、REITs 的特点

REITs 产品的基本结构如图 10-1 所示，REITs 发起人将建立一个独立的资产管理机构对 REITs 进行管理，同时聘请专业机构进行资金托管以及对标的物业进行物业运营管理。

REITs 产品的主要特点为：

（1）收益主要来源于租金及不动产升值；

（2）REITs 通常有分红要求，其大部分收益将用于分红；

（3）REITs 产品的长期回报率较为可观，且与股市、债市相关性较低；

（4）REITs 有一定税收优惠政策，有利于企业和政府进行资产盘活。

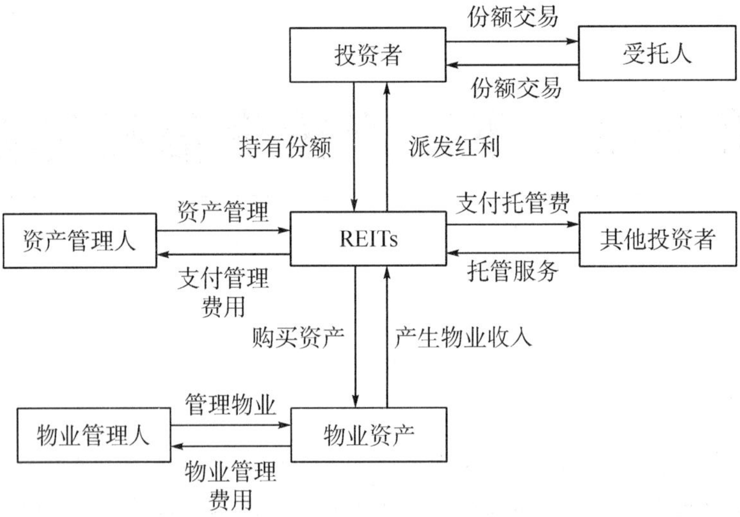


图 10-1　REITs 的基本结构

## 三、REITs 的产品优势

发行 REITs 产品对于发行人来说可以进行出表融资，改善公司的资本结构，有利于盘活存量资产，加速资金流转速度。同时 REITs 市场有利于推动不动产行业产业升级和盈利模式的转变，由“开发+出售”模式转变为一次性销售与持续性收入并重的模式。对于发行人来说，可以享有税收方面的优惠。发起人通过持有部分 REITs 份额，享受分红和物业升值收益，促使不动产行业由重资产向轻资产转型。

对于二级市场投资人来说，REITs 是一种门槛较低的投资商业物业的金融工具，其产品风险较低，收益稳定，与股市和债市的相关性较低，整体风险可控，并且 REITs 产品的流动性强，运营透明度高。

### 拓展：不动产投资信托的起源与发展

REITs 于 1960 年发源于美国，是一种通过发行收益信托凭证/股份汇集资金，由管理人进行不动产投资、经营和管理，并将投资综合收益分配给投资者的证券。对于物业所有者来说，REITs 是一种有效的盘活存量、改善资产负债表的融资方式。对于投资者而言，REITs 由不动产的证券化及许多投资人的资金集资，使没有庞大资本的一般投资人也能以较低门槛参与不动产市场，获得不动产市场交易、租金与增值所带来的收益。同时投资人不需要实质持有不动产标的，即可在证券市场交易，因此市场流通性优于不动产。

从 20 世纪 60 年代以来，REITs 在国际市场已经发展成为一个较为成熟的资产证券化产品，但对国内市场而言还是一个相对新生的事物。自国家发展和改革委员会（国家发展改革委）和中国证券监督管理委员会（中国证监会）于 2020 年 4 月 24 日联合发布《关于推进基础设施领域不动产投资信托基金（REITs）试点相关工作的通知》（证监发〔2020〕40 号）开始，国家发展改革委、中国证监会、中国证券投资基金业协会、上海证券交易所、深圳证券交易所、中国证券登记结算有限责任公司等部门及机构陆续推出公募 REITs 项目的配套指引和规则，标志着我国公募 REITs 试点工作的正式启动。2021 年 6 月 21 日，首批 9 个公募 REITs 试点项目顺利上市；2021 年 11 月 12 日，第二批 2 个公募 REITs 试点项目获准正式公开发行。

我国基础设施公募 REITs 采用了"证券投资基金+基础设施资产支持证券"的产品构架，鼓励基础设施项目开展试点，目前支持的项目包括仓储物流、产业园区、公路、铁路、互联网数据中心、污水处理、垃圾焚烧等资产类别，但明确规定酒店、住宅、商业及办公地产等不动产项目不属于试点范围。然而，从国外市场的发展情况来看，已有 40 个国家和地区建立起了不动产投资信托制度，REITs 已广泛投资于酒店、办公、零售、住宅、健康医疗、工业等行业。国内 REITs 的市场空间广阔，国外市场中 REITs 产品在这些行业的成功案例和经验，对我国未来 REITs 产品的发展具有很好的借鉴意义。

（资料来源：根据德勤于 2021 年 10 月 27 日发布的《REITs 发展报告》、纪超和朱超群于 2022 年 6 月 27 日发表在《中伦观点》上的《境外酒店业 REITs 比较研究》等文章整理）

## 第二节　基础设施公募 REITs

### 一、基础设施公募 REITs 的概念



我国公开募集基础设施证券投资基金（以下简称"基础设施公募 REITs"）是指依法向社会投资者公开募集资金形成基金财产，通过基础设施资产支持证券等特殊目的载体持有基础设施项目，由基金管理人等主动管理运营上述基础设施项目，并将产生的绝大部分收益分配给投资者的标准化金融产品。按照规定，我国基础设施公募 REITs 在证券交易所上市交易。

基础设施资产支持证券是指依据《证券公司及基金管理公司子公司资产证券化业务管理规定》等有关规定，以基础设施项目产生的现金流为偿付来源，以基础设施资产支持专项计划为载体，向投资者发行的代表基础设施财产或财产权益份额的有价证券。基础设施项目主要包括仓储物流，收费公路、机场港口等交通设施，水电气热等市政设施，污染治理、信息网络、产业园区等其他基础设施。

### 二、基础设施公募 REITs 与普通公募基金的区别

不同于普通公募基金，公募 REITs 在资金投向、收益来源、产品定位方面具有鲜明特色。

1. 资金投向不同

公募 REITs 产品以拥有持续、稳定经营现金流的一个或数个基础设施项目作为底层基础资产，而普通公募基金主要投资标的为分散化配置的股票、债券等。

2. 收益来源不同

公募 REITs 收益来源主要为底层资产经营收益和物业资产增值收益，而普通主

动型公募基金除股息、利息收益外，还包括通过灵活调整投资组合获取的资本利得，指数型公募基金的收益情况则取决于指数表现。

3. 产品定位不同

公募 REITs 借助发行人、管理人在基础设施项目运营及投资管理领域的专业优势及资源积累，通过运营维护基础设施项目，来获得基金价值的不断提升；而普通主动型公募基金主要依靠基金管理人的主动投资能力，通过灵活配置资产，实现投资收益。

## 三、基础设施公募 REITs 的产品架构

1. 政策依据

我国试点阶段的公募 REITs 以公开募集证券投资基金（简称“公募基金”）为载体，通过“公募基金+ABS（资产支持专项计划）”的双 SPV（特殊目的载体）架构持有标的项目公司 100%股权，进而获得目标不动产产权或特许经营权益。

根据《证券投资基金法》，基础设施公募 REITs 采用“公募基金+ABS”结构的政策依据主要如下：

（1）《关于推进基础设施领域不动产投资信托基金（REITs）试点相关工作的通知》

试点初期，由符合条件的取得公募基金管理资格的证券公司或基金管理公司，依法依规设立公开募集基础设施证券投资基金，经中国证监会注册后，公开发售基金份额募集资金，通过购买同一实际控制人所属的管理人设立发行的基础设施资产支持证券（ABS），完成对标的基础设施的收购，开展基础设施 REITs 业务。

（2）《公开募集基础设施证券投资基金指引（试行）》

公开募集基础设施证券投资基金（简称“基础设施基金”），是指同时符合下列特征的基金产品：

①80%以上基金资产投资于基础设施资产支持证券，并持有其全部份额；基金通过基础设施资产支持证券持有基础设施项目公司全部股权。

②基金通过资产支持证券和项目公司等载体取得基础设施项目完全所有权或经营权利。

③基金管理人主动运营管理基础设施项目，以获取基础设施项目租金、收费等稳定现金流为主要目的。

④采取封闭式运作，收益分配比例不低于合并后基金年度可供分配金额的 90%。

2. 产品架构说明

我国公募 REITs 产品的结构按参与主体主要涉及六类，包括原始权益人、基金管理人、资产支持证券管理人、基金托管人和资产支持证券托管人、项目运营管理机构，以及中介机构。

其中，提供基础设施资产用于发行公募 REITs 的企业或机构被称为原始权益人；公募 REITs 的基金管理人和资产支持证券管理人必须为同一控制方下的具有公募基

金管理资格的基金公司和证券公司，以确保决策统一性；基金托管人由依法设立的商业银行或者其他金融机构担任，基金托管人与资产支持证券托管人须为同一机构，但基金托管人与基金管理人不得为同一机构，不得相互出资或者持有股份；项目运营管理机构须经中国证监会备案，由基金管理人担任或委托其他机构；基金管理人可以聘请具有保荐资格的证券公司担任财务顾问（中介机构），协助尽职调查与发行工作。投资者通过购买公募基金份额获得目标不动产产权或特许经营权益带来的稳健收益及资本增值（如有）。

我国基础设施公募 REITs 主要架构示例如图 10-2 所示。

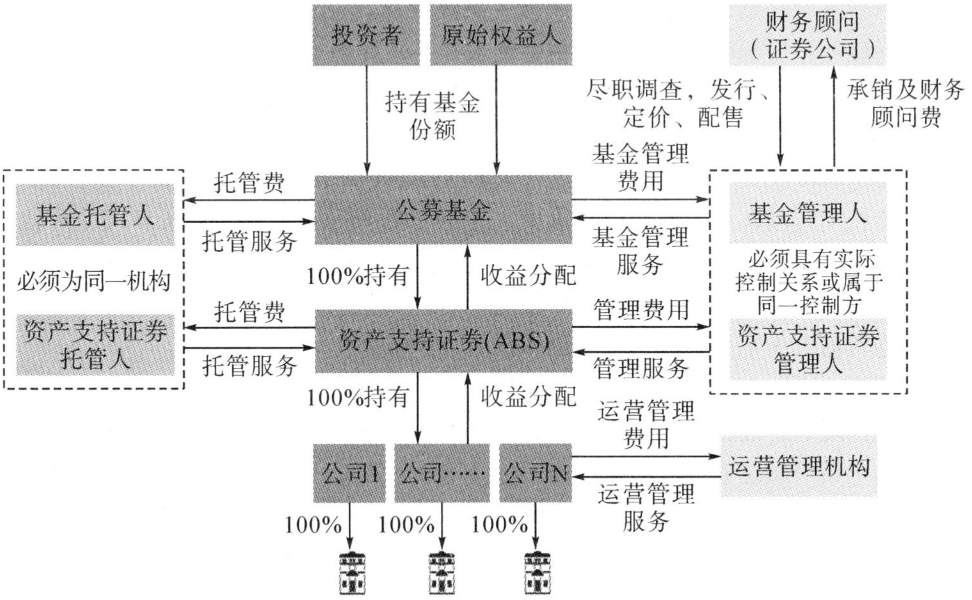


**图 10-2 基础设施公募 REITs 示例**

注：资料来自上海证券交易所。

目前，我国公募 REITs 的底层资产必须是基础设施领域的产业园区、信息网络、仓储物流、高速公路和生态环保等，暂未涵盖商业地产和住宅市场。

## 四、基础设施公募 REITs 的运行机制

1. 发售流程

基础设施基金份额的发售，分为战略配售、网下询价并定价、网下配售、公众投资者认购等环节。基金管理人或财务顾问通过向网下投资者以询价的方式确定基础设施基金认购价格后，投资者按照确定的认购价格参与基础设施基金份额认购。

2. 基金认购

投资者参与基础设施基金份额认购的方式有三种，分别为战略投资者配售、网下投资者配售和公众投资者认购。投资者参与基础设施基金场内认购的，应当持有中国结算上海、深圳人民币普通股票账户或封闭式基金账户（统称场内证券账户）；投资者参与基础设施基金场外认购的，应当持有中国结算开放式基金账户（场外基

金账户）。基础设施基金上市后，投资者使用场内证券账户认购的基金份额，可直接参与场内交易；使用场外基金账户认购的基金份额，应先转托管至场内证券经营机构后，才可参与场内交易。

募集期内，公众投资者可以通过场内证券经营机构或基金管理人及其委托的场外基金销售机构认购基金份额。公众投资者的认购方式与现行 LOF 基金认购方式一致。公众投资者中的普通投资者在首次认购或买入基金份额前，应当签署风险揭示书。

3. 投资者准入

投资者参与基础设施基金投资无准入条件要求，但普通投资者在首次认购或买入基础设施基金份额前，应当通过基金销售机构或证券公司等以纸质或者电子形式签署风险揭示书，确认了解基础设施基金产品特征及主要风险。

4. 发行价格

公募 REITs 发行价格不是 1 元/份，而是根据询价情况市场化定价。公募 REITs 的发行价格受到基础设施项目评估价值、发行份额等因素影响。投资者应综合比较各项目基础设施项目评估价值、实际募集总规模（发行份额乘以发行价格）、运营管理机构能力、未来现金流分派率等情况，合理审慎做出投资决策，不同项目发行价格的绝对值大小本身并不具备可比性。

5. 配售规则

一般情况下，根据公募 REITs《基金份额发售公告》，若公众投资者在募集期内有效认购申请份额总额超过公众投资者的募集上限，实行末日比例配售。这就是说在基金募集期内，公众投资者有效认购申请份额总额超过公众投资者募集上限的当天视为募集末日，公众发售部分的募集期于该日结束，末日前的有效认购申请全额确认成功，末日当天的有效认购申请，根据剩余额度，予以比例配售。

因此，在公募 REITs 募集期首日，即使公众投资者募集总规模达到或超过公众发售规模上限，所有提交了有效认购申请的公众投资者均可按比例获得配售，同时公众发售部分的募集期将于该日结束。例如，公众投资者募集规模为 10 亿元，却在募集期首日有 100 亿元认购规模的话，每个投资者均能买到认购规模的 1/10。这与新股网上申购采用的“摇号”制度有着显著不同。



## 五、我国基础设施公募 REITs 的发展现状

2020 年 4 月 30 日，中国证监会、国家发展改革委联合发布《关于推进基础设施领域不动产投资信托基金（REITs）试点相关工作的通知》，明确要求在基础设施领域推进不动产投资信托基金试点工作，也代表着境内基础设施公募 REITs 试点正式起步。

2021 年 6 月，首批基础设施公募 REITs 在沪深交易所上市，标志着公募 REITs 试点正式启动。截至 2022 年 8 月 31 日，已上市的 17 只基础设施公募 REITs 产品合计募资 579 亿元，按底层资产可分为产权类 REITs（产业园区 4 只、仓储物流 2 只，保障性租赁住房 3 只）和特许经营权类 REITs（高速公路 5 只，生态环保 2 只，发电能源 1 只）。

### 六、推进基础设施公募 REITs 试点的重要意义

基础设施公募 REITs 是国际通行的配置资产，具有流动性较高、收益相对稳定、安全性较强等特点，能有效盘活存量资产，填补当前金融产品空白，拓宽社会资本投资渠道，提升直接融资比重，增强资本市场服务实体经济质效。它的推出，短期看有利于广泛筹集项目资本金，降低债务风险，是稳投资、补短板的有效政策工具；长期看有利于完善储蓄转化投资机制，降低实体经济杠杆，推动基础设施投融资市场化、规范化健康发展。

## 第三节　海外主要 REITs 市场发展情况

根据美国国家 REITs 协会（NAREIT）统计，截至 2021 年 12 月 31 日，全球上市 REITs 的数量达到 865 只，总市值约 2.5 万亿美元，全球范围内已经有美国、欧洲、澳大利亚、加拿大、日本、韩国、新加坡、中国香港等超过 40 个国家和地区推出了 REITs 产品。其中，美国上市 REITs 市场规模为 1.25 万亿美元，全球排名第一，占全球 REITs 市值的 68%，日本、澳大利亚、英国和新加坡 REITs 市场规模排名紧随其后，但各国 REITs 规模占比均不到 10%。

从亚洲市场来看，根据中国房地产协会与戴德梁行联合发布的《亚洲房地产投资信托基金（REITs）研究报告》，截至 2021 年 12 月 31 日，亚洲市场上活跃的 REITs 共计 198 只，总市值 3 041 亿美元，其中日本、新加坡、中国香港三地 REITs 市场市值占比达到九成。日本 61 只 REITs，总市值约 1 478 亿美元，占亚洲 REITs 总市值的约 49%；新加坡 42 只 REITs（其中 7 只商业信托），总市值约 853 亿美元，占亚洲 REITs 总市值的约 28%；中国香港 11 只 REITs，总市值约 301 亿美元，占亚洲 REITs 总市值的约 10%。

### 一、美国 REITs 市场

1. 发展历程

REITs 最早发源于美国。美国国会在 1960 年颁布的《不动产信托投资基金法》中规定了 REITs 的组织形式，允许个人投资者参与到重要商业房地产项目融资盈利的业务中，在此之前，只有大型机构投资者才有权参与此类投资。同年，美国通过税法赋予其税收优惠。1963 年，第一家 REITs 设立。

1968—1974 年，由于银行利率管制，大众资金流向证券市场，美国的 REITs 开始飞速发展，总资本从 10 亿美元增加到 200 亿美元。直到 1973 年，随着房地产供给过剩，投机性房地产开发项目被迫放弃或推迟，市场上积累了大量问题房产，许多 REITs 被迫违约，导致市场崩溃，REITs 总规模迅速缩减。1975—1986 年，随着美国经济整体发展情况的变化，REITs 发展进入重整期。1986—1990 年，REITs 发展开始复苏。1986 年，美国《税收改革法》放松对 REITs 的限制，允许 REITs 在其

自身经营范围内进行房地产租赁和管理服务。随着1992年美国房地产市场的逐渐繁荣，REITs进入了高速扩张期，特别是美国于1993年取消了退休基金对REITs投资的限制，推动了REITs在美国的快速发展。

2. 美国REITs的主要类型

（1）根据REITs设立组织结构的不同，分为公司型、契约型（信托型）和有限合伙型REITs

美国绝大多数REITs为公司型，美国以外的大多数国家的REITs采用契约型（基金）组织结构。公司型REITs的法律结构包括股东、股份有限公司、资产管理机构、托管机构四个参与主体。它的运作模式一般是：由投资人依法发起设立投资于房地产行业的、以营利为目的的股份制公司（又称特殊目的载体，Special Purpose Vehicle，简称SPV），公司向社会发行股票，大众投资人购买这种股票，并将资金投入SPV。SPV成立后，其董事会通常选聘专业从事房地产投资信托基金的管理人来具体负责具体的资产管理业务，同时，房地产投资信托基金公司则委托托管机构（银行）保管资产。契约型REITs是依据信托契约（trust deed），通过发行收益凭证（beneficial certificate）而组建的，如果是基金，则通过发行基金份额募集资金。契约型REITs的法律架构中包括投资人、基金管理人和基金托管机构（一般为银行）。它的运作模式一般是：由基金管理人与基金托管机构订立信托契约，根据该契约的约定向投资人出售受益凭证，投资人将资金交由管理人进行投资和管理，托管人负责信托财产的保管，当事人的权利义务由信托契约来规范。有限合伙型REITs由两类合伙人构成：一类是对合伙债务承担无限连带责任并负责经营管理的普通合伙人，另一类是仅以出资额为限对合伙债务负有有限责任且不参与合伙事务管理的有限合伙人。管理人与受托人的责任与契约型REITs类似。

（2）根据发行方式不同，分为公募REITs和私募REITs

公募REITs以公开发行的方式向不特定的社会公众筹集信托资金，具有以下特点：首先，公募型REITs的投资者是不特定的社会公众，其对投资金额要求较低，从而为中小投资者进入房地产市场提供了一条十分有效的途径；其次，投资主体众多，资金来源广泛，投资多样化，容易分散风险；再次，变现性较强；最后，为了保护众多投资者的权益，公募型REITs的各个运行环节都具有严格的条件，因此其运作机制相对缺乏灵活性。

私募型REITs以非公开发行的方式向特定的投资者募集REITs资金。因其投资者数量有限、投资对象特定、最低投资额要求高，因此投资者多为特定的机构或大投资人。由于其采用非公开方式进行，且投资者控制在一定的范围内，因此其投资信托资金的运作机制较公募型REITs更为宽松、灵活。

（3）根据是否选择上市流通，分为上市REITs和非上市REITs

基于加强对REITs的监管、更好地保护投资者利益的需要，大部分市场一般都要求REITs必须在交易所上市。美国市场允许REITs不上市交易，但大部分产品都选择上市交易，这也符合投资者利益。

非上市REITs的流动性相对较差，因此发行人通常在合同条款中给予投资者有条件赎回股份的权利。对于上市 REITs，由于投资者可通过出售股份进行变现，因此一般不能要求赎回股份。二者的联系和区别见表 10-1。

**表 10-1　上市 REITs 与非上市 REITs**

| 项目 | 上市 REITs | 非上市 REITs |
|---|---|---|
| 总体描述 | 向 SEC 注册定期报告，份额在交易所交易 | 向 SEC 注册定期报告，份额不在交易所交易 |
| 流动性 | 份额在股票交易所上市交易，投资者可以像股票一样买卖 | 份额不在交易所上市交易，投资者的赎回方式在不同公司的差异较大；通常存在最短投资持有期的限制 |
| 交易费用 | 等同于股票交易佣金 | 需要交纳管理费以及并购相关费用；可能需要征收 10%～15%的交易佣金以及其他前端费用；还可能有后端费用 |
| 管理 | 一般来说由 REITs 内部管理 | 一般来说由外部机构进行管理 |
| 最低投资门槛 | REITs 份额价格 | 一般在 1 000 到 2 500 美金 |
| 独立董事 | 要求多数董事为独立董事，NYSE 和 NASDAQ 要求有独立的审计、提名和报酬委员会 | 根据北美证券管理组织（North American Securities Administrators Association）条例，要求多数董事为独立董事；另外还要求董事委员会多数董事为独立董事 |
| 投资者参与 | 投资者选举董事 | 投资者选举董事 |
| 公司管理 | 需要满足交易所相关要求 | 需要满足北美证券管理组织条例 |
| 信息披露 | 按照 SEC 要求进行常规的信息披露，包括季度财务报告和年度审计报告 | 按照 SEC 要求进行常规的信息披露，包括季度财务报告和年度审计报告 |
| 业绩评价 | 大量的独立业绩衡量标准可供参考，同时投资者可获得许多分析报告 | 缺少独立的业绩数据来源 |

注：数据来自 NAREIT。

（4）根据是否聘请专业第三方经营管理物业的不同，分为内部管理 REITs（Internally managed REITs）与外部管理 REITs（Externally managed REITs）

内部管理是指由 REITs 自身的雇员进行管理，外部管理是指委托第三方投资顾问进行管理。一般来说，私募型 REITs 和注册但非交易型 REITs 通过支付费用聘请第三方机构进行外部管理；交易型 REITs 可以选择内部管理或者外部管理。不过，外部管理的交易型 REITs 达到一定规模后，一般会选择通过与外部投资顾问进行股权交换的形式使得管理“内部化”。这种“内部化”一般在平台成熟后的几年发生，主要是通过将企业价值的增长控制在管理工作上，来协调管理和股东权益。总体而言，美国主流的 REITs 采用内部管理方式。

（5）根据 REITs 的投资类型，分为权益型 REITS、债权型 REITs 及混合型 REITs

权益型（Equity）REITs：投资并拥有房地产，主要收入来源于房地产的租金。

权益型房地产投资信托是指通过直接控制房地产或通过入股经营房地产公司成为合营股东的方式获得房地产产权，进而从房地产经营中直接获益。其投资收益主要来源于房地产买卖所得利润、房地产租赁所得租金、物业管理收入等。因为大多数权益型房地产投资信托都是通过入股经营房地产投资业务的公司并获得股权的方式运行的，其属于股权投资，具有以下特点：①因其属于股权投资，所以不能直接要求返还本金，但信托资金可以通过股权转让的方式随时退出，较传统的房地产投资具有更强的流通性和变现性；②通过股权投资的方式入股房地产公司，其投资收益受房地产公司的经营状况影响大，因此该类型的房地产投资信托的风险和收益均较高。

债权型（Mortgage）REITs：主要投资房地产抵押贷款或房地产贷款支持证券（MBS），并不拥有地产，收益主要来源于房地产贷款的利息。抵押型房地产投资信托的功能相当于金融中介，将募集的信托资金用于房地产抵押贷款或购买抵押证券（MBS），其投资收益主要来源于发放抵押贷款所收取的手续费，抵押贷款利息以及通过发放参与型抵押贷款所获得的抵押房地产的部分租金和增值收益。该类型的房地产投资信托的投资收益低于权益型房地产投资信托，但由于其不直接参与房地产经营，因此风险也低于权益型房地产投资信托。

混合类（Hybrid）REITs：混合型房地产投资信托是指同时从事权益型和债权型两种投资的房地产投资信托。其风险和收益也介于两者之间。

## 二、新加坡 REITs 市场



新加坡作为亚洲第二个推出 REITs 的国家，已发展成为除日本之外亚洲最大的 REITs 市场，并且逐渐成为一个全球性的 REITs 中心。1999 年，新加坡金融管理局（MAS）发布《新加坡不动产基金指引》，为 REITs 的发展奠定了基础。2001 年，新加坡税务部门颁布《REITs 所得税处理条款》，制定了“税收透明待遇”，对达到分红比例 90%的 REITs 可申请享受该优惠待遇，从而在 REITs 层面免征所得税，仅在投资者层面缴纳相应税款，避免了重复征税问题，为 REITs 的发展提供空间。2002 年 7 月，新加坡第一支 REITs——凯德商用新加坡信托（CapitalLand Mall Trust）在新加坡交易所主板成功上市。

1. 产品结构

与美国 REITs 不同，新加坡 REITs 采用信托作为 SPV。新加坡 REITs 通常由发起人发起，发起人通常也为物业资产的原始持有人，REITs 发行后仍将持有一定比例的 REITs 份额。基金管理人根据新加坡交易所上市规则以及信托合同的约定发行 REITs 份额，并以募集资金购买物业资产或者其他相关资产。基金管理人负责 REITs 的投融资决策和日常运营管理，并聘任物业管理人管理房地产及相关资产。受托人根据信托合同的约定代表基金份额持有人的利益持有 REITs 资产，并监督基金管理人的运作。

REITs 基金管理人的现金流管理能力（涉及招租和租金收入安排）以及专业的地产价值判断能力（涉及资产购置和处置）是 REITs 的核心竞争力。根据新加坡法规要求，REITs 基金管理人须持有监管机构颁发的资本市场服务（capital market service）牌照。

REITs 的收益来源分为两部分，即物业收入和资产增值。REITs 通常不留存收益，持有物业资产获得的租金收入在扣除运营成本和相关税费后大部分（一般大于 90%）会分配给投资者。随着物业资产的增值，基金份额的价格也会随之上涨，投资者同样会享有物业的增值收益。由于 REITs 通常几乎没有留存收益，产品一般通过增发的方式募集资金以购入新的物业资产。同时，REITs 也可以通过负债融入资金，但其杠杆比率不得超过法律规定的上限 45%。

2. REITs 监管要求

新加坡 REITs 的法律依据是 MAS 发布的集合投资计划守则（Code on Collective Investment Schemes，简称 CIS），应遵循资产结构、投资限制、杠杆比率、收益分配等一系列规定。根据 CIS 正文及其附件六《房地产基金指引》等规则要求，REITs 运营应符合相关监管要求。

一是投资范围方面，新加坡 REITs 仅可以投资于以下资产：房地产，包括位于新加坡国内外的不动产；与房地产相关的资产；新加坡国内外非房地产企业发行上市的股票及发行上市或未上市的债券；政府、超国家机构及新加坡法定委员会发行的债券；现金或现金等价物。同时，在前述投资范围内进行投资决策时，还需满足以下限制条件：①可以产生稳定现金流的不动产必须占所有资产的 75%以上，如果资产收益率高于无风险利率，则该资产被视为可以产生稳定现金流的资产，无风险利率指在向主管部门申请授权时向主管部门提交评估报告草案之日的前 12 个月五年期新加坡国债的最高利率；②不能从事房地产开发活动，除非 REITs 计划在开发完成后持有该物业；③不能投资于空置土地和抵押贷款，但不禁止投资于已获得开发批准，将要在空置土地上建造的房地产、其他在建工程和抵押贷款支持证券；④REITs 在房地产开发活动及在建工程投资中的合同总金额合计不能超过最近经评估总资产金额的 10%，但在满足以下两个条件时，开发限制能提升为 REITs 总资产金额的 25%，一为额外 15%必须只是用于再次开发 REITs 已经持有至少 3 年的物业，且开发完成之后 REITs 必须继续持有至少 3 年，二为必须在重新开发物业时征得持有人同意；⑤除了 REITs 所持房地产产生的租金及 REITs 从特殊目的公司及其他允许的投资中获得的股息、红利及与股息、红利相似的收入以外，REITs 来源于其他投资的收入不得超过 10%。



二是借贷杠杆比例方面，基于投资、赎回基金份额及收益分配等需求，REITs 有通过抵押贷款等形式进行融资的需求。根据 CIS 附件六的规定，REITs 在任何时点的借款总额和延期付款金额（总杠杆率）不应超过 REITs 总资产的 45%，其中借款包括担保。但如因以下非 REITs 管理人可控制的因素造成总杠杆率超过 REITs 总资产金额的 45%，不视为 REITs 违反贷款杠杆比例的限制，包括：REITs 的资产贬值；REITs 进行信托单位赎回或付款。但在前述情形发生时，REITs 管理人不应进一步增加借款或对已有的付款义务进行延期。

三是收益分配与税收优惠方面，每个财年，REITs 应将不少于 90%的可分配收益分配予份额持有人。同时，新加坡 REITs 可以享受税收透明待遇，即在 REITs 层面不征收所得税，仅在投资者层面根据投资者类别征收或豁免所得税。目前，新加坡境内外个人投资者投资 REITs 的股息收入均豁免所得税。对于在 2020 年 3 月 31 日当天及之前分配的收益，境外机构投资者可享受股息收入减半征收所得税的待遇（从 20%降至 10%）。

新加坡对 REITs 的严格监管保证了 REITs 即使在经济危机期间仍然运行良好。2008 年国际金融危机前后，新加坡未出现破产清算的 REITs，仅有一只暂停支付股息，与美国 REITs 市场相比，较为平稳地度过了危机。

3. 税收优惠

REITs 在税收方面存在一定优势。REITs 层面不征收所得税，仅在投资者层面根据投资者类别征收或豁免所得税。目前，新加坡境内外个人投资者投资 REITs 的股息收入均豁免所得税。境外机构投资者在 2020 年 3 月 31 日前投资 REITs 的股息收入减半征收所得税，税率为 10%。

**【能力训练】**

## 项目十　理解基础设施公募 REITs 收益率

**模拟情境**

根据国家发展改革委发布的《关于进一步做好基础设施领域不动产投资信托基金（REITs）试点工作的通知》（发改投资〔2021〕958 号），基础设施项目预计未来 3 年净现金流分派率（预计年度可分配现金流/目标不动产评估净值）原则上不低于 4%。其中，可供分配金额测算是在预测的假设前提与限制条件下编制的，所依据的各种假设具有不确定性。预测现金流分派率并非基金管理人向投资者保证本金不受损失或者保证其取得最低收益的承诺。

某投资者发现，在首批公募 REITs 项目之一的某高速公路特许经营权项目中，2021 年预计现金分派率为 12%，但是根据基金招募说明书，该项目的 IRR（内部收益率）只是不低于 6%。

净现金流分派率是监管层衡量试点项目风险收益率的重要指标，也是未来投资者选择投资标的的参考指标。投资者应如何理解净现金流分派率与 IRR 的区别？

**实训要求**

（1）学生分组讨论，净现金流分派率与 IRR 的定义区别，衡量公募 REITs 的实际收益，应如何理解现金分派率、IRR 所代表的的不同含义？

（2）在教师指导下，学生选取首批公募 REITs 项目的基金招募说明书，计算项目现金分派率、IRR。

（3）设想作为项目的财务顾问，应如何向投资者合理、客观呈现并解释项目收益率？

## 【课后练习】

### 一、选择题

1. 目前我国基础设施公募 REITs 试点行业不包括（　　）。

A. 交通基础设施　　B. 能源基础设施

C. 商业房地产项目　　D. 保障性租赁住房

2. 相比股票，基础设施公募 REITs 的特点不包括（　　）。

A. 股票是“公司上市”后发行的有价证券，公募 REITs 可以被形象地理解为“资产上市”后发行的有价证券

B. 公募 REITs 市场波动相对较大

C. 公募 REITs 底层资产主要为成熟优质、运营稳定的基础设施项目，现金流预期相对明确，单位价值波动性原则上相对有限

D. 公募 REITs 设有强制分红比例，收益分配机制相较股票更为严格

3. 相比债券，基础设施公募 REITs 的特点不包括（　　）。

A. 公募 REITs 没有固定利息回报，其收益主要依靠资产本身的现金流产生能力

B. 公募 REITs 本息没有主体信用担保，依赖于资产本身的运营

C. 公募 REITs 受基金管理人及资产运营管理机构能力的影响，存在由于运营等因素造成单位价值下跌的风险

D. 公募 REITs 比债券具有更高安全性

### 二、问答题

1. 什么是 REITs？REITs 有哪些特点和优势？

2. 基础设施公募 REITs 的运行机制有哪些？

3. 基础设施公募 REITs 与普通公募基金的区别是什么？

### 三、思考题

1. 从全球 REITs 市场看，商业地产 REITs 是 REITs 市场的最重要部分，中国商业地产 REITs 也有很大发展前景。根据欧盟上市房地产协会（EPRA），2020 年我国商业不动产存量市值约 4.493 万亿美元，约合 30 万亿元人民币。商业地产纳入 REITs 的主要风险是什么？应如何平衡经济效益与社会效益？

2. 在“双碳”背景下，新能源、新基建领域发展潜力大，基础设施公募 REITs 应发挥何种作用？

# 第十一章　杠杆及反向 ETF

【内容概述】

本章要求学生掌握杠杆及反向 ETF 的概念；了解杠杆及反向 ETF 的特殊风险因素，包括杠杆风险、衍生品投资风险、每日重新平衡的风险、长线持有的风险等；了解杠杆及反向 ETF 的常见运行机制和投资模式；了解杠杆及反向 ETF 的全球发展现状。

## 第一节　杠杆及反向 ETF 概述



### 一、杠杆及反向 ETF 的概念

杠杆及反向产品（leveraged and inverse products）是一种新型投资产品，为经验丰富投资者提供追求短期市况投资的机会。杠杆及反向产品本质上属于 ETF 的一种。从投资期限来看，这类产品放大日内投资收益，或对冲日内市场下跌，更适合短期投资。投资者须每日定期监察投资组合，以及时回应市况变化。

杠杆及反向 ETF 包括杠杆 ETF 和反向 ETF。

杠杆 ETF（Leveraged ETF）又称做多或看多 ETF（Bull ETF），是通过运用股指期货、互换合约等杠杆投资工具，实现每日追踪目标指数收益的正向一定倍数（如 1 倍、2 倍甚至 3 倍）的交易型开放式指数基金。当目标指数收益变化 1%时，杠杆产品基金净值变化可以达到合同约定的 1%、2%或 3%。

反向 ETF（Inverse ETF）又称做空 ETF 或看空 ETF（Short ETF 或 Bear ETF），是通过运用股指期货、互换合约等杠杆投资工具，实现每日追踪目标指数收益的反向一定倍数（如-1 倍、-2 倍甚至-3 倍）的交易型开放式指数基金。当目标指数收益变化 1%时，其基金净值变化达到合同约定的-1%、-2%或-3%。

### 二、杠杆及反向 ETF 的特殊风险因素

与普通 ETF 相似，杠杆及反向 ETF 的风险也包括对手风险、市场风险、追踪误差、折价或溢价交易及流动性风险。此外，由于其资产投资于衍生品、需要每日重

新平衡等特质，还涉及以下额外风险：

1. 杠杆风险

杠杆及反向 ETF 由于自身的杠杆属性，从而具有高风险高收益的特征。以正向 2 倍 ETF 为例，在市场上涨或下跌，产品将产生 2 倍的上涨或下跌收益，收益和损失都将被放大。

2. 衍生品投资风险

投资于衍生品合约将涉及特定风险，例如流动性、展仓及保证金风险，同时跟踪资产与期货合约的价值之间可能存在不完全的相关性。此外，对于投资标的包含采用收益互换的 ETF 来说，一旦出现对手方违约风险事件，产品投资端会受到较大影响。

3. 每日重新平衡的风险

杠杆及反向产品通常称为“单日”产品，因其投资目标是提供相等于相关指数表现特定倍数或特定相反倍数的单日回报。为达成投资目标，杠杆及反向 ETF 须每日重新平衡其投资组合。市场干扰、监管限制或极端的市场波动性都可能对产品重新平衡其投资组合的行为造成不利的影响，因此产品每日再平衡后，其投资组合与其投资目标可能仍存在少量偏差，导致跟踪误差扩大。

4. 长线持有的风险

杠杆及反向 ETF 并非为持有超过重新平衡活动的间距（一般为一天）而设。在重新平衡活动效应下，杠杆及反向产品一般只能提供日内相等于相关指数倍数的回报。当持有超过一日，或少于整个交易日，有关产品未必能提供相关指数杠杆倍数的回报，在波动行情下有关偏离会更明显，因此将导致基金净值与有关的基准指数偏差扩大。



## 第二节　杠杆及反向 ETF 的一般性运行机制

### 一、杠杆及反向 ETF 的投资模式

杠杆及反向 ETF 主要投资于衍生工具，通常通过互换或期货合约达成投资目标，按照杠杆倍数提供每日的特定回报。

1. 期货模式

杠杆及反向 ETF 通过大量持有对应的近期期货合约实现杠杆倍数。基金持有近期期货合约的主要原因在于，近期合约的走势和标的指数非常接近，受贴水或升水因素的影响较小。近期合约到期前，需要移仓至下一个月，基金跟踪误差也受期货移仓影响。此种运作模式需要有流动性较好的期货品种作为支撑。期货模式下，基金跟踪误差主要受到杠杆复制成本、再平衡交易成本和期货移仓成本等因素影响，其中杠杆复制成本体现在期货开仓成本，再平衡交易成本体现在每日再平衡机制导致的期货频繁交易成本，期货移仓成本体现在期货的贴水或升水水平（当期货处于贴水状态时，期货移仓时可以获得正收益；反之，当期货处于升水时，期货移仓时遭受损失）。

2. 互换模式

利用互换合约也可以改变 ETF 风险暴露。对互换合约对手的选择、产品持仓结构的设计、控制产品的运营成本，是产品的难点和核心，通常在美国等衍生品市场发达市场使用。在指数互换合约中，主要涉及两个交易者，基金管理人（代表杠杆及反向 ETF 产品）支付合约另一方固定收益，通常为 LIBOR 或 LIBOR 上浮几个 BP 的成本，以此换取对方支付未来一段时间按照名义价值计算的指数收益。如果当天指数收益为负，则基金管理人需同时支付固定收益部分和指数负收益部分；若指数收益为正，则基金管理人收到指数收益减去固定收益部分。互换合约并非每天进行收益交换，一般间隔一段时间进行一次。互换合约为定制型合约，当双方约定的名义价值部分超过基金的实际净值，则风险暴露程度提升，基金实现了加杠杆。

与通过期货合约实现杠杆相比，由于互换合约不在交易所交易，一般不需要保证金，但存在对手方违约风险，因此一般对手方为大型金融机构。由于定制特性，互换合约可以准确跟踪基金指数表现，且不存在利用期货合约实现杠杆时存在的合约展期风险。

## 二、杠杆及反向 ETF 的运行机制

1. 每日需要重新平衡

杠杆及反向 ETF 的相关指数回报及其杠杆倍数随着相关指数于交易日内的变动而改变。因此，杠杆及反向 ETF 须每日重新平衡其投资组合，以将杠杆倍数保持在特定水平。在重新平衡活动效应下，杠杆及反向 ETF 一般只能提供在重新平衡活动的间距内（一般为一天，即由某特定营业日相关市场收市之时至下一个营业日相关市场收市之时期间），等于相关指数表现特定倍数/特定相反倍数的回报；当持有超过一日，或少于整个交易日，有关产品未必能提供相关指数表现特定倍数或特定相反倍数的回报。

2. 每日调仓成本较高

为了达到杠杆倍数的跟踪效果，杠杆及反向 ETF 需每日重新调整投资组合，从而调仓成本将导致基金收益低于原标的指数的杠杆倍数收益。

3. 普遍采用净值申赎

与普通 ETF 采用一篮子股票进行申赎不同，杠杆 ETF 通过现金进行申购和赎回，且申赎后不会立即得到基金份额或现金，具有一定滞后性。

4. 目标投资者以短期持有为主

整体来看，由于杠杆及反向 ETF 是为短线买卖或对冲而设，并非用作长线投资，所以并不适合长期持有的投资者。杠杆 ETF 的每日再平衡机制带来的“追涨杀跌”在震荡市场中会不断侵蚀杠杆 ETF 收益，导致基金收益大幅降低，尤其在长期持有的情况下，甚至可能出现标的指数取得正收益，而杠杆 ETF 为较大负收益的情况。

## 第三节　杠杆及反向 ETF 的全球发展概况

2000 年以来，由于互联网泡沫破裂，股市收益率有所下降，投资者对杠杆型产品的需求增加，杠杆 ETF 进入快速发展时期。全球首批杠杆 ETF 是 2005 年 2 月 10 日由瑞典 XACT Founder AB 公司发行的 XACT Bull ETF 和 XACT Bear ETF，追踪 OMX 斯德哥尔摩 30 指数，杠杆倍数为正向 1.5 倍和反向 1.5 倍。美国首批杠杆型 ETF 由 ETF 提供商 ProShares 于 2006 年推出，之后逐渐形成了以 ProShares 和 Direxion 公司产品为代表的迅猛发展的杠杆及反向 ETF 市场。亚太地区杠杆及反向 ETF 在 2008 年国际金融危机后开始发展，近几年增长势头强劲，其交易活跃度甚至超过欧美地区。日本、韩国的杠杆及反向 ETF 成交量均占其整个 ETF 市场的 50% 以上。

如图 11-1 所示，截至 2019 年年末，全球杠杆及反向 ETF 产品共 459 只，总规模合计 633.08 亿美元。其中杠杆 ETF 产品 210 只，规模 377.84 亿美元；反向 ETF 产品 249 只，规模 255.24 亿美元。

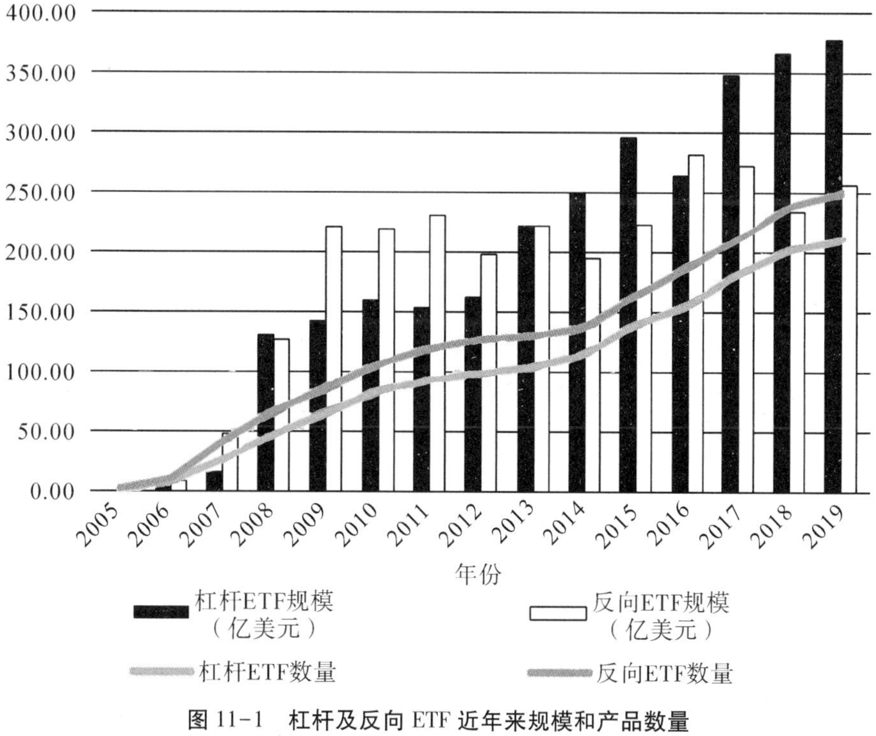


**图 11-1　杠杆及反向 ETF 近年来规模和产品数量**

注：数据来自 Bloomberg 和上海证券基金评价研究中心。

从地区来看，世界上共 13 个国家和地区发行了杠杆及反向 ETF 产品。美国在全球杠杆及方向 ETF 的数量和规模占比均最高，其次为韩国、日本和中国台湾，法国、卢森堡、中国香港等市场的杠杆及反向 ETF 发展也相对较好。

从交易活跃度来看，大部分杠杆及反向产品具有较好流动性。以美国为例，虽然 2019 年年底杠杆、反向 ETF 规模占比仅为美国 ETF 市场的 0.62%和 0.24%，但交易额占比分别达 4.2%和 2.51%。

从资产类型来看，股票类杠杆 ETF 规模占比为 95.0%，其次为商品类（占 3.9%）、固定收益类（占 0.9%）及货币类（占 0.2%）；股票类反向 ETF 规模占比为 85.7%，其次为固定收益类（占 11.1%）、商品类（占 2.1%）和货币类（占 1.1%）。

虽然内地 A 股市场暂无杠杆及反向 ETF 产品，但截至 2019 年年末，海外市场已有 15 只挂钩中国股票市场的杠杆 ETF、12 只挂钩中国股票指数的反向 ETF，规模分别为 27.76 亿美元、2.35 亿美元。其中挂钩 A 股的杠杆 ETF 规模为 22.29 亿美元，占全球杠杆 ETF 规模的比例为 5.9%（详见表 11-1、表 11-2）。

**表 11-1 海外发行的挂钩中国股票指数的杠杆 ETF 产品**

| 基金代码 | 成立日期 | 跟踪指数 | 杠杆倍数 | 基金管理公司 | 国家和地区 | 资产规模/亿美元 |
|---|---|---|---|---|---|---|
| 00637L TT Equity | 2015/5/6 | 沪深 300 指数 | 2.0 | Yuanta | 中国台湾 | 9.59 |
| 00633L TT Equity | 2014/11/11 | 上证 180 指数 | 2.0 | Fubon | 中国台湾 | 6.04 |
| YINN US Equity | 2009/11/3 | 富时中国 50 指数(港股) | 3.0 | Rafferty | 美国 | 3.75 |
| 00655L TT Equity | 2016/3/8 | 富时中国 A50 指数 | 2.0 | Cathay Securities | 中国台湾 | 2.77 |
| 204480 KS Equity | 2014/9/1 | 沪深 300 指数 | 2.0 | Mirae Asset | 韩国 | 2.21 |
| CHAU US Equity | 2015/4/16 | 沪深 300 指数 | 2.0 | Rafferty | 美国 | 1.40 |
| CWEB US Equity | 2016/11/2 | 中证海外中国互联网指数 | 2.0 | Rafferty | 美国 | 0.59 |
| XPP US Equity | 2009/6/2 | 富时中国 50 指数(港股) | 2.0 | ProShare | 美国 | 0.30 |
| 7228 HK Equity | 2017/3/14 | 恒生中国企业指数(港股) | 2.0 | Samsung | 中国香港 | 0.28 |
| 7288 HK Equity | 2017/3/14 | 恒生中国企业指数(港股) | 2.0 | CSOP | 中国香港 | 0.25 |
| 219900 KS Equity | 2015/5/28 | 沪深 300 指数 | 2.0 | Korea Investment | 韩国 | 0.19 |
| 00665L TT Equity | 2017/7/21 | 恒生中国企业指数(港股) | 2.0 | Fubon | 中国台湾 | 0.14 |
| 1572 JP Equity | 2012/12/6 | 恒生中国企业指数(港股) | 2.0 | Simplex | 日本 | 0.11 |
| 00753L TT Equity | 2018/10/31 | MSCI China Free 50 ex A and B Index | 2.0 | CTBC | 中国台湾 | 0.09 |
| 7230 HKEquity | 2017/3/14 | 恒生中国企业指数(港股) | 2.0 | Mirae | 中国香港 | 0.05 |

注：数据来自 Bloomberg 和上海证券基金评价研究中心，截止日期为 2019 年 12 月 31 日。

**表 11-2 海外发行的挂钩中国股票指数的反向 ETF 产品**

| 基金代码 | 成立日期 | 跟踪指数 | 杠杆倍数 | 基金管理公司 | 国家和地区 | 资产规模/亿美元 |
|---|---|---|---|---|---|---|
| YANG US Equity | 2009/12/3 | 富时中国 50 指数(港股) | -3.0 | Rafferty | 美国 | 0.67 |
| FXP US Equity | 2007/11/6 | 富时中国 50 指数(港股) | -2.0 | ProShares | 美国 | 0.35 |
| 217780 KS Equity | 2016/6/10 | 沪深 300 指数 | -1.0 | Mirae | 韩国 | 0.34 |

表11-2(续)

| 基金代码 | 成立日期 | 跟踪指数 | 杠杆倍数 | 基金管理公司 | 国家和地区 | 资产规模/亿美元 |
|---|---|---|---|---|---|---|
| 00634R TT Equity | 2014/11/11 | 上证 180 指数 | -1.0 | Fubon | 中国台湾 | 0.21 |
| 00638R TT Equity | 2015/5/6 | 沪深 300 指数 | -1.0 | Yuanta | 中国台湾 | 0.19 |
| CHAD US Equity | 2015/6/17 | 沪深 300 指数 | -1.0 | Rafferty | 美国 | 0.18 |
| 7588 HK Equity | 2019/6/25 | 恒生中国企业指数(港股) | -2.0 | CSOP | 中国香港 | 0.13 |
| 00656R TT Equity | 2016/3/8 | 富时中国 A50 指数 | -1.0 | Cathay | 中国台湾 | 0.08 |
| 1573 JP Equity | 2012/12/6 | 恒生中国企业指数(港股) | -1.0 | Simplex | 日本 | 0.07 |
| YXI US Equity | 2010/3/16 | 富时中国 50 指数(港股) | -1.0 | Proshares | 美国 | 0.06 |

注：数据来自 Bloomberg 和上海证券基金评价研究中心，截止日期为 2019 年 12 月 31 日。

### 案例：香港杠杆及反向 ETF 发展

目前，全球 ETF 正从被动策略投资向主动策略投资过渡，杠杆及反向 ETF 近年在海外尤其是亚太市场日渐盛行。

2020 年 7 月，香港交易所推出首批 A 股杠杆及反向产品，包括：华夏 Direxion 沪深 300 指数每日杠杆（2x）产品（7272.HK），华夏 Direxion 沪深 300 指数每日反向（-1x）产品（7373.HK），南方东英沪深 300 指数每日杠杆（2x）产品（7233.HK）和南方东英沪深 300 指数每日反向（-1x）产品（7333.HK）。

市场认为，A 股杠杆及反向产品的上市是香港资产管理行业的重要里程碑，将丰富外资投资 A 股的风险管理工具，从而吸引更多全球投资者参与投资 A 股。

资产管理行业普遍认为，未来全球 ETF 市场规模将继续扩大，其中 Smart Beta ETF、杠杆及反向型产品、非传统权益类 ETF（例如汇率对冲主题型 ETF 产品）将获得快速发展。因中国股指期货等衍生品发展相对滞后，2015 年股市大幅波动期间新加坡、美国推出的 A 股股指期货交易量大幅增加，韩国、美国、中国台湾等市场在 2015 年股市异常波动期间纷纷新设 A 股杠杆及反向 ETF 产品，体现了国际投资者运用 A 股衍生工具进行风险管理需求的迫切性。

## 【能力训练】

### 项目十一　探索境内市场推出杠杆/反向 ETF 产品的可行性

**模拟情境**

我国 A 股是全球第二大股票市场，但由于我国资本市场并未完全对国际投资者开放，而我国离岸市场与 A 股相关的金融衍生品有限，一定程度限制了外资参与我国 A 股的意愿。尽管在美国和亚洲其他地区已有 A 股相关的杠杆及反向 ETF 上市，但由于交易时间差异、市场准入限制、结算周期差异等因素，已发行的 A 股杠杆及反向产品有一定局限性。对于是否在境内市场推出杠杆及反向 ETF 产品，市场观点存在一些分歧。

一种市场观点认为，杠杆、反向 ETF 在国外已发展成为较为常见的品种，通常基金管理人在开发 ETF 产品时，会配套开发杠杆及反向产品，该观点认为境内市场应补齐杠杆及反向 ETF 产品短板。另一种市场观点认为，杠杆及反向 ETF 自诞生以来争议不断，基金实际投资收益和投资者预期收益之间有较明显的偏差。考虑我国 A 股市场个人投资者交易量占比较高，对新产品的风险认知有一个渐进的过程，应充分考虑市场风险因素，现阶段不宜推出杠杆及反向产品。如何看待这两种观点？

**实训要求**

在教师的指导下，学生分组讨论，并从以下问题角度回答：

（1）杠杆及反向 ETF 与分级基金都可实现杠杆收益。从产品设计、运作机制、国内外发展情况的角度，如何理解二者区别？

（2）由于杠杆/反向 ETF 大量运用股指期货和互换等金融衍生工具，其成功往往与本市场股指期货、股指期权的发达程度高度相关。培育衍生品市场既是掌握股指定价权、增加市场流动性的手段，也为杠杆及反向 ETF 等新产品的开发提供了前提条件。结合国内 A 股期货、期权等金融衍生品市场的发展情况，分析国内市场是否具备推出杠杆及反向 ETF 的底层产品条件？

**【课后练习】**



**一、选择题**

1. 以下关于杠杆及反向 ETF 的说法，不正确的是（　　）。
   A. 杠杆及反向产品本质上属于 ETF 的一种
   B. 杠杆及反向 ETF 包括杠杆 ETF 和反向 ETF
   C. 杠杆 ETF 通过现金进行申购和赎回，且申赎后会立即得到基金份额或现金
   D. 杠杆及反向 ETF 的相关指数回报及其杠杆倍数随着相关指数于交易日内的变动而改变
2. 杠杆及反向 ETF 的特殊风险不包括（　　）。
   A. 杠杆风险　　B. 衍生品投资风险
   C. 长线持有风险　　D. 营销风险
3. 以下关于杠杆及反向 ETF 的全球发展情况，说法不正确的是（　　）。
   A. 亚太地区杠杆及反向 ETF 在 2008 年国际金融危机后开始发展，近年增长势头强劲
   B. 从交易活跃度来看，大部分杠杆及反向产品具有较好的流动性
   C. 从资产类型来看，股票类杠杆 ETF 规模占比较小
   D. 全球首批杠杆 ETF 是 2005 年 2 月 10 日由瑞典 XACT Founder AB 公司发行的 XACT Bull ETF 和 XACT Bear ETF

## 二、问答题

1. 杠杆ETF和反向ETF分别指什么？有什么区别？
2. 杠杆及反向ETF有哪些特殊风险因素？
3. 杠杆及反向ETF常见的投资模式有哪些？

## 三、思考题

讨论杠杆及反向ETF的风险和收益特征。

# 第十二章　基金市场互联互通

**【内容概述】**

本章要求学生掌握跨境 ETF 的概念以及常见模式，并能够区分内地与香港 ETF 制度的区别；熟悉内地与香港股票市场交易互联互通机制；了解基金互认机制的概念以及海外运作模式；了解内地与香港基金互认的基本情况、主要特点以及两地基金的互认标准。

## 第一节　跨境 ETF



### 一、跨境 ETF 的概念

跨境 ETF 产品以 ETF 形式挂钩境外一篮子证券在交易平台挂牌，既能满足投资者多元化的资产配置需求，又能使基金管理人低成本、快捷地管理复杂的交易策略。该产品在海外发展已很成熟，并在欧美 ETF 市场中占据重要地位。在我国现有证券市场法律法规允许的框架下，跨境 ETF 成为我国交易所现阶段丰富跨境产品线、实现产品跨境上市的重要抓手。

### 二、跨境 ETF 的发行模式

国际上成熟的跨境 ETF 发行模式可分为自主设立、交叉挂牌和联接基金三种模式①。

自主设立模式（primary-listing）是指由境内基金管理公司开发发行以境外资本市场指数为跟踪标的的 ETF，并将该 ETF 在境内交易所上市的模式。这种模式便于境内证券监管层监督管理，是跨境 ETF 最常见的形式。美国、韩国和中国内地主要采取这种模式。

交叉挂牌模式（cross-listing）是指将境外基金管理公司开发管理并在境外交易



---

① 根据杨宇等于 2009 年在上海证券交易所第 20 期联合研究计划项目上发表的报告《指数跟踪类产品（ETF、ETC 等）创新研究——跨境 ETF》、通力律师事务所的《中国跨境 ETF 的法律框架及其参与机构》等文章整理。

所上市的 ETF 直接在境内交易所挂牌上市的模式。此类跨境 ETF 在境内募集的资金与其境外正常运作的 ETF 基金资产合并管理，ETF 的基金管理人为同一家公司。欧洲、中国香港主要采取这种形式。交叉挂牌涉及两个以上不同地区的交易所，需要整合多个交易所信息披露的内容和时间要求，建立跨市场管理机制和共同的结算机制，还需要各方市场的监管者在市场监管方面加以合作，要求不同上市地点法律法规相似、无外汇管制，就目前我国资本市场环境和法律框架而言，交叉挂牌难度较大。

联接基金模式（feeder fund）是指在境内发行一只几乎全部资产投资于境外 ETF 的基金，并在基金成立后在境内交易所上市交易的模式，这种模式的跨境 ETF 相当于一只基金中基金（FOF）。相较于交叉挂牌模式，这种联接基金便于境内证券监管层实施监管，但存在 FOF 普遍面对的双重收费的问题，可能导致跟踪误差较大。中日 ETF 互通和深/沪港 ETF 互通即采用类联接基金模式。

### 三、以 ETF 互通为开放举措的新模式——中日 ETF 互通[①]

对我国而言，境内设立的 ETF 属于 QDII 型基金，适用《合格境内机构投资者境外证券投资管理试行办法》及配套规则[②]，境内外产品适用现有 QDII、QFII/RQFII 基金相关技术系统，不涉及跨境结算系统对接及现有交易结算系统技术改造，是在现有规则框架内的跨境 ETF 产品模式创新。下面以中日 ETF 互通为例，对我国跨境 ETF 互通实践做出进一步阐述分析。



2019 年 6 月，首批中日 ETF 互通产品推出，中日双方的八家资产管理公司以两两配对合作的方式各自在本国设立 ETF 投资于对方市场的主流 ETF 产品，以实现双方市场 ETF 互通的目标。四只投资于日本市场的境内 ETF 分别为三只跟踪日经 225 指数（Nikkei 225）的 ETF 及一只跟踪东证指数（TOPIX）的 ETF，四只投资于境内市场的日本 ETF 分别为跟踪沪深 300、中证 500、上证 50、上证 180 指数的 ETF，模式如图 12-1 所示。我国境内基金公司设立 ETF（以下简称“东向 ETF”），以 QDII 境外证券投资形式，申购或买入日本交易所集团旗下东京证券交易所单只 ETF，投资单只目标 ETF 的比例不低于基金资产的 90%，东向 ETF 份额在我国交易所上市交易。日本资产管理公司在日本设立 ETF（以下简称“西向 ETF”），以 QFII 或 RQFII 境内证券投资形式，申购或买入我国交易所单只 ETF，西向 ETF 份额在东京证券交易所上市交易。

---

① 根据徐尚斐于 2021 年在《深圳社会科学》上发表的《证券交易所跨境市场联通模式研究——基于国际交易所典型案例的分析》一文整理。

② 根据其配套通知，“单只基金持有境外基金的市值合计不得超过基金净值的 10%”，同时在兜底条款中留有空间，允许中国证监会根据证券市场发展情况或基金具体个案调整上述投资比例。中国证监会认为，本质上看，中日 ETF 互通中方产品所投资的目标 ETF 穿透到底层资产仍是标的指数成分股，符合 QDII-ETF 分散化投资的原则和要求。

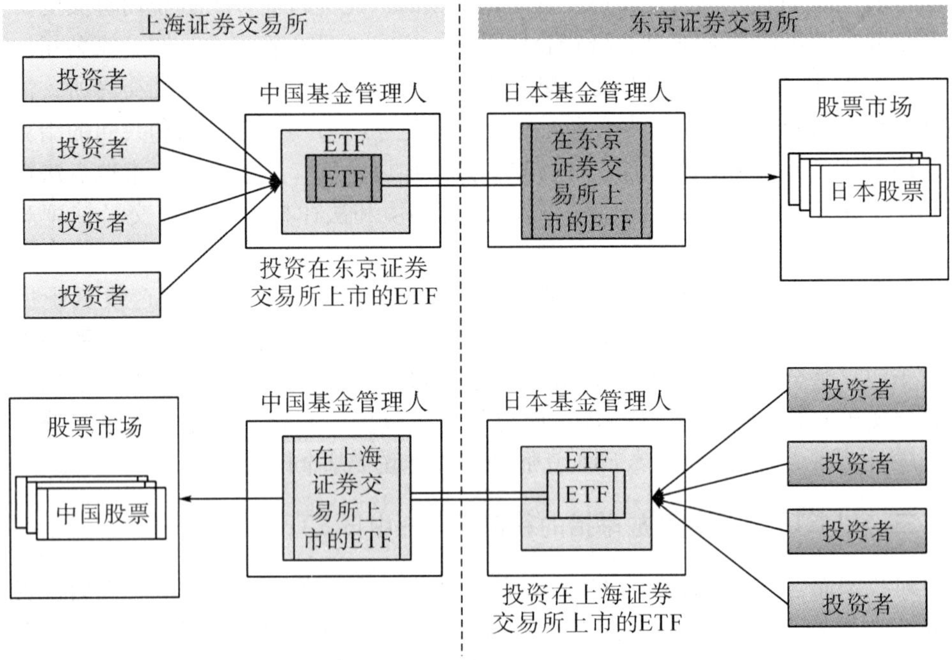


**图 12-1　中日 ETF 互通模式示意图**

注：资料来自日本交易所集团官网，笔者进行过整理。



为增强基金吸引力，避免联接基金模式普遍面对的双重收费问题，降低跟踪误差，中日 ETF 基金管理人均下调了基金费率。以东向产品为例，首批四只东向 ETF 的平均管理费率为 0.20%，平均托管费率为 0.06%，不仅低于其他 QDII 型基金，相较其他跨境 ETF 也更加低廉，即使算入目标 ETF 费率，四只产品的实际综合费率也低于沪深两市绝大多数跨境 ETF 费率。但由于日本股票等证券品种实行 T+2 结算交收，从日本客户下单到资产管理公司获得客户资金有一定时间差，同时我国证券市场要求交易前资金提前到位，导致通过 QFII 机制投资的日本基金管理人普遍面临买入中国目标 ETF 产品价格变动风险敞口。

从运行情况来看，东向双向产品上市以来运行平稳，但东向 ETF 自上市以来净值大幅缩水。2019 年 6 月 25 日上市后，各产品 6 月 30 日的规模即下跌 60%至 6.03 亿元，虽然国内资金配合 2020 年开年以来日股下跌底部加仓，东向 ETF 份额规模一度大幅增长，但仍较募集成立时的规模有大幅下降。其主要原因：一是产品募集期较短，市场培育力度不足，四只产品于 2019 年 5 月 28 日同步开售，发行期均至 6 月 5 日结束，未引起国内投资者的广泛关注；二是目前国内市场对跨境 ETF 的关注度集中于美国和中国香港（因“沪深港通”较 QDII 机制更为灵活，实操中投资香港的基金更多通过“沪深港通”渠道），通过 QDII 型基金配置非美股资产有一定需求，但有待长期市场培育；三是由于跨境 ETF 更易受个人投资者青睐，日经 225 指数、TOPIX 指数 ETF 预期回报与我国个人投资者追求较高风险收益率的预期有一定错位。

# 第二节　内地与香港股票市场交易互联互通机制

## 一、内地与香港股票市场交易互联互通机制定义

内地与香港股票市场交易互联互通机制（简称“互联互通机制”），是指上海证券交易所、深圳证券交易所分别和香港联合交易所有限公司建立技术连接，使内地和香港投资者可以通过当地证券公司或经纪商买卖规定范围内的对方交易所上市的股票。简单来说，即内地和香港投资者可以互相买卖在对方交易所上市的符合一定条件的部分股票。

内地与香港股票市场交易互联互通机制包括沪港股票市场交易互联互通机制（以下简称“沪港通”）和深港股票市场交易互联互通机制（以下简称“深港通”）。2014 年 11 月、2016 年 12 月，沪港通、深港通正式启动。“深港通”运行机制见图 12-2。

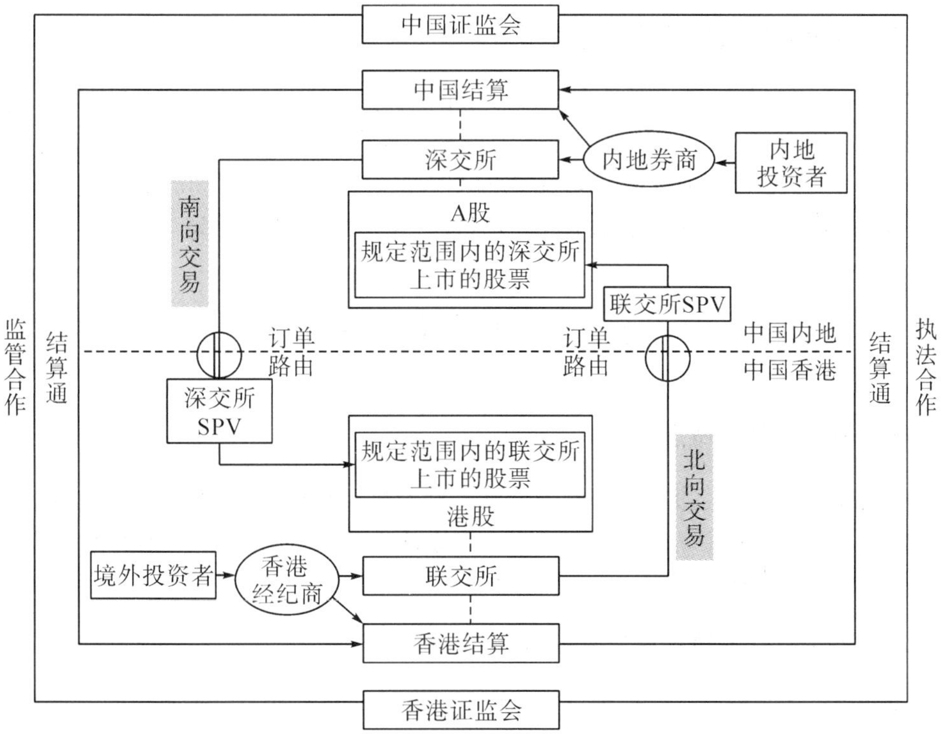


**图 12-2　“深港通”运行机制**

注：资料来自深圳证券交易所，笔者进行过整理。

“互联互通机制”下，由本地交易所成立证券交易服务公司（简称“SPV”）提供订单路由服务，接收本方投资者买卖对方交易所股票的订单，并传递至对方交易所；中国证券登记结算有限公司（简称“中国结算”）、香港中央结算有限公司（简

称“香港结算”）分别作为本方投资者通过“互联互通机制”买入股票的名义持有人，并互为对方结算机构的结算参与人，为“互联互通机制”提供相关的结算服务。

以港股通为例，中国结算作为港股通股票的名义持有人向香港结算履行港股通交易的清算交收责任，中国结算进而与证券公司（结算参与人）就港股通交易进行清算交收，证券公司负责办理自身与投资者之间的清算交收。沪深交易所、中国结算、香港联合交易所和香港结算四家机构形成系统资金闭环，便利投资者参与交易活动，并有助于加强对市场的监控。

### 二、ETF 纳入互联互通机制

为促进中国内地与香港资本市场共同发展，中国证监会和中国香港证监会于 2022 年 6 月 28 日决定批准两地交易所正式将符合条件的交易型开放式基金（ETF）纳入内地与香港股票市场交易互联互通机制。2022 年 7 月 4 日，ETF 纳入内地与香港股票市场交易互联互通机制正式启动，沪港通、深港通和港股通分别有 53 只、30 只和 4 只 ETF 产品纳入。

### 三、互联互通机制的重要意义

“互联互通机制”已成为外资配置 A 股的主要途径之一，纳入 ETF 则意味着为外资配置中国资产提供更多元化的配置途径，提高其投资便利性，有利于为内地 ETF 市场引入更多增量资金，微观结构的改善也有助于 ETF 市场的健康稳定发展。与此同时，内地资金购买港股通 ETF，也将助力港股市场繁荣稳定。



## 第三节　基金互认机制

### 一、基金互认的概念

基金互认是基金跨市场销售的一种制度性安排。在这种制度下，在一国或地区监管体系下注册的基金，不需要在另一个国家或地区再进行注册，或履行一定简便程序后，就可以直接销售。

### 二、基金互认的运作模式——欧洲模式

欧洲市场通过统一立法实现基金销售与监管一体化，建立欧洲基金通行证制度。欧洲基金有两种通行证，一种针对产品，一种针对基金管理人。

1. 基金产品层面：UCITS 框架

为了推动欧盟成员国之间基金产品的自由流动，实行欧盟范围内对基金市场的统一监管体系，欧盟委员会于 1985 年 12 月推出《可转让证券集合投资基金》（Undertakings for Collective Investment in Transferable Securities）的指令，即 UCITS 指令。UCITS 指令规范了基金的运作、监督和管理，明确规定基金必须进行分散投资且只

能投资于可转让证券，以加强投资者保护。满足该指令的 UCITS 在欧盟范围内享有欧洲护照，可以在欧洲经济区不同国家内自由销售，这意味着 UCITS 在一个成员国成立，即可在其他欧盟国家销售，极大节约了基金的营销成本。经过几次修订，UCITS Ⅳ 在 2011 年正式生效，该版本的一个重要条款便是提出欧盟护照的概念，即在一国获批的资产管理公司可以跨境管理异国设立的基金。UCITS Ⅴ 于 2014 年 8 月公布并于 2016 年在欧盟成员国实施，为最新版本。目前世界各地越来越多的国家和地区开始接受 UCITS。

2. 基金管理人层面：AIFMD 框架

在欧洲所有不属于 UCITS 的基金都可以归属为另类投资基金（大多是对冲基金、房地产基金以及私募股权基金），其管理人称为另类投资基金管理人（AIFM）。在 2008 年国际金融危机后，G20 提出要在欧盟层面建立对另类投资基金管理人的统一有效监管，以确保欧盟金融市场监管者“欧洲证券及市场管理局”（European Securities and Markets Authority，ESMA）以及“欧洲系统风险委员会”（European Systemic Risk Board，ESRB）能够监控欧盟范围内的系统性金融风险。因此，欧盟于 2011 年针对另类投资基金制定了《另类投资基金管理人指令》（Alternative Investment Fund Managers Directive，AIFMD），要求管理资产在 1 亿欧元（投资使用杠杆）或者 5 亿欧元（投资不使用杠杆）的另类投资基金管理人必须向欧盟成员国申请成为经授权的另类证券投资基金管理人以接受监管，资产不满足上述要求的另类投资基金管理人也可主动申请成为经授权的另类证券投资基金管理人。



在 AIFMD 监管指令于 2011 年公布之前，欧洲的投资基金通常被分为 UCITS 基金和 Non-UCITS 基金。Non-UCITS 基金是根据不同国家各自监管要求建立的基金，只能面向本国投资者销售，监管要求相对宽松。AIFMD 监管指令实施，为所有 Non-UCITS 基金及其管理提供了统一监管法律框架，建立了一套与 UCITS 平行的欧盟品牌。AIFMD 通过对投资管理人进行约束，而间接赋予其管理基金推广销售的权利。在 AIFMD 监管指令下，另类投资基金管理人需要定期向本国监管机构汇报其管辖的另类投资基金产品的情况，并提交年度财务报告；同时，经授权的另类投资基金管理人发行的欧盟注册基金可以在其他欧盟成员国范围内向知悉投资者销售，知悉投资者包括机构投资者、专业投资者和投资超过 12.5 万欧元的个人投资者，或者由具有声誉的投资公司或管理公司评估的能够完全了解该产品风险的个人投资者。

该指令还包括第二阶段和第三阶段，其中第二阶段将允许经授权的另类投资基金管理人发行的非欧盟注册基金，以及经授权的非欧盟另类投资基金管理人发行的欧盟注册基金享有欧洲通行证，第三阶段将允许经授权的非欧盟另类投资基金管理人发行的非欧盟注册基金享有欧洲通行证。

## 三、内地与香港基金互认

1. 基本情况

根据《内地与香港关于建立更紧密经贸关系的安排》（CEPA）补充协议的安排，经过长时间的谈判，2015 年 5 月 22 日，中国证监会与香港证监会发布联合公告，就内地与香港两地基金互认安排正式签署《监管合作备忘录》。基金互认是指允许境外注册并受当地监管机构监管的基金向本地居民公开销售。中国证监会、香港证监会通过基金互认，将允许符合一定条件的内地及香港基金按照法定程序获得认可或许可在对方市场向公众投资者进行销售。内地与香港基金互认于 2015 年 7 月 1 日正式实施。基金互认是内地市场首次允许非内地的零售基金在境内销售，同时也是第一次允许内地零售基金向境外市场销售。基金互认为内地及香港基金市场发展注入了新动力，也为两地投资者提供了更多元化的基金选择。截至 2022 年一季度末，已注册内地互认基金数量为 50 只，已注册香港互认基金达到 115 只。

2. 主要特点

（1）基金互认实行双向开放，内地与香港投资者可以通过当地的基金销售渠道申购对方市场的互认基金；

（2）基金互认目前实行额度控制，初始投资额度为资金进出各 3 000 亿元人民币；

（3）两地投资者通过基金互认可以买卖的对方市场基金限于规定的范围。

3. 两地基金的互认标准

内地与香港基金互认需要满足表 12-1 的标准。

**表 12-1　内地与香港基金的互认标准**

| | |
|---|---|
| 成立要求 | 1. 依照所在地法律在所在地市场成立、运作及管理<br>2. 受所在地监管机构监管<br>3. 在所在地市场注册的公募基金 |
| 成立时长 | 成立 1 年或以上 |
| 资产规模 | 不少于 2 亿元人民币（或等值其他货币） |
| 投资范围 | 1. 不以对方市场为主要投资方向<br>2. 股票基金、混合基金、债券基金、非上市指数基金及实物跟踪指数交易所买卖基金 |
| 销售规模 | 在对方市场已销售于当地投资者比例不高于基金总资产的 50% |
| 代理人 | 必须委任符合对方监管机构资格要求的机构作为代表 |

4. 配套基础设施互联

为配合内地与香港基金互认业务的落地，深圳证券交易所、中国证券登记结算公司、深圳证券通信公司与香港金融管理局合作，在两地证监会和深圳市政府支持下，共同推出了基金互认服务平台。该平台与香港金管局 CMU 平台（债务工具中央结算系统）连接，两地相关机构只需单点接入平台，就可实现跨境基金销售的数据交换、次级登记托管和资金交收。该平台于 2015 年 12 月 5 日正式上线。

**拓展：香港与内地 ETF 制度对比**

下面对香港及内地的 ETF 基金从监管框架、产品注册申请、上市程序、证券结算、申购赎回、做市商安排、终止上市等方面进行制度对比。文中所称内地基金，是指中国证监会根据《中华人民共和国证券投资基金法》注册认可的公开募集证券投资基金；所称集体投资计划（Collective Investment Scheme，简称 CIS），是指香港证监会根据香港法律认可公开销售的单位信托、互惠基金或者其他形式的香港基金。

**一、香港**

1. 监管框架

香港交易所买卖基金（ETF）的监管法规主要包括《证券及期货条例》（香港法例第五百七十一章）第一百零四条，香港证监会《单位信托及互惠基金守则》（简称《守则》）第 8.6 条，以及《香港联合交易所证券上市规则》（简称《上市规则》）第二十章。

2. 基金产品注册

（1）注册审查法规依据

根据《证券及期货条例》第一百零四条，所有在香港上市的交易所买卖产品均须获香港证监会认可，即基金管理人向香港联交所就 ETF 上市提交正式上市申请前，须先向香港证监会申请，获取证监会“有条件下的批准”。香港联交所在正常情况下会授予获香港证监会认可为集体投资计划的 ETF 上市资格，但香港证监会的认可不保证上市成功，香港联交所保留接纳或拒绝获认可的集体投资计划上市的酌情权。

（2）注册申请文件

基金管理人提出产品注册申请时，必须填妥载于香港证监会网站的申请表格及资料查检表，并连同下列文件一并提交：①销售文件及组成文件，主要包括《产品资料概要》（Key Facts Statements，KFS）；②该计划最近一期经审计财务报告（如有），及如有更近期的资料，须附上最近期的未经审计财务报告；③管理公司的简介；④托管人/保管人最近期的经审计财务报告；⑤托管人/保管人同意接受委任的信件；⑥缴付申请费用的支票，收款人注明为证监会；⑦提名个人以供证监会核准出任核准人士（为送达与该计划有关的通知及决策、广告及文件等）的信件，包括所规定的该人士的详细信息。

（3）注册审查时间

香港证监会审批相关的香港公开发售文件，所需时间一般为 2 个月。

3. ETF 在香港联交所上市

基金管理人必须先取得证监会对 ETF 的认可，方可向香港交易所上市科正式提交上市申请，ETF 上市受《上市规则》第二十章监管。香港联交所负责集体投资计划（包括 ETF）的上市申请审阅及持续信息披露监管。

（1）申请规定

一是基金管理人须同时缴纳不可退回的首次上市费 20 000 港元作为按金。二是基金管理人须委任具有足够经验的代理人与香港联交所就上市申请进行沟通并管理整个上市程序，以确保上市程序及时有序进行。三是寻求上市的产品/证券须被香港中央结算有限公司（结算公司）接纳为有资格自买卖开始日在中央结算及交收系统（中央结算系统）存放、结算及交收。

根据《上市规则》第二十章，基金管理人向香港联交所提交的上市申请文件如表 12-2 所示。

**表 12-2 基金管理人向香港联交所提交的上市申请文件**

| 时间 | 规定的文件 |
| --- | --- |
| 提交上市申请时（A2 表格）应提交 | 1. A2 表格<br>2. 接近定稿的上市文件（包括集体投资计划披露文件）5 份及只读光盘一份<br>3. 证监会表示对集体投资计划披露文件再无其他意见的确认书副本一份<br>4. 经集体投资计划、集体投资计划营办人（CIS Operator）、保管人或托管人又或具同样职能的人士的代表正式签署的《上市协议》<br>5. 在可能情况下，须提交以下文件的核证副本一份：集体投资计划及集体投资计划营办人以及保管人或托管人的董事会授权及批准提交 A2 表格、发行上市文件及签署《上市协议》之决议案（或相等文件）<br>6. 认购或购买集体投资计划权益的任何申请表格的最终定稿一份<br>7. 集体投资计划（新成立的集体投资计划除外）、集体投资计划营办人以及集体投资计划的托管人或保管人或具同样职能的人士及（如适用）其投资顾问最新的年报及全年账目一份 |
| 如为上市集体投资计划发行人（开放式集体投资计划除外），必须在预计香港联交所将考虑批准集体投资计划上市日至少足 5 个交易日前提交 | 1. 按《上市规则》附录五 C3 表格形式填具，并经集体投资计划及集体投资计划营办人的代表签署的正式上市申请表格<br>2. 集体投资计划及集体投资计划营办人的董事会，授权按《上市规则》附录五 C3 表格的形式提出上市申请的决议案（或相等文件）的核证副本 |
| 如属新申请人，于香港联交所批准上市申请后、上市文件刊发日期当日或之前，在切实可行范围内尽快提交 | 1. 上市文件一份，注明日期，并由集体投资计划每名董事或其决策机关行政人员又或等同履行该等人员职能的人士签署，或由其以书面授权的代理人签署，以及由集体投资计划营办人或其代表签署；如任何文件由代理人签署，则该项签署的授权书的核证副本一份<br>2. 认购或购买寻求上市的集体投资计划权益的任何申请表格一份 |
| 于上市文件刊发后、集体投资计划权益开始买卖日期前，在切实可行范围内尽快提交 | 1. 上市文件内提及的决议案的核证副本<br>2. 信托契约或组织章程大纲及章程细则又或组成集体投资计划的其他文件之核证副本<br>3. 应付但尚未支付的上市年费 |

（2）上市文件规定

集体投资计划的每份上市文件须符合以下规定：

①载有一项声明，指已向香港联交所申请批准集体投资计划权益上市买卖。

②载有经证监会认可的集体投资计划披露文件以及该集体投资计划上市所涉及的其他有关文件。

③载有以下资料：集体投资计划权益的任何部分在其上市或买卖，或正在寻求或将会寻求获准在其上市或买卖的任何其他证券交易所的有关详情；集体投资计划权益现在或将会作主要上市的证券交易所的名称；以及上述交易所及该等交易所之间的买卖及结算安排的有关详情；或适当的否定声明。

④以英文刊发（以证监会有所规定而言）并随附中文译本；但如属新申请人，

上市文件的英文版可与中文译本分开派发，但在此等文件派发地点及派发期间，两个版本均可获取。

(3)《上市协议》规定

任何集体投资计划权益首次获准上市时，须由集体投资计划、集体投资计划的营办人及托管人/保管人的董事或其代表与香港联交所签署《上市协议》（形式于《上市规则》附录七 G 部列载），并须于呈交 A2 表格时送交香港联交所。

据此，协议的签署人承诺遵行持续责任（包括遵守证监会的认可条件及《上市规则》，包括遵守披露及通知规定、投资政策等）。《上市协议》下集体投资计划的主要持续责任为：

①如发生下列事项，须立即通知香港联交所：香港证监会取消集体投资计划认可的任何通知；修订或结束计划的任何意向；权益持有人评估计划的状况及买卖计划权益时避免出现造假市的情况所必需的任何资料。

②就联交所进行的查询（包括集体投资计划上市权益价格或成交量的不寻常波动或任何其他事宜）做出迅速响应。

③将其公司披露材料（例如通告、通知、年报等）按照订明数量向联交所提交，并授权联交所根据《证券及期货（在证券市场上市）规则》的规定，将该材料等提交证监会。

④ETF 基金管理人须提交其 ETF 的每日报告，披露资产净值、管理资产总额、已发行单位总数、溢价/折让等资料。



4. 做市商制度

香港证监会要求所有在联交所上市的 ETF、杠杆及反向产品均须设有至少一名庄家（做市商）。

5. 证券结算

如同股份买卖，香港 ETF 实行 T+0 交易（T+0 回转交易，即当天买入的证券当天可以卖出，当天卖出的证券的资金当天可以再买股票），T+2 交收［当天买卖的证券，在第三个交易日（T+2）实现资金交收］。

6. 申购赎回

香港市场 ETF 申购赎回采用场外交收模式。以盈富基金（2800.HK）为例，该基金申购采用一篮子股票进行，其申赎流程（见图 12-3）与国际通行的 ETF 申赎流程类似。

投资者采用恒指一篮子股票申购程序是：①投资者向参与证券商（也称为“授权参与者”，图 12-3 中“Authorized Participant”，通常为大型银行、经纪商/证券商及专业投资公司）提出用一篮子股票进行申购的申请，参与证券商冻结投资者账户内的一篮子股票；②参与证券商向香港中央结算公司提出正式申请；③香港中央结算公司受理正式申请后，将参与证券商账下的一篮子股票过户到盈富基金账户上，同时将相应的盈富基金份额登记到参与证券商名下；④参与证券商将盈富基金份额登记到投资者名下。上述流程如进展顺利，申购委托申请递交 T+2 日实施交收。

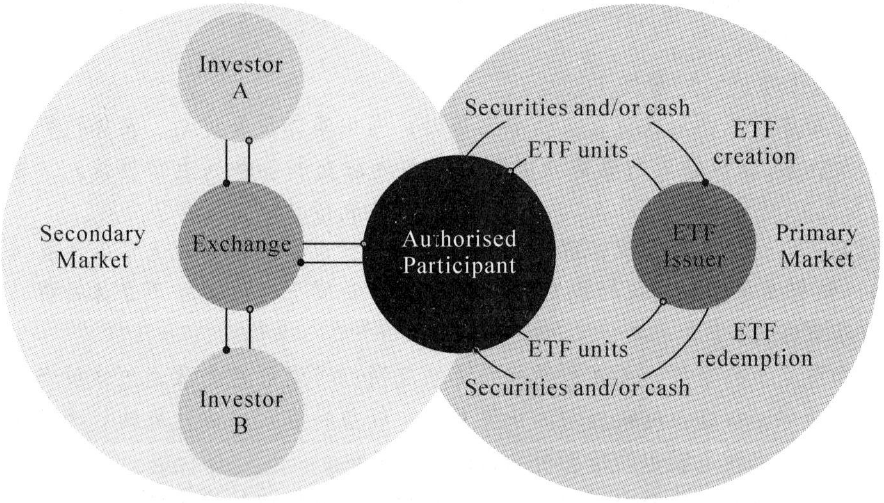


**图 12-3　香港联交所 ETF 申购赎回流程**

注：资料来自香港联交所。

7. 费用

香港联交所收取的 ETF 上市费用包括首次上市费 2 万港元、上市年费 1.5 万港元。香港股票市场 ETF 免征印花税。

8. 终止上市

基金销售文件内有关"终止运作"的部分详细说明了基金终止运作的情形，通常包括：用作为基准的有关指数不再存在，或 ETF 的规模小于基金组成文件及基金销售文件内列示的预设资产净值限额。以恒生中国企业指数上市基金（2828.HK）为例，其销售文件规定在下列情况下，基金可由基金经理终止：

（1）信托已发行所有基金单位的资产净值总额不足 10 000 000 港元，或相关附属基金单位的资产净值总额不足 4 000 000 港元。

（2）根据《证券及期货条例》，基金及/或相关附属基金（视情况而定）不再被认可。

（3）新通过的法律导致基金/或任何附属基金的存续属违法，或基金经理认为继续运作信托/或任何附属基金属不可行或不适宜。

二、内地

1. 监管框架

中国内地关于 ETF 的监管法律规则主要由《中华人民共和国证券投资基金法》，中国证监会发布的《公开募集证券投资基金运作管理办法》《证券投资基金销售管理办法》《证券投资基金信息披露管理办法》《证券投资基金信息披露内容与格式准则第 5 号〈招募说明书的内容与格式〉》，以及沪深交易所相关规则组成，如深圳证券交易所《深圳证券交易所证券投资基金上市规则》《深圳证券交易所证券投资基金交易和申购赎回实施细则（2019 年修订）》等。

2. 基金产品注册

（1）注册审查法规依据

中国证监会依照《中华人民共和国行政许可法》和《证券投资基金法》第五十条，以及《公开募集证券投资基金运作管理办法》第九条的规定，受理基金募集注册申请，并进行审查，做出注册或者不予注册的决定，并通知申请人；不予注册的，应当说明理由。中国证监会对基金募集的注册审查以要件齐备和内容合规为基础，以充分的信息披露和投资者适当性为核心，以加强投资者利益保护和防范系统性风险为目标。中国证监会不对基金的投资价值及市场前景等做出实质性判断或者保证。

（2）注册申请文件

基金管理人申请募集基金，须向中国证监会提交《证券投资基金法》要求的文件，包括：申请报告，基金合同草案，基金托管协议草案，基金招募说明书草案，律师事务所出具的法律意见书，中国证监会规定提交的其他文件。

（3）注册审查时间

中国证监会对常规基金产品，按照简易程序注册，注册审查时间原则上不超过20个工作日；对其他产品，按照普通程序注册，注册审查时间不超过6个月。适用于简易程序的产品包括常规股票基金、混合基金、债券基金、指数基金、货币基金、发起式基金、合格境内机构投资者（QDII）基金、理财基金和交易型指数基金（含单市场、跨市场/跨境 ETF）及其联接基金。分级基金及中国证监会认定的其他特殊产品暂不实行简易程序。简易程序的产品注册流程为：受理、反馈意见、申请人修改完善材料、注册决定。普通程序的产品注册流程为：受理、召开评审会、书面反馈意见、答复反馈意见（申请人修改完善材料）、注册决定。



3. 基金成立流程

基金募集申请经注册后方可发售基金份额。一只新发基金从新发到成立，主要经历募集期、验资期和建仓期。从时序上来看，发行期早于封闭期和建仓期，发行期结束且基金成立后为封闭期和建仓期。封闭期和建仓期在时间上可以重叠，封闭期是基金成立后3个月内，建仓期则是基金成立后6个月内。

（1）募集期

基金管理人应当自收到证监会准予注册文件之日起6个月内进行基金募集。募集期又称发行期或认购期，一般不超过3个月。一般来说，基金管理人拿到证监会的批文后，与托管机构和销售机构协商好发行日期后，即可正式募集资金。新基金的募集结果有两种：成立或者不成立。募集成立需要满足一系列条件，最重要的是：①认购人数需要超过200人；②认购份额不少于2亿份，认购金额不少于2亿元，发起式基金不受此限制。除此之外，还有一些其他的监管规定，比如单一持有人的比例不能超过50%等。如果募集失败，需要退还投资者认购资金和利息，利息按照同期的银行存款利息算。

（2）封闭期

基金募集完成后，如果符合成立条件，则进行验资成立的流程。基金管理人在募集届满后的10日内聘请验资机构进行验资，收到验资报告之日起10日内，向中国证监会提交验资报告，办理基金备案手续，备案之后基金合同生效。基金合同生效后，基金进入封闭期，不接受投资者申购或赎回基金份额的请求。按照《证券投资基金法》规定，基金封闭期时间不得超过3个月。封闭期时长取决于市场、建仓速度以及首发规模。

(3) 建仓期

基金验资期结束后进入建仓期，大多数基金会在基金合同中说明，本基金将会在基金合同生效之后的6个月内使基金的资产配置比例符合规定的标准，绝大多数会在3个月内完成建仓。建仓期内亦不可进行基金申赎。

4. 基金份额上市

(1) 申请规定

根据沪深交易所《基金上市规则》，基金在沪深交易所上市，应当符合下列条件：①中国证监会核准募集且基金合同生效；②基金合同期限为五年以上；③基金募集金额不低于二亿元人民币；④基金份额持有人不少于一千人；⑤沪深交易所规定的其他条件。

(2) 需向沪深交易所提供的文件

这类文件包括：上市申请书，中国证监会核准基金募集的文件，基金合同，基金招募说明书，基金托管协议，经具有从事证券相关业务资格的会计师事务所出具的基金最近三年的财务报告（新募集基金除外），中国证监会对基金备案的确认文件，上市交易公告书，基金份额已全部托管的证明文件，基金管理人联系方式及该基金的基金经理的姓名和联系方式、信息披露负责人及经办人的姓名和联系方式，沪深交易所要求的其他文件。

基金管理人申请交易型开放式指数基金在沪深交易所上市的，除了提交上述文件和资料外，还应向沪深交易所提供代办基金份额申购、赎回的证券公司名单及代办委托协议。

基金符合上市条件的，沪深交易所向基金管理人出具《上市通知书》，并与基金管理人签订上市协议。

(3) 基金上市协议主要规定

一是明确交易所可对基金管理人进行现场检查，以及检查的方式措施；规定基金管理人违反规则协议的，交易所可收取惩罚性违约金。

二是明确基金管理人应当诚实守信、规范运作，并按规定履行信息披露及其他相关义务，保证信息披露内容的真实、准确、完整、及时、公平。

三是明确交易所为基金的认购、上市交易、申购赎回、停复牌及信息披露等业务办理提供设施、咨询以及培训等服务便利。

四是规定深交所建立自律监管内部救济制度，保障基金管理人对深交所相关重大自律监管决定申请听证、复核的权利。

5. 做市商制度

A股ETF不强制采用做市商制度，但基金管理人通常有流动性服务商安排。

6. 证券结算

交易制度：目前，国内部分 ETF 品种支持 T+0 交易，比如，债券 ETF、黄金 ETF、跨境 ETF、货币 ETF；股票 ETF 实施 T+1 交易。

交收制度：2019 年 10 月，深交所 ETF 的结算模式由先前的 T+1DVP 模式调整为 A 股模式。调整后，深市 ETF 份额交收时间由 T+1 日提前至 T 日，资金交收时间仍为 T+1 日，与 A 股交收时间一致。

7. 申购赎回

A 股 ETF 申购赎回采用场内交收模式，申赎对价包括组合证券、现金替代、现金差额和其他对价。ETF 申购、赎回申请一旦提交后，不得撤销。ETF 基金管理人每日开市前公布 ETF“申购与赎回清单”，单中列明投资者申购赎回时所需准备（或将得到）的所有证券、现金及其数量。办理 ETF 的申购时，投资者需要按照每日公告的“申购赎回清单”准备一篮子股票（或有少量现金），在交易时段内通过代理证券公司向交易所申购/赎回 ETF 份额。由于 A 股 ETF 采用份额申购和份额赎回的方式，ETF 有“最小申购/赎回份额”的规定，只有资金达到一定规模的投资者才能参与 ETF 一级市场的实物申购赎回，参与者一般为机构投资者或者大户。

8. 费用

交易佣金不超过申购/赎回份额的 0.5%，并免征印花税。沪深交易所暂免收取 ETF 上市初费（3 万元）、上市年费（6 万元）。

9. 暂停上市及终止上市

根据《深圳证券交易所证券投资基金上市规则》，基金上市期间出现下列情形之一的，予以暂停上市：

（1）不再具备本规则第五条规定的上市条件（主要为基金募集金额不低于二亿元人民币，以及基金份额持有人不少于一千人）；

（2）违反法律、行政法规，中国证监会决定暂停其上市；

（3）严重违反本规则的；

（4）深圳证券交易所认为应当暂停上市的其他情形。

基金出现下列情形之一的，予以终止上市：

（1）自暂停上市之日起半年内未能消除暂停上市原因的；

（2）基金合同期限届满未获准续期的；

（3）基金份额持有人大会决定提前终止上市；

（4）基金合同约定的终止上市的其他情形；

（5）深圳证券交易所认为应当终止上市的其他情形。

综上，表 12-3 总结了内地与香港 ETF 主要制度的比较情况。

**表 12-3 内地与香港 ETF 主要制度对比**

| 主要制度 | 内地 | 香港 |
| --- | --- | --- |
| 监管框架 | 《证券投资基金法》，中国证监会发布的《公开募集证券投资基金运作管理办法》《证券投资基金销售管理办法》《证券投资基金信息披露管理办法》《证券投资基金信息披露内容与格式准则第5号〈招募说明书的内容与格式〉》，以及沪深交易所相关规则，如《深圳证券交易所证券投资基金上市规则》《深圳证券交易所证券投资基金交易和申购赎回实施细则（2019年修订）》 | 《证券及期货条例》（香港法例第五百七十一章）第一百零四条、香港证监会发布的《单位信托及互惠基金守则》第8.6条，以及《香港联合交易所证券上市规则》第二十章 |
| 产品注册认可机构 | 中国证监会 | 香港证监会 |
| 注册审查时间 | 简易程序注册的，注册审查时间原则上不超过20个工作日；按照普通程序注册的，注册审查时间不超过6个月 | 通常为2个月 |
| 上市申请受理及持续信息披露监管 | 沪深交易所 | 香港联交所 |
| 做市商要求 | 通常有，但非强制要求 | 至少设一名庄家（做市商） |
| 二级市场证券结算 | 国内部分ETF品种支持T+0交易，比如，债券ETF、黄金ETF、跨境ETF、货币ETF；股票ETF实施T+1交易。ETF份额交收时间为T日，资金交收时间为T+1日，与A股交收时间一致 | T+0交易，T+2交收 |
| 一级市场（申购及赎回） | 实物及现金结算；仅限场内交易；面向所有投资者 | 实物结算；仅限场外交易；仅面向参与经纪商（及香港结算参与者） |
| 暂停及终止上市 | 不满足基金募集金额不低于二亿元人民币，以及基金份额持有人不少于一千人的要求，或沪深交易所《证券投资基金上市规则》规定的其他违法违规情形 | 基金销售文件中予以具体规定，通常包括：用作为基准的有关指数不再存在，或ETF的规模小于基金组成文件及基金销售文件内列示的预设资产净值限额 |





**【能力训练】**

## 项目十二 了解互认基金以及纳入互联互通 ETF 的交易情况

**模拟情境**

2015年，中国证监会和香港证监会推出了基金互认业务，符合条件的基金可在对方市场进行销售。其中，内地公募基金到香港市场展开销售称为“南下互认基金”，香港公募基金到内地销售则称为“北上互认基金”。目前，两地互认基金发展呈现出“北上冷、南下热”现象。根据国家外汇管理局的数据，截至2022年8月

31 日，香港基金内地发行销售累计净汇出金额为 112.04 亿元，内地基金香港发行销售累计净汇入金额为 10.46 亿元。

据港交所最新数据，截至 2022 年 8 月 31 日，ETF 沪股通、深股通、港股通的交易成交额分别为 7.96 亿元、2.06 亿元、124.69 亿元，投资者通过港交所买卖内地沪深交易所 ETF 的成交额远不及内地投资者买卖香港市场 ETF 的成交额。

有观点认为，ETF 纳入互联互通、互认基金之所以出现两地成交及销售差异，主要是由于内地公募基金在香港的宣传力度不够，香港投资者对内地市场认知有限，从而影响香港投资者的投资热情。对此，你如何看待两地基金交易情况的差异？

**实训要求**

在教师的指导下，学生分组讨论，并从以下问题角度回答：

（1）结合香港和内地投资者结构的差异，分析基金产品在两地交易情况出现明显差异的原因。

（2）借欧洲市场基金互认机制，讨论内地与香港基金互认的机制设计是否有进一步完善的空间？

## 【课后练习】

### 一、选择题

1. 以下关于跨境 ETF 的说法，不正确的是（　　）。
   A. 跨境 ETF 产品以 ETF 形式挂钩境外一篮子证券在交易平台挂牌
   B. 国际上成熟的跨境 ETF 发行模式可分为自主设立、交叉挂牌和联接基金等三种模式
   C. 跨境 ETF 在海外发展已很成熟，并在欧美 ETF 市场占据重要地位
   D. 中日 ETF 互通是指中日双方的八家资产管理公司以两两配对合作的方式各自在对方国设立 ETF 投资于本国市场的主流 ETF 产品
2. 关于内地与香港股票市场交易互联互通机制，说法不正确的是（　　）。
   A. 内地与香港股票市场交易互联互通机制包括沪港通和深港通
   B. 通过互联互通机制，内地和香港投资者可以互相买卖在对方交易所上市的符合一定条件的部分股票
   C. ETF 不能纳入内地与香港股票市场交易互联互通机制
   D. 互联互通机制已成为外资配置 A 股的主要途径之一
3. 下列关于基金互认机制的说法，不正确的是（　　）。
   A. 基金互认是基金跨市场销售的一种制度性安排
   B. 欧洲基金有两种通行证，一种针对产品，一种针对基金管理人
   C. 基金互认投资额度不受限
   D. 两地投资者通过基金互认可以买卖的对方市场基金限于规定的范围

## 二、问答题

1. 什么是跨境 ETF？跨境 ETF 有几种模式？
2. 内地与香港股票市场交易互联互通机制是什么？怎么运行？
3. 什么是基金互认？以欧洲市场为例，基金互认的运作模式有哪些？

## 三、思考题

探讨内地与香港 ETF 制度有哪些区别。

# 参考文献


［1］中国证券投资基金业协会．证券投资基金［M］．北京：高等教育出版社，2017.

［2］中国证券投资基金业协会．基金［M］．北京：中信出版集团，2019.

［3］李曜，游搁嘉．证券投资基金学［M］．4 版．北京：清华大学出版社，2014.

［4］张存萍．证券投资基金［M］．北京：电子工业出版社，2018.

［5］季凯帆，康峰．解读基金：我的投资观与实践［M］．北京：中国经济出版社，2019.

［6］杜志鑫．鹏华基金详解参与格力电器治理始末［EB/OL］．(2012-06-28)［2022-07-14］．http://fund.eastmoney.com/a/1593,20120628213300256.html.

［7］焦健．美国 401（K）计划的前世今生以及对我们的启示［EB/OL］．(2013-03-18)［2022-07-14］．https://news.12371.cn/2013/03/18/ARTI1363564513412860_all.shtml.

［8］宋一欣．银广夏续案之后可能还有再续案［N］．中国证券报，2007-07-12（A4）.

［9］叶辉．“双汇门”或影响基金对食品行业估值［J］．投资与理财，2011(9)：49.

［10］李树超．同一个停牌股，不同基金估值竟相差 3 倍［EB/OL］．(2022-08-27)［2022-08-31］．https://finance.sina.com.cn/roll/2022-08-27/doc-imizirav9978795.shtml.

［11］庞华玮．“让利型”基金将面世，公募探索管理费新模式［N］．21 世纪经济报道，2022-08-26（10）.

［12］薛宇飞．市场竞争加剧，年内 20 只公募基金募集失败［EB/OL］．(2022-08-05)［2022-09-02］．https://www.jwview.com/jingwei/html/08-05/497225.shtml.

［13］林雪．紧急公告！有基金新年遭巨额赎回，到底发生了什么［EB/OL］．(2022-02-09)［2022-09-02］．https://new.qq.com/rain/a/20220209A0AOPB00.

[14] 李洁如，胡德佳. 回放：2013 年两度“钱荒”[J]. 金融博览，2014(2)：10.

[15] 宁鹏.“钱荒”拖累基金半年报 [EB/OL].(2013-08-14) [2022-09-04]. https://finance.sina.com.cn/money/bank/bank_hydt/20130814/175016447801.shtml.

[16] 德勤. REITs 发展报告 [EB/OL].(2021-10-27) [2022-09-04]. https://www2.deloitte.com/cn/zh/pages/real-estate/articles/reits-development-report.html.

[17] 纪超，朱超群. 境外酒店业 REITs 比较研究 [EB/OL].(2022-06-27) [2022-09-05]. https://www.lexology.com/library/detail.aspx? g=bc7c104e-828d-4f7a-862c-01263bd43c5e.

[18] HUANG M Y，LIN J B. Do ETFs provide effective international diversification? [J]. Research in international business and finance，2011，25 (3)：335.

[19] 杨宇，卢涛，杨阳，等. 指数跟踪类产品（ETF、ETC 等）创新研究：跨境 ETF [Z]. 上海：上海证券交易所，2009.

[20] 吕红，黎明. 中国跨境 ETF 的法律框架及其参与机构 [EB/OL].(2010-01-04) [2022-09-07]. http://www.llinkslaw.com/uploadfile/publication/53_1422441232.pdf.

[21] 徐尚斐. 证券交易所跨境市场联通模式研究：基于国际交易所典型案例的分析 [J]. 深圳社会科学，2021，4 (4)：18.